广州大典

《广州大典》普及书系
主编 陈建华

岭南文化精神的守望者

屈大均作品选读

何天杰◎编著

广州新华出版发行集团
广州出版社

图书在版编目（CIP）数据

岭南文化精神的守望者：屈大均作品选读 / 何天杰编著．—广州：广州出版社，2020.12（2022.4重印）
（《广州大典》普及书系 / 陈建华主编）
ISBN 978-7-5462-3115-0

Ⅰ．①岭…　Ⅱ．①何…　Ⅲ．①屈大均（1630—1696）—文集　Ⅳ．①C53

中国版本图书馆CIP数据核字（2020）第180671号

书　　名　岭南文化精神的守望者：屈大均作品选读
　　　　　Lingnan Wenhua Jingshen De Shouwangzhe：Qu Dajun Zuopin Xuandu
出版发行　广州出版社
　　　　　（地址：广州市天河区天润路87号9、10楼　邮政编码：510635
　　　　　网址：www.gzcbs.com.cn）
出 品 人　柳宗慧
责任编辑　周振宇
责任校对　黄焕姗　李少芳
装帧设计　肖晓文
印刷单位　佛山市浩文彩色印刷有限公司
　　　　　（地址：佛山市南海区狮山科技工业园A区　邮政编码：528225
　　　　　电话：0757-88368558）
规　　格　787 mm × 1092 mm　1/16
印　　张　20.25
字　　数　300千
版　　次　2020年12月第1版
印　　次　2022年4月第2次
书　　号　ISBN 978-7-5462-3115-0
定　　价　62.00元

《广州大典》普及书系编辑委员会

关于“广府名人读本”系列
编选出版的几点说明

一、本书属于《广州大典》普及书系“广府名人读本”系列；

二、“广府名人读本”系列作为《广州大典》普及书系的开篇，将分为若干辑出版，成熟一辑，出版一辑；

三、因书系以《广州大典》所收文献为编选基础，故个人著述不存世或存世稀少者不纳入“广府名人读本”系列；

四、考虑到《广州大典》（民国篇）正在编纂和不少近代广府名人著述活动时段跨越清末民初的实际情况，“广府名人读本”系列会适当拓宽选录范围。

《广州大典》普及书系
出版前言

广州自古以来就是岭南地区的政治、经济、文化中心，是首批国家历史文化名城。自秦始皇三十三年（前214年）广州建城，至今已有2200余年，大量珍贵的地方文献翔实地反映了广州文化不断发展、不断繁荣的悠久历程。

《广州大典》是由中共广州市委宣传部、广东省文化厅策划并组织研究编纂，旨在系统搜集整理和抢救保护广州文献典籍、传播广州历史文化的大型地方文献丛书，是千年羊城的“根”和“魂”。《广州大典》收录文献的时间范围截至1911年（个别门类的时限延至民国），地域范围包括清代中期广州府所辖南海、番禺、顺德、东莞、从化、龙门、增城、新会、香山、三水、新宁、新安、清远、花县以及香港、澳门、佛冈、赤溪，内容范围包括广州人士（含寓贤）著述、有关广州历史文化的著述及广州版丛书，依经、史、子、集、丛五部分类，共计收录文献4064种，编成520册，于2015年出版。2019年，《广州大典·曲类》专辑单行出版，共计收录文献1589种，编成43册。

为贯彻落实习近平总书记关于让书写在古籍里的文字活起来、推动优秀传统文化的创造性转化和创新性发展，以及要把优秀传统文化的精神标识提炼出来、展示出来，把优秀传统文化中具有当代价值、世界意义的文化精髓提炼出来、展示出来等指示精神，开发利用《广州大典》这一广州历史文献宝库，广州大典研究中心、广州出版社有限公司决定联合编纂出版《广州大典》普及书系，努力将书系打造成集学术性、知识性和可读性于一体的优秀出版物。

书系以《广州大典》为文献基础（可根据实际情况，适当拓宽选录范围），组织一批专家学者从《广州大典》中精选最具代表性、最具可读性、对当代读者有一定借鉴价值的文献，进行普及性的内容整理、发掘，形成《广州大典》普及书系。书系按年分辑来出版，拟分为广府名人读本系列、地方风物读本系列、地方游记读本系列、西学东渐读本系列、小说读本系列、戏曲曲艺读本系列等。书系每种读本均将尽量吸收、反映学术界最新研究成果。每种读本均包括导读、代表性作品选编（含注释、翻译、评析或解题、延伸阅读等）和相关资料附录，作者均为学有专长、研究有素的专家学者。每种读本均力求做到图文并茂、雅俗共赏。因此，《广州大典》普及书系可视作《广州大典》的延伸，且与《岭南文库》的延伸《岭南文化知识书系》《广东历史文化名人丛书》等普及性读物，既桴鼓相应，又各具匠心，可谓和而不同、美美与共。

民族复兴，以文化传承、文化创新为重，既需要薪火相传、代代守护，又要与时俱进、推陈出新。《广州大典》普及书系既是一项重要的文化普及工程，又是一项推动城市文化综合实力出新出彩的切实举措。

食髓知味，小书不小。我们相信，书系的陆续出版，将充分展示广州深厚的历史文化底蕴，擦亮广州历史文化品牌，并有助于中华优秀文化的传承和发展。

《广州大典》普及书系编辑委员会

目录

导读

屈大均生活的时代

屈大均像之一

屈大均（1630—1696），明末清初著名的岭南爱国诗人和学者，岭南文化精神的守望者。

屈大均出生在明朝末年。明帝国从万历年间开始，就已经走向了风雨飘摇、穷途末路。朝廷宝座上坐的是不理朝政、行为越来越乖张的皇帝，朝堂上站立的是党争不断、相互攻讦的大臣们；国内有一浪高于一浪的农民起义，关外有在东北崛起的后金， 东南沿海有不断骚扰的倭寇；明帝国的基业在内患外祸中一点点地被剥落销蚀。不过这一切对身在岭南的少年屈大均影响并不大，他基本上是在无忧无虑中度过了自己的少年时光。

屈大均因为父遭“家难”，从小跟着父亲寄养在一户邵姓人家，生活在广州西场，取名邵龙。屈大均从小就在父亲屈宜遇的教育督促下读书学习。屈大均很有学习的天赋，“读书过目成诵”，每天能读30篇文章，而且背诵流利，不差一字。他14岁时开始学写文章，被岭南高僧天然和尚看中，推荐到学者陈邦彦的门下，跟着陈邦彦学习《周易》《诗经》，还有“捭阖、阴谋、剑术、舆地之学”，与陈恭尹、薛始亨、程可则等人相识，并结下了终生的友谊。屈大均还与一起住在广州西郊泮塘左近的同龄人结成了西园诗社，经常似模似样地诗歌唱酬。这个时期，屈大均还以邵龙的名字考上了南海县学的秀才。此后，屈大均随着父亲回到番禺沙亭故乡，复姓屈氏，和一大班堂兄弟相认相亲。可以说，屈大均的少年时代基本上是在风平浪静中度过的。

但是，随着北京被李自成的农民军攻陷，明朝最后一位皇帝崇祯在北京的煤山（今景山）自缢。随后，清军与吴三桂的军队联合，在山海关击败了李自成的军队，然后开进了中原，大批明朝官兵投降了清朝，并帮助清军先后绞杀了南明的弘光政权和隆武政权。清军的铁骑继续南下，战火渐渐逼近了南粤大地，这一切似乎都在预示着：屈大均此后的一生都将在动荡不安中度过。

顺治三年（1646），清军第一次攻陷了广州，南明绍武帝自缢。次年，陈邦彦在广东高明山中起兵抗清，当时年仅17岁的屈大均在陈邦彦的麾下领兵作战。陈邦彦联络南明官吏陈子壮、张家玉、黄公辅等人一起行动，试图收复广州，但是，义军最终还是失败了，陈邦彦等人不幸先后遇难。屈大均在脱离险境后，为恩师收尸，料理后事。顺治五年（1648），投降清朝的李成栋在广州反正，宣布受命于永历皇帝。接着屈大均赴肇庆向永历皇帝上《中兴六大典书》，想继续从事抗清事业，可是这个时候偏偏父亲病重，屈大均只得急忙赶回番禺侍奉父亲，不久父亲屈宜遇因病重去世。正当屈大均在故乡沙亭为父亲守制的时候，清军卷土重来，第二次攻陷了广州，并且开始了惨绝人寰的大屠杀，据说当时广州被杀害的军民有数十万之多。在与广州城区一江之隔的番禺，屈大均在得知这一消息的时候，欲哭无泪。他愤而出家，当了和尚，法名今种，字一灵。这一年，屈大均21岁。屈大均出家还有一个更重要的原因，就是他决心从此联络全国抗清义士，完成反清复明的大业。屈大均身着僧袍，更有利于掩饰自己的身份。在此后近30年的时间里，屈大均背井离乡、数度北上，到过江南，去了京师，走出山海关，到达白山黑水，还去过陕西、山西，和一大批明朝遗民一起缅怀明朝，祭祀明朝先帝，商讨复明大计。直到永历皇帝被吴三桂俘获杀害，郑成功去世，他的孙子郑克塽在台湾投降了清朝，全国性的反清斗争基本平息下来之后，屈大均才停止了远游。此后，屈大均回到广东从事收集整理地方文献、撰写史书、总结诗文创作的成果和经验等工作，直到生命的最后一刻。

从政治遗民到文化遗民

纵观屈大均的一生，他具有多重身份。屈大均的第一个身份，无疑是明朝遗民。因为直到临终，他还吩咐自己的儿子，一定要“以幅巾、深衣、大带、方舄成殓，而书其碣曰‘明之遗民’”。

屈大均逝世于康熙三十五年（1696），这个时候清朝的统治已经完全稳定下来了。清统治者入主中原，某种程度上可以说完全是一个历史的意外。一个人口不过百万、军队人数才十几万的少数民族，面对着明帝国这个统治百姓人数过亿、军队人数百万的庞然大物，刚开始的时候根本没有鲸吞中原的野心。可是历史的吊诡正在这里，清军入关之后，面对着大河上下、长城内外风起云涌的全国性激烈抵抗，经过顺治、康熙两代帝王的杀伐与治理，前后不过四五十年，清朝在中国的一统天下居然真的实现了。可是，在清朝皇室和贵族的内心深处，对汉人，特别是汉族文士的防范与猜忌却从来没有消减过一丝一毫。屡兴文字狱，就是清朝上层这种防范猜忌之心的最直接表现。清朝最早发生的较大文字狱，是康熙二年（1663）的“庄廷鑨《明史》案”。浙江乌程的富户庄廷鑨从明朝大臣朱国桢的后人处买

屈大均像之二

来一部《明史》遗稿，用自己的名字刊刻。他聚集一班文人，增补了崇祯朝的历史，尊奉明朝年号，不承认清朝正统，还提到了明末建州女真的旧事，直呼清太祖努尔哈赤为“奴酋”、清军为“建夷”，被人告发。当时庄廷鑨已死，结果被开棺戮尸；他的弟弟庄廷钺被杀；为庄书作序的李令哲和他的四个儿子也都被杀。牵涉此案的一些官吏和书商、刻工，以及仅仅列名书中的人，有的罢官充军，有的甚至被处死，一共有70余人被杀。屈大均去世10多年之后，在康熙五十年（1711）又发生了“《南山集》狱”，即“戴名世狱”。安徽桐城戴名世已经于康熙四十八年（1709）考取第二名进士，摆出一副愿意与清朝合作的姿态。不过戴名世又是一个文学家，他的散文在清朝前期很有名气，有人把他视为桐城文派的先驱。戴名世有一本《南山集》，记录了南明的历史，书中使用了永历的年号。结果被御史告发，引发了“《南山集》狱”。戴名世被杀头，受此案牵连下狱的人犯逾300人，其中包括后来桐城文派的创始人方苞。方苞后来还根据自己坐牢的经历，写了古代散文名篇《狱中杂记》。在如此严峻残酷的环境下，屈大均要后人在自己的墓碑上刻上“明之遗民”四个大字，是需要有极大勇气的。

屈大均之所以成为坚定的明朝遗民，主要有以下三方面的原因。

首先是家庭和教育的影响。对屈大均进行启蒙教育的是他的父母。父亲屈宜遇是一个典型的乡村文人，他乐于助人，极富同情心。屈宜遇精通医理，为人诊治疾病，从来不要求别人回报。有时候半夜三更或者遇狂风暴雨，只要有人上门求助，他一定背着药箱出诊，救活数以百计四邻八乡的穷人。有空闲屈宜遇就喝两口小酒，弹弹琴，读一些医书和经史百家之书。屈宜遇嗜书如命，有了一点余钱一定会去买书，他还对幼年的屈大均说：“我把书当成我的田地，将来就会传给你。我们家可以没有田，但一定要有书，你能多读书，我们家里就好比是父亲播种，儿子耕耘，就一定会有收成的。”在“万事不如读书好”的观念指导下，屈宜遇在屈大均幼年时就教他读书、背书。屈大均在父亲的言传身教之下，刻苦攻读，每天夜里都要到母亲纺纱的灯下，熟读背诵当天看到的30篇新文章，领会文章的大意。顺治三年（1646）广州第一次被清军攻陷后，屈宜遇立即带领全家返回番禺沙亭的家乡，以朴素的忠义思想教导屈大均兄弟：“你们以后就回乡耕田吧。我就当孔子遇到的著名隐士荷蓧丈人，你们就做荷蓧丈人的儿子好了。过去，读书人不出仕叫作不义；现在神州沉沦，比起春秋战国时更乱，出仕就是不义了。我们要干干净净做人，保存人伦大义，你们一定要记住我的话！”屈宜遇的叮嘱，被屈大均终身奉行。所以，屈大均义无反顾地参加了陈邦彦反清义军；后又奉屈宜遇之命，到肇庆向永历皇帝上书。屈大均学习的典籍比较驳杂，既有儒家经典，也有诸子百家的其他内容，还有禅学、玄学。当然，屈大均思想中的主流仍然是儒家学说，所以，忠君爱国思想促使他在风云激荡的时代，走上了遗民之路。

其次是恩师陈邦彦之死。陈邦彦与屈大均恩同父子，他在起义失败后拒绝投降，竟然被处以凌迟之刑，屈大均为陈邦彦收尸、办理后事，把对清军的深仇大恨深深埋进心田，仇恨之火一直燃烧在心头，在以后几十年的生命中，他无数次在诗文中深情地回忆起当年“予时当一队，矢尽犹争先”（《维帝篇》）、“一呼市井千人战，广州城下兵如电”（《戊子秋夜，恭怀先业师岩野先生》）、“或执鞭弭于沙场，或奉血衣于空谷”（《书西台石文》）的峥嵘岁月，回忆与恩师相处的日子，砥砺自己反清的决心。

屈大均墓

最后是屈大均得知清军在第二次攻陷

广州之后对广州军民疯狂大屠杀。他在多篇诗文作品中把清军称作野兽，担心他们会给中国带来灾难，担心几千年的辉煌文化从此会被彻底灭绝。这种愤怒和担心，促成了屈大均与清军奋战到底的决心。所以屈大均才会在此后近30年的时光中离家别舍、数度北上，四处联络抗清义士，以图再举。屈大均在江南，还直接参与了联络郑成功部队进攻南京的军事行动。所以屈大均才会在北上拜谒明太祖朱元璋的孝陵和崇祯皇帝自缢的遗址时痛哭失声，并且每到年节都坚持与明朝遗民一起或者独自一人拜祭明朝的皇帝。所以屈大均才会未满30岁就开始收集明朝死难烈士的姓名事迹，动笔撰写《皇明四朝成仁录》，一直写到临终，但他仍然因没有完成这部可以让烈士流芳百世的史书而深感遗憾。所以屈大均才会在吴三桂起兵反清的时候，立即赶赴前往投军。吴三桂在为清朝绞杀李自成所部和南明军队的多次战斗中立下了赫赫战功，连南明最后一位皇帝永历皇帝，也是他逼迫缅甸人抓捕送来昆明，并加以杀害的。只是吴三桂不满意清朝康熙皇帝“撤藩”，不甘心“兔死狗烹”，才与清廷翻脸，以蓄发复衣冠号召天下。许多明朝遗民早就看出吴三桂的险恶用心，拒绝和吴三桂合作，比如湖南的王夫之，就推辞了吴三桂的邀请。可是屈大均却不顾一切前去投军，他希望吴三桂能够拥立明宗室，哪怕只有一丝希望，他也要尽最大的努力去游说。直到后来他明白吴三桂无意复明，希望彻底落空，才黯然离开了吴三桂军，回到番禺乡下专心著述。

如果说，前30年屈大均与“清初三大儒”黄宗羲、顾炎武、王夫之，以及孙奇逢、李颙和傅山等著名遗民一样，绝不与清朝在政治上有往来，不与他们进行任何形式合作的话，那么以康熙二十二年（1683）为转折点，屈大均对清朝的态度似乎有所软化。黄宗羲晚年在浙江家乡钻研学问，著书立说，收徒讲学。康熙开博学鸿词科、开《明史》馆，都多次征请推举他，黄宗羲宁愿派学生万斯同、儿子黄百家去参与《明史》的修撰，自己也坚拒不出。顾炎武在家里被人告发与南明隆武政权有联系而被捕入狱，在友人的营救下出狱，之后即离开江苏昆山家乡，远赴陕西、山西专心著述，考察山川地形，联络明朝遗民，几十年不再踏足故土，连妻子去世也不回乡，只是寄诗悼念。顾炎武的外甥徐乾学、徐元文做了《明史》馆总裁，迎接顾炎武回去，他也坚决拒绝了，最后病逝于山西。王夫之曾经参与永历政事，后来逃回家乡湖南衡山，隐居著述。王夫之不仅多次拒绝清朝的征召，连清朝地方官馈赠的绢帛也不接受。孙奇逢、李颙和傅山都是“屡征不起”，傅山被荐博学鸿词科，他坚决拒绝，地方官强令把傅山连床一起抬到北京去，他“誓死不入”。与黄宗羲这些遗民坚持的决绝态度相比，屈大均却开始与清朝的广东地方官渐渐有了来往。据统计，屈大均和清朝的两广总督吴兴祚、广州将军王永誉、广东学政陈肇昌、广东粮道耿文明、广东驿盐道张云翮、广州参领王之蛟、广州知府刘茂溶、惠州知府王煐、韶州知府陈廷策，以及其他一大批州县官员来往，参加他们举行的宴会，出入他们举行的诗歌雅集，为他们祝寿、升迁调动写诗。过去曾经志同道合的遗民朋友朱彝尊、李因笃等人参加了清朝的博学鸿词科考试，屈大均曾经为之痛心疾首，现在也不再介怀，与他们恢复了往来，在他们到广州时，还陪同他们欢歌饮宴，迎来送往。

到底是什么原因促使屈大均对清朝的态度产生了如此微妙的变化呢？主要是两个方面的因素。首先，清朝基本上继承并延续了明朝的政治制度和一系列文化政策。清朝定鼎北京之后，马上为崇祯皇帝发丧，第二年又恢复了科举考试，康熙到江南都不忘记祭祀明孝陵，这都大大安抚了汉族士人的心。再者，以屈大均所见所闻，类似广州大屠城这样的惨烈事件逐渐减少了。而且清朝官员中汉族文人的比例逐渐增加，他们大多数接受过儒家思想的熏陶，对传统文化的护卫与推广的热情，并不亚于明朝的官员，甚至从某些方面来看有过之而无不及。屈大均过去成为坚定遗民的原因，很重要一条就是担心华夏文明会遭到灭国亡种的灾难，担心几千年的辉煌文化会彻底灭绝。现在的这一切，证明屈大均过去的担心是多余的。

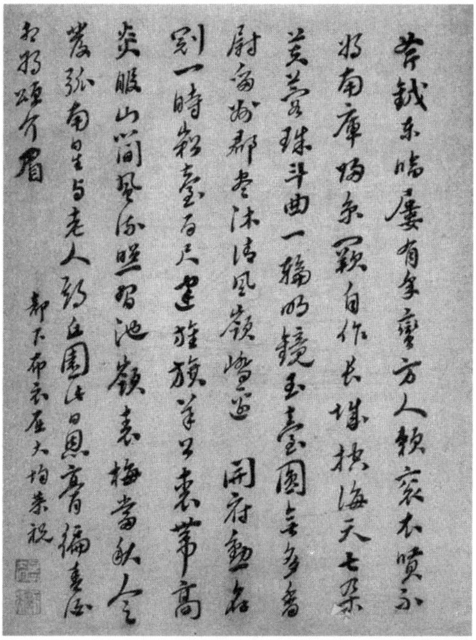
屈大均书法作品

清朝官员甚至还主动邀请屈大均编撰地方志，为屈大均整理出版岭南地方文献提供种种便利，屈大均更没有任何理由拒绝。其次，屈大均出身于一个处于社会底层、稍微有一些文化的家庭之中，他的两个弟弟都是农民，他父亲去世后，作为家中的长子，他要供奉母亲黄太夫人，养活子女，负责一大家子的生活。屈大均自己只不过是一个南明的秀才，要想做一个乡村塾师也不容易，何况他一直为反清复明而东奔西走，到50岁出头才停止远行，家里没有一点积蓄，所以在屈大均的诗文作品中有不少叹贫叹穷之作。无奈之下，屈大均也只能与清朝官员在文化事业方面进行有限度的合作，来获取一些生活资金。两广总督吴兴祚知道屈大均困于生计后，送了37亩官田给他，可谓是雪中送炭，多少解决了屈大均生活的困窘。当然，屈大均政治观念的底线，即尊王攘夷是不可突破的，与清朝官员的来往，并没有妨碍他继续祭奠崇祯皇帝、继续怀念明朝。因此，屈大均明朝遗民的身份终身未变。

如果说屈大均前50年是政治意义上的遗民，那么他后来十几年主要就是文化遗民了。既然反清复明不可能再实现，广东人讲究实际的秉性在屈大均身上表现得淋漓尽致。时易世变，屈大均从一个拿着刀剑奋力抵抗清军的志士，顺理成章地转化为一个热心乡邦文献的收集整理，并时时规劝当政者施行仁政、多多关心下层人民生活状态的学者。屈大均以淡出政治的方式参与政治，以传统文化对官员潜移默化，以“圣贤之道”影响政府决策，以期减轻清朝官员统治的暴烈程度，这在当时还是有一定积极意义的。

为岭南增光的诗人

屈大均的第二个身份是诗人。屈大均自诩是爱国诗人屈原的后裔，认为祖居番禺的屈氏家族，是“南屈”，即屈原后代在南方的一个分支。所以，屈大均潜意识中认为自己从家族承袭了诗人的基因，他学诗就是从屈骚起步的；后来，屈大均又跟从陈邦彦系统学习了《诗经》。被称为中国古典诗歌的两大源头的《诗经》和《离骚》，屈大均一个都不缺地继承了，这就奠定了他成长为一个爱国诗人的坚实基础。诗歌成为屈大均生命中的习惯，成为他观照和反映生活的第一语言样式，无事不可以入诗，无时不以诗歌来抒发自己的思想感情。屈大均的诗歌创作数量是惊人的，他的第一部诗集《道援堂诗集》是他在31岁时亲手编辑刊刻的。更为可贵的是，屈大均没有故步自封，他不断学习借鉴前人和朋友诗歌创作的经验。比如，顺治十七年（1660），屈大均为了躲避清廷追查江浙反清义士与郑成功部私下联络的“通海案”的风头，在山阴祁氏兄弟园中读书，“足不下楼者五月”，与江南遗民诗人魏畊等人朝夕相处，学习他们诗歌创作的经验。全祖望在《雪窦山人坟版文》说，魏畊“闭户为诗，酷嗜李供奉（白）”。而“粤人屈大均不可一世，独心折先生（魏畊）之诗。大均盖尝再从先生寓鄞，其风格颇相近云”。也就是说，直到屈大均在山阴祁氏兄弟园中苦读时为止，他最佩服的古代诗人还是李白。屈大均也以李白自比，如他的《席上赠叶仙》诗云：“吹人无那素馨风，更送桃花脸上红。但得佳人称李白，不辞沉醉月明中。”在诗后屈大均自注：“叶仙三称予太白先生，予尝为尽三爵。”颇以他人把自己的诗与李白诗相比而感到自豪。李白的诗歌创作充满了发兴无端的澎湃激情和神奇想象，既有气势浩瀚、变幻莫测的壮观奇景，又有标举风神情韵而自然天成的明丽意境。李白的诗歌具有强烈的主观抒情性，充满丰富奇特的想象，大量使用大胆夸张与新奇比喻，多采用乐府歌行体。屈大均前期的诗歌有相类似的特征。可是，随着年龄的增长、阅历的丰富，屈大均的诗歌越来越收敛沉着，忧国忧民的成分渐渐压倒了个人情感不受拘束抒发的倾向，他的诗作向着杜甫沉郁顿挫诗风演化的痕迹越来越明显。如屈大均晚年的《壬戌清明作》："朝作轻寒暮作阴，愁中不觉已春深。 落花有泪因风雨，啼鸟无情自古今。 故国江山徒梦寐，中华人物又销沉。 龙蛇四海归无所，寒食年年怆客心。"其深沉雄壮，不亚于杜甫的七律。尽管屈大均并不否定自己从李白诗歌中学习继承了不少东西，但屈大均在晚年向他人讲述自己诗歌创作的经验体会时，还是毫不犹豫地把杜甫放到了李白之上："开元大历十余公，总在高才变化中。谁复光芒真万丈，谪仙（李白）犹让浣花翁（杜甫）。"（《西蜀费锡璜数柱书来自称私淑弟子赋以答之》）"高才变化"这四个字，既是颂扬唐代诗人，也是屈大均的夫子自道。

总而言之，屈大均在诗歌创作的实践中，不断学习吸收前人和同时代诗人的诗歌创作经验，推崇变化发展，以岭南之雄直豪放，吸收中原之厚重、秦晋之坚韧、江浙之灵动、湘鄂之暴烈，融贯汉魏、李杜，融铸出独特的"雄奇"诗风。因此，屈大均的诗歌创作得到清初诗坛领袖钱谦益、吴伟业、朱彝尊、王士祯等人的肯定和大力褒扬，钱谦益在给毛晋的信中说："罗浮一灵上座（指屈大均），真方袍平叔（穿着僧袍的名士），其诗甚为于皇（明朝遗民杜浚）所叹，果非时流所及也。"他还为屈大均作了《罗浮种上人集序》，将屈大均的诗比作"铜人之泣汉，石马之汗唐"，感叹屈诗中的"忠君忧国一点热血，使百千万劫忠臣义士种性不断"。王士祯是钱谦益的晚辈，他在《池北偶谈》中称屈大均为"一代才"，感叹"翁山诗，予曾为选百篇，以为唐宋以来诗僧无及者"，认为屈大均的诗歌"不为中原江左习气熏染，故尚存古风耳"。朱彝尊对屈大均也是百般推崇，其《海日堂集序》云："南海多骚雅之士。其尤杰出者，处士屈大均翁山、陈恭尹元孝、孝廉梁佩兰药亭。”在《九歌草堂诗集序》中，以“皭然自拔于尘壒之表”“幽渺凄戾”来形容屈大均诗歌的风格。屈大均在晚年感激地说：“名因锡鬯（朱彝尊）起词场，未出梅关人已香。”（《屡得友朋书札感赋》）事实上，屈大均的诗歌律绝、古体、词都写得相当好，不仅有思想，而且艺术上佳。

清初诗坛领袖对屈大均这些异乎寻常的表彰，在中国诗歌发展史上有着重要意义。众所周知，中国古典诗歌的重镇一直在中原和江浙，尽管在屈大均之前广东曾经出现过张九龄、陈献章、区大相、黎遂球等颇有特色的诗人，但他们都没能使主流诗坛刮目相看，都没有产生过全国性的影响。钱谦益的《列朝诗集小传》是明朝诗歌史的重要参考文献，对明朝2000多位诗人的评价历来被人称为公允，可该书中偏偏就没有列入明朝后期广东最具代表性的诗人区大相。有人解释说，是因为钱谦益没有看到区大相的诗集，才发生了这种令人遗憾的事。事实究竟如何？其实，区大相比钱谦益年长一辈，他是万历十七年（1589）的进士，选庶吉士，授检讨，在翰林院任职时间长达15年。因在朝“掌制诰”，区大相与万历时期的几位首辅，如浙江兰溪人赵志皋、江西新建人张位、浙江鄞县人沈一贯等人交情都不错。他后来调任南京太仆寺丞，大约在万历三十四年（1606）“移疾归”。钱谦益是江苏常熟人，万历三十四年（1606）中举，万历三十八年（1610）以第三名考中进士。区大相在北京、南京任职期间，正是钱谦益努力考科举之时，说他没有读过文坛前辈区大相的诗集，恐怕很难令人信服。就连晚进的王士祯也注意到了区大相，其《香祖笔记》中断言“粤东诗派皆宗区海目（继承区大相）”。区大相一生最重要的贡献就是改变了明代诗歌的写作风气，这就是前面引到王士祯赞扬屈大均“不为中原江左习气熏染，故尚存古风耳”的意思。崇祯《肇庆府志》说：“明兴，前后七子称诗号翰林为馆阁体，大相始力袪浮靡，还之风雅三百篇，以至汉魏盛唐各造其极，陈言习气为之一变。”应该说区大相的诗歌创作与主张，对明朝诗歌的健康发展起了相当大的作用。可钱谦益自明天启年间至清顺治初年编《列朝诗集》，书中不提区大相，关键之因是他未把区大相看作是有影响力的诗人。粤诗此时在诗坛之地位，由此可略见一斑。

如果说，和屈大均辈分相同的王士祯、朱彝尊等诗坛新秀对屈大均的赞扬带有年轻人之间的同声相应、同气相求成分的话，那么，钱谦益、吴伟业、龚鼎孳这批在晚明就出名、比屈大均足足大了一两辈的诗坛耆旧，对屈大均的格外垂青，就值得我们深思了。顺治后期诗坛领袖们对岭南三家异乎寻常的集体表彰，说明了岭南诗坛第一次得到了主流诗坛正式认可，岭南诗坛第一次取得了与主流诗坛平起平坐的资格。这也使清初岭南诗坛能迅速赶上中原、江浙诗坛，促成清初诗坛新格局的出现。

众所周知，我国古代叙事诗传统相对不发达，似乎古代文学记事议论的功能主要是由散文承担的，诗歌则多用于抒情。可是，凡事皆有例外。在古代文学史上，杜甫的诗歌（主要是抒情诗）被人们称作“诗史”，即以诗歌形式书写的历史。清初诗人吴伟业，其七言歌行体叙事诗即被称作“梅村体”的作品，以明清易代之际的史实为题材，反映社会变故，感慨朝代兴亡，其中寄寓着身世兴亡之感，也被称为“诗史”。如《圆圆曲》通过陈圆圆的有关事迹来反映明朝覆亡、清军入关的历史，其中“冲冠一怒为红颜”的诗句至今脍炙人口；《芦洲行》等诗则是仿杜甫的“三吏”“三别”创作的，较为真实地表现了当时人民的苦难。还有，著名遗民诗人顾炎武的诗歌也被后人称作“诗史”。顾炎武的诗歌以抒情诗为主，并不是长篇叙事诗，但他描写明清易代“天崩地裂”的事变，怀念明朝，表现了士大夫以天下为己任的广阔胸怀，折射出时代精神，因此也被后人称为“诗史”。其实，屈大均的诗歌也完全可以称作“诗史”。尽管屈大均没有吴伟业那么高的社会地位，也没有顾炎武那样煊赫的家族背景，他只是岭南普通文人家庭出身，论功名只不过是一名秀才，但是，他的诗歌从个人视角，忠实地记录了明末清初几十年在岭南甚至是全国发生过的事情，记录了社会上各色人等的喜怒哀乐，足以让同时代的人和后人通过他的诗歌了解他生活的时代。陈永正主编的《屈大均诗词编年笺校》，把屈大均的诗作按写作年代前后排列，就像编年史一样，十分清晰地按年按月地记录了顺治、康熙年间的历史。阅读屈大均的编年诗，就有读编年史的感觉，因此称屈大均诗歌为“诗史”，也不是什么过情之誉。

学者之文：《广东新语》

屈大均第三个身份是学者。屈大均是博学多闻的，古人所谓“读万卷书，行万里路”，屈大均是真正地践行了，这为他的学问奠定了基础。最能体现屈大均博学多闻的，无疑是被人们誉为“广东百科全书”的《广东新语》了。

有关岭南的文人笔记，在《广东新语》之前和之后数量都不少，从东汉杨孚的《异物志》开始，到明朝郭棐的《粤大记》，其间还包括晋朝顾微的《广州记》、晋朝嵇含的《南方草木状》、南朝宋王韶之的《始兴记》、唐朝郑熊的《番禺杂记》、唐朝刘恂的《岭表录异》、宋朝朱或的《萍洲可谈》，还有时间比《广东新语》更迟一些的檀萃的《楚庭稗珠录》、吴应逵的《岭南荔支谱》，可谓代不乏人。不过，不管这些笔记的作者本身是广东人，还是来广东任职客居，无论是从笔记格局的阔大、结构的严谨来看，还是从内容的细致、文笔的优美来说，全部有关岭南的文人笔记，都无出《广东新语》其右者。比如郭棐的《粤大记》，创作时间比《广东新语》早了不到100年，记载广东地方事迹、人物和典章制度，共计32卷，内容分事纪、科第、宦绩、献征、政事五类，介绍广东人物574人，与广东有关人物传记421人。他的笔记有叙述、有评论，但大部分文字是介绍性的，可读性不强，很难与文学挂上钩。《粤大记》从分类到以叙带论的着笔方式，都对《广东新语》有一定的启发，但是《广东新语》眼界之阔大、文字的细腻优雅，远非《粤大记》可比。用屈大均自己在《广东新语·自序》中的话说，就是“考方舆，披志乘”，“验之以身经，征之以目睹”，所以“其察物也精以核，其谈义也博而辨”，不仅有对前代著作的继承，而且有自己的亲身经历，可以做“广东之外志”。这正是其他的有关岭南的文人笔记望尘莫及的。

《广东新语》完成的时间，汪宗衍《屈翁山先生年谱》定于康熙十七年（1678）：“撰《广东新语》二十八卷成。”陈永正《屈大均诗词编年笺校》置于康熙十九年（1680）屈大均的《读李耕客龚天石新词作》之下，此时屈大均再游南京，诗中有“《交广春秋》我亦成，南方异物多经营。陆贾山川来作纪，嵇含《草木》徒知名。长跪几时能请教，知君博物有深乐”之语，《交广春秋》明显就是指《广东新语》。汪宗衍《屈翁山先生年谱》又说，《广东新语》是康熙二十六年（1687）刻印的，那么按照古代文人写序文的惯例，屈大均的这篇序也应该写成于这一年的前后，换言之，全书就是这一年完成的。又有人说，现存《广东新语》卷四《水语》中的“潭滘河”条，有“两广总制吴公巡海至此”语，而吴兴祚康熙二十年（1681）才调任两广总督；卷十一《文语》中的“尉佗书”条，有“予撰《广东文选》自佗始”语，而《广东文选》是康熙二十五年（1686）在广州知府刘茂溶资助下刊刻的；卷二《地语》中有“永安县”“永安三都”“火带”“秋乡”及卷七《人语》中“永安黄氏三孝子”等条目，都是屈大均在康熙二十六年（1687）到过永安后的补作；卷三《山语》在“端州山水”条一开始就是“何磻云”三个字，何磻是康熙二十七年（1688）初冬才到番禺拜识屈大均的，后来又在广东游览，“端州山水”就是屈大均根据何磻游览肇庆之后回来的讲述写成的。根据这些条目，《广东新语》的定稿时间应该在更迟一些的时日中。据康熙二十六年（1687）屈大均的《复汪栗亭书》，是年该书已印刷出版，有700余页。可惜这一版本的《广东新语》在今天已经看不到了。现存最早版本的《广东新语》，是康熙三十九年（1700）的木天阁刻本，其时屈大均去世已足有四年了。我们的推测是，《广东新语》应该是先有架构，而书中近700条的记文不是一时一地所作，是不断增补、不断完善的，直到康熙二十六年（1687）正式印刷出版才基本定型。后来屈大均还有一些补遗，不过已经没有大的变动了。

整理岭南文献

作为一个地方文献的搜集整理者，屈大均哪怕只留下一本《广东新语》，也足以傲视文坛的其他大家了，可他的成就远远不止《广东新语》这一部书。

康熙二年（1663），因为清朝颁发“迁海令”，屈大均带着母亲家人来到泷州（今广东省罗定市）。在这里，屈大均着手编辑《岭南诗选》前后集，但这部诗选最终没有完成。近人朱希祖先生的《屈大均著述考》分析说：第一，因后来王隼编写了《岭南诗纪》，刚好与屈大均编辑的《广东文集》一侧重于诗、一侧重于文，屈大均觉得没有必要继续编写《岭南诗选》了；第二，正如屈大均在《广东文集·序》中指出的，“岭南”一词不够严密，唐代分天下为十道，岭南道居其一，而岭南道包括了后来的广东、广西及周边地区，宋代分为广南东路、广南西路，分指后来的广东、广西，为了合于“著述之体”，还是明确称“广东”为好，这也使《岭南诗选》的编撰工作后来被搁置了。

在康熙十七年（1678）之前，屈大均又开始进行《广东文集》的编撰工作。屈大均认为，广东历代“大家数十，名家数百”，只要“搜罗残缺”，就可保存过半。《广东文集》模仿明朝张溥《汉魏六朝百三名家集》的体例，“人各一集，集分诸体”，“稍加裁择，咸使雅驯”。每一集有原序、新序或书后，集末附以本传、行状、墓志，让读者容易了解人物的生平事迹。《广东文集》如果完成，应有300余卷。可屈大均自己无力将文集刻印出版，于是他只好求助于清朝官员，广州知府刘茂溶答应“捐俸刊之”，但是前提是篇幅不能太大。这样，屈大均就编辑了《广东文集》的选集《广东文选》，其范围、体例、形式等全都遵照《广东文集》的样式。至于岭南学者邱浚的《大学衍义补》，湛若水的《格物通》《周易测》《二礼经传测》《非老》《非杨》，黄畿的《皇极经世传》，黄佐的《乐典》，王学曾的《正学观水记》等书，因偏重学术不编入《广东文集》，而另编为《广东丛书》。

屈大均在整理乡邦文献上的另一个贡献，是参与广东地方志的编撰。康熙二十年（1681）后，随着三藩之乱的平息，受“盛世修史”传统的影响，广东地方志的编撰出现了小高潮。广州知府刘茂溶在帮助屈大均刊印了《广东文选》后，对屈大均之熟悉广东地方文献留下了深刻印象。康熙二十六年（1687），他聘请屈大均参与《广州府志》的编修；于此前后，琼州定安县县令张文豹、教谕梁廷佐聘请屈大均参加《定安县志》的编修，永安县县令张进箓也聘请屈大均编撰《永安县次志》。在这几年当中，屈大均是相当繁忙的，他风尘仆仆地来往于三地，参与繁重的地方志编撰工作。因此，屈大均不得不写信给清远县县令刘士骧，婉拒了刘士骧发出的请修《清远县志》的邀请。

此外，屈大均在顺治十六年（1659）就开始撰写历史传记《皇明四朝成仁录》，记录崇祯和南明弘光、隆武、永历四朝为国牺牲的烈士，但撰写工作一直延续到屈大均去世都没有最后完成。

屈大均是一位儒家学说的尊奉者，他还著有《翁山易外》、与何磻合著的《四书补注兼考》等经学著作。

总而言之，屈大均是一位热情的爱国者和岭南文化精神的守望者。国家的未来、民族的利益，他时刻萦系于心；对斯土斯民的热爱，已经融入了他的一言一行。屈大均更是一位全才，他在诗歌、散文、史传、笔记文的创作，以及对岭南地方文献的搜集、整理等方面都有着突出成就，为提高岭南文化的地位做出了突出贡献。

屈大均的遗著在乾隆年间被列为禁书，禁毁殆尽。一直到清朝末年文网稍松，才有学者重新搜罗整理屈大均的遗著，刻印出版。到民国年间，整理出版屈大均遗作的人越来越多。改革开放之后，欧初、王贵忱主编了《屈大均全集》8册，是1949年后首次编辑整理出版的屈大均的全部著作。

我们的《岭南文化精神的守望者——屈大均作品选读》中屈大均的作品，就是从《屈大均全集》中精选出来的，分为诗歌、散文、史传、笔记文四类。改革开放以来，尽管收入屈大均作品的选本不少，如刘永生的《清诗选》、刘斯奋的《岭南三家诗选》、陈永正的《岭南历代诗选》，还有不少文学作品选也选入了屈大均的诗词、散文、笔记等，不过，涵盖屈大均所有门类作品的选集仍然阙如。为此，我们试图在屈大均各门类的作品中尽可能选取最具代表性、影响最大的作品，介绍给读者。本书对每一篇作品的时代背景、主旨都进行简单介绍和评析，还通过注释、今译等减少读者的阅读障碍。希望读者通过阅读本书，对屈大均的著作有一个大概的了解，以便更好接受这一份文化遗产。

诗选

猛虎行

题旨

本诗选自《翁山诗外》，控诉了清军在第二次攻陷广州之后，屠杀数以十万计的军民的罪行。

边地不生人，所生皆奇畜。野马与骆驼，騊駼[1]及驼鹿[2]。羱羊[3]千万头，人立相抵触。上天仁众兽，与以膏粱[4]腹。变化成猛虎，食尽中土肉。哮吼一作威，士女皆觳觫[5]。广南人最甘，肥者如黄犊。猛虎纵横行，餍饫[6]亦逐逐[7]。朝饮唯贪泉，暮依唯恶木。人皮作秽裘，人骨为箭镞。人血充乳茶，脂膏杂红曲。子狗有爪牙，攫搏[8]苦不速。恶性得自天，牝牡日孳育。在天为贪狼，在地为荤粥[9]。人类日已尽，野无寡妇哭。隆冬不患饥，髑髅亦甘蓄[10]。多谢上帝仁，猛虎享天禄。为兽莫为人，牛哀得所欲。

注释

[1] 騊駼（táo tú）：古代良马名。 [2] 驼鹿：兽名，即四不像。 [3] 羱（yuán）羊：又称北山羊，体型比山羊大，雌雄都有角。 [4] 膏粱：肥肉和细粮。 [5] 觳觫（hú sù）：因恐惧而发

抖。 [6] 餍饫（yàn yù）：吃饱了。 [7] 逐逐：一定要得到的样子。 [8] 攫（jué）搏：扑上去抓。 [9] 荤粥（xūn yù）：亦作“獯鬻”，我国古代北方的一个民族。 [10] 甘蓄：美味的积蓄。

今译

边疆生活的都不是人，生活的都是奇奇怪怪的畜生。野马和骆驼，騊駼和驼鹿。羱羊有千万头，都像人一样站立着用角互相顶撞。上天对各种野兽真是仁慈，让它们享用了各种美味。它们都变成了猛虎，吃光了中原的肉。咆哮怒吼耍威风，男男女女都发抖。南方的广东人最甘甜，胖得就像小黄牛。猛虎放肆走，肚皮一定要吃饱。早上喝点贪泉的水，晚上靠着贱劣的树打个盹。它们拿人皮做肮脏的皮衣，用人骨做箭头。把人血当奶茶，人油混杂着红酒。小狗也生着爪牙，抓扑唯恐不够迅速。凶恶的秉性是天生，公兽母兽天天繁育。它们在天上贪狠如狼，在地上就成了北方的民族。人类都被吃光了，田野里也没有了寡妇的哭泣声。在深冬它们也不怕饿肚子，死人的头骨也成了它们积蓄下来的美味。多谢上帝的仁慈，让猛虎享尽了福气。宁愿做野兽也不要做人，你看那牛只要一伤心，就能得到它们想要的东西。

简析

顺治七年（1650），清军在尚可喜的率领下，再次攻陷广州。由于南明永历政权的军队顽强抵抗，清军在广州城里进行了报复性的七天七夜大屠杀。有的居民躲进了流经广州的濠涌的旮旯里，还是被清兵搜出来杀害，河涌的水都被染成红色。近人黄佛颐《广州城坊志》引道光时南海朱次琦所说“屠城三日，城前后左右四十里，尽行屠戮，死者六十余万人”。从以上几种记载来看，屠城时被杀者数以十万计应该没有疑问，所以这一数字也被同治《番禺县志》所采信。屈大均的《广东新语》中的《女语》《诗语》《宫语》《怪语》等数卷中也曾提及广州屠城中一些遇害者的事迹。这幕惨剧堪比“扬州十日”，充分暴露了清军的野蛮和残忍。“扬州十日”是清军攻占扬州之后，杀害了南明弘光政权守卫扬州城的大臣史可法，并在扬州大肆屠戮十天。“扬州十日”因为有幸存者王秀楚的《扬州十日记》等笔记、明末清初史学家计六奇的《明季南略》和全祖望等知名文人写了有关扬州梅花岭的散文而广为人知。而清军在广州的大屠杀却因为史料记载不详，或者因写笔记的文人不出名，所以流传不广、罕有人知。屈大均的这首诗，让后人知道了广州城历史上曾经发生过的清军屠城，具有相当大的史料价值。当时，屈大均正在故乡番禺茭塘都的思贤乡（沙亭），为不久前去世的父亲守制，因而躲过了这场劫难。但是得知一江之隔的广州城中发生了“杀人如草不闻声”的惨剧，屈大均还是吃惊和愤怒了。

这首诗把清军比作边疆来的野兽猛虎，控诉他们屠杀平民百姓的罪行，不明白老天爷为什么能够容忍他们胡作非为。血海深仇使屈大均与清朝不共戴天，为了方便以后的抗清活动，他不久后落发出家当了和尚。这首古诗一韵到底，一气呵成，可见当时屈大均的悲愤犹如长江大河，滔滔不绝。诗中对上天还先后用了两次“仁”字，实际上是反话正说。熟悉儒家经典的屈大均不会不知道，“仁”是儒家最高道德标准，连孔子都不轻易许人。这里的反话正说，正好凸显了屈大均对上天不公的不解，表现了他无法排解的悲伤。诗中“为兽莫为人”，与“宁为太平犬，勿做乱离人”的俗话一样，是无奈、伤心到了极点的表现。在艺术上，屈大均的这首古风不事雕饰，全是惨痛的叙事，令人不忍卒读。

鲁连[1]台

题旨

本诗选自《翁山诗外》，屈大均借怀念战国时不向暴秦低头的高士鲁仲连，抒发了绝不屈服于清朝的志向。

一笑无秦帝，飘然归海东。谁能排大难？不屑计奇功。

古庙[2]千秋月，荒台万木风。从来天下士[3]，只在布衣[4]中！

注释

［1］鲁连：鲁仲连，战国时齐国的高士。据《战国策·赵策·鲁仲连义不帝秦》所说，秦军包围了赵国都城邯郸，魏王派出救援的军队因为害怕秦军，不敢前进。魏王派使者劝说赵王尊奉秦王为帝，以求解围。鲁仲连此时刚好在邯郸，闻讯后驳斥魏王的使者，认为秦国不懂得礼义，只推崇武力，用权术驾驭臣下，奴役其百姓。如果秦王为帝，就会把这种做法在全天下推行。如果是这样的话，他就宁可跳东海而死，也绝不做秦国的顺民。魏国的使者被说服了，秦军将领听说这件事之后，马上指挥秦军后退50里。赵国的平原君想以高官厚禄酬谢鲁仲连，鲁仲连马上拒绝，他说："天下之士可贵就在于他为别人排除祸患解决困难，而不求报答。如果要求报答，那就是斤斤计较的商人了，那是我不肯做的。"于是他飘然而去。　［2］古庙：鲁

连庙。 ［3］天下士：国士，以天下为己任的高士。 ［4］布衣：平民。

今译

鲁仲连傲然一笑，秦王就称不成帝了；事成之后他飘然而去，回到了东海之滨。有谁能像鲁仲连那样，为人排除祸患困难之后，不屑于计算卓越功勋的呢？千秋万代的明月，照耀着鲁连古庙，荒废的鲁连台上，万株古木在风中摇响。以天下为己任的高士，向来都在平民之中！

简析

顺治十四年（1657），屈大均第二次北上，从北京转到山东，在行经茌平县的时候，登上了鲁连台的遗址，发思古之幽情。他赞叹鲁仲连虽然身为一介布衣，却傲骨嶙峋，宁死也绝不屈服于暴秦。他为赵国排除祸患困难之后，不屑于接受高官厚禄的酬谢，这正是不屈服于清朝暴虐统治的志士们的心想神往的思想境界。“从来天下士，只在布衣中”，更是屈大均的自许，包含着他对明朝沉甸甸的一份许诺。这首五律一经传出，马上唱响了大江南北，在反清复明的遗民心中，掀起了万丈巨涛，极大地鼓舞了他们的斗志。这首五律在艺术上也是成熟的，雄健勃发，用典精巧，笔力纵横。首联叙事，颔联抒情，颈联写景而景

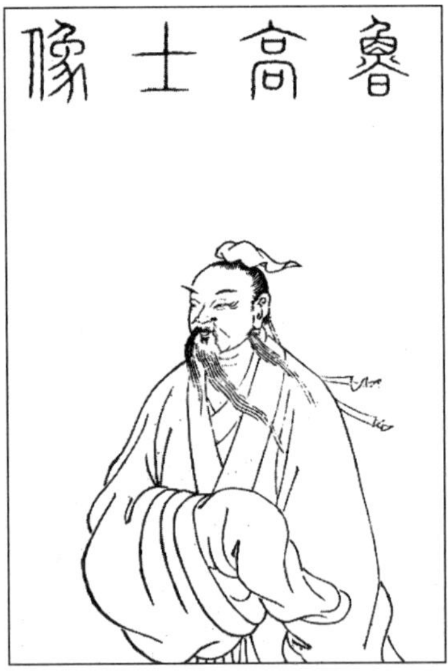

鲁仲连像

中寓情，尾联议论。全诗一气贯通，跌宕起伏，凌云壮志，尽显笔下。这种雄浑高旷的境界，有时候真的使人难以相信，会出自一个不到而立之年的青年诗人之手。

摄山[1]秋夕作

题旨

本诗选自《翁山诗外》，屈大均有感于南明郑成功军队攻击南京，功败垂成，抒发了继续投入战斗的激情。

秋林无静树，叶落鸟频惊。一夜疑风雨[2]，不知山月生。松门[3]开积翠[4]，潭水入空明[5]。渐觉天鸡[6]晓，披衣念远征。

注释

[1] 摄山：栖霞山，在南京东北部。 [2] 风雨：风雨声，实际上是叶落之声，让人怀疑是风雨之声，这在唐诗中常见。如僧无可《秋夜宿西林寄贾岛》诗："听雨寒更尽，开门落叶深。" [3] 松门：松木做成的门。 [4] 积翠：浓密的草木丛林。 [5] 空明：空旷澄澈，特指月光下的清波。 [6] 天鸡：南朝梁任昉《述异记》中说"东南有桃都山，上有大树，名曰桃都，枝相去三千里。上有天鸡，日初出，照此木，天鸡则鸣，天下鸡皆随之鸣。"

今译

秋天的树林里没有一棵树是安静的，落叶的沙沙声常常把鸟儿惊起。整夜听到落叶的声音，怀疑是刮起了秋风、下起了秋雨，不知不觉山中的月亮高高升起。打开松木做成的门，看到门外浓密的草木丛林铺开了翠绿，深潭里的积水在月光下泛起了清波，一派空旷澄澈。渐渐，拂晓来临，满山的鸡都鸣叫起来，我披上了秋衣，想起了我远离家乡，奔波路上。

简析

顺治十六年（1659），屈大均北上京师、山东等地，遍访历史古迹，在返回广东的路上，暂居在南京。在南京，屈大均拜谒明太祖朱元璋的孝陵；和遗民王古度、王潢、方文、汤燕生等人聚会，拜祭在北京煤山自缢的崇祯皇帝；还拜访了当时的著名诗人钱谦益等人，得到他们对自己诗歌的肯定和赏识；还在这里开始了记录明抗清烈士事迹的史书《皇明四朝成仁录》的撰写。这一年，占据台湾岛的南明将领郑成功在明朝遗民的策应下从长江口攻占瓜州、镇江，准备进攻南京，在南京的部分清军甚至准备投降。但是郑成功所部因取得局部的胜利而产生骄傲情绪，松懈下来，导致被清军反击打败，退到长江口外的海岛。此前，郑成功与明朝遗民联络的时候，屈大均也参与其中，故此次战事失利，屈大均的失望可想而知。这首诗是屈大均在栖霞山秋夜里有感而作的。郑成功所部的失败，让他想起了历史上南朝的陈霸先曾经在摄山打败南犯的北齐军队的那一场战役，不禁感慨万分。诗中描写了摄山秋夜幽静中充满动感的美景，静静的夜里，有着落叶的沙沙声。明月升起，青翠的林木与澄澈的潭水动静相间，“树欲静而风不止”。天色渐渐明亮，耳旁满是报晓的鸡鸣之声，他又要披上秋衣，踏上征途。在对平静山景的描写中，跳动着诗人渴望新战斗的热情，这完全可以和以情景交融著称的唐诗相媲美。比屈大均稍晚的文人黄培芳在《香石诗话》评论此诗说："写风林山月之景，令读者如闻其声，如亲其境，真化工也。"

白门[1]秋望

题旨

这首关于南京的抒情诗选自《翁山诗外》，抒发了屈大均对南明弘光政权君臣不思收复失地，反而歌舞升平的失望之情。

虎踞龙盘[2]是钟山[3]，鸣镝[4]谁教入汉关[5]？岂为深宫歌《玉树》[6]，遂令高庙[7]失金环。台城[8]日落栖乌[9]怨，淮水风高战马闲。愁见卢龙[10]秋草外，名王千里射雕还。城北有卢龙山。

注释

[1] 白门：南北朝时称建康正南门宣阳门为白门，在今天南京城的南边。后来“白门”就成为南京的别称。 [2] 虎踞龙盘：踞，蹲或坐。据《吴录》记载，诸葛亮论金陵（即南京）地形时说：“钟阜（紫金山）龙蟠，石城（石头城，即南京）虎踞。”后人就以“虎踞龙盘”赞誉南京地势险要雄伟。 [3] 钟山：紫金山。 [4] 鸣镝（dí）：响箭，用以震慑敌军。《史记·匈奴传》载，汉时冒顿（mò dú）单于开始造鸣镝。 [5] 汉关：长城上的关隘。 [6]《玉树》：《玉树后庭花》的简称，乐府吴声歌曲。陈后主君臣创作《玉树后庭花》，歌词绮艳，被视为亡国之音。这里指南明弘光政权君臣

在大敌当前时依旧歌舞升平，不思振奋进取。［7］高庙：明太祖朱元璋。［8］台城：东晋、南北朝的台省（中央政府）和皇宫所在地，泛指宫城。［9］栖乌：晚宿的归鸦。南朝梁王筠《和卫尉新渝侯巡城口号诗》曰："阊阖暧已昏，钩陈杳将暮。栖乌城上返，晚雀林中度。"［10］卢龙：地名，在今河北省东北部，长城脚下。

今译

虎踞龙盘的是紫金山，是谁让清军长驱直入越过长城？难道不是因为弘光君臣在南京的皇宫里歌舞升平，才把老祖宗明太祖的天下白白葬送了。宫城里夕阳西下，栖息在树上的乌鸦哀鸣一片，淮河南北刮起了大风，战事平息马放南山。忧愁地看见长城脚下，清朝的亲王游猎千里，射下大雕喜气洋洋地回还。

简析

此诗是顺治十七年（1660）秋天，屈大均在南京所作。顺治十六年（1659），郑成功的军队进攻江南，节节胜利，可惜最后功败垂成，退出了长江口。在这个过程中一直与郑成功部队联络的屈大均，为了躲避清朝对"通海案"的追究和随之而来的迫害，不得不离开南京，隐匿起来。回想起当年明太祖朱元璋定鼎南京，是多么令人气壮神旺！可是，崛起于东北的清朝铁骑乘着中原大乱，不仅越过长城，而且入关建都北京。南明弘光政权君臣不思收复故土，一味地歌舞升平，占着南京的险要雄伟的地势，却被清军打得一败涂地，把老祖宗的天下白白地葬送。好不容易郑成功的军队反攻南京，又因为骄纵轻敌而遭遇败绩，明朝遗民们只能忧愁地看着清朝的亲王在中原大地上，随心所欲地驰骋游猎，诗人心情的郁闷不言而喻。这首七律用典自如，对仗严谨，情感沉郁。

题山阴[1]祁五祁六[2]藏书楼

题旨

本诗选自《翁山诗外》。屈大均为了避祸，在遗民祁五祁六家中的藏书楼读书数月，广闻博采，诗才进一步提高。本诗抒发了屈大均自我超越的狂喜之情。

夙[3]闻治《水经》[4]，银泥[5]封绿字[6]。龙威丈人[7]招我游，林屋洞中探玉笥[8]。白云弥弥[9]洞庭波，七十名峰奈乐何。长风吹我至禹穴[10]，猿啼虎啸依藤萝。秦王碑爱虫文古，夏后书愁鸟迹[11]多。平生窃慕柱下史[12]，列国宝书求未已。闻君家书万卷余，欲向琅函[13]作蠹鱼[14]。志在《春秋》希鲁叟[15]，才堪辞赋薄相如[16]。迩来颇究《太公符》[17]，每恨荆轲剑术疏。筑坛天目[18]步珠斗[19]，一龙一蛇左右趋[20]。闻君藏得炼剑图，时时风雷起座隅，慷慨肯授英雄无？鉴湖[21]之水多芙蕖[22]，日卷珠帘楼上居。天下战争犹未已，劝君亦读孙吴书[23]。

注释

［1］山阴：今浙江省绍兴市。　［2］祁五祁六：祁理孙，字奕庆；祁斑孙，字奕喜，是两兄弟，山阴人，明朝遗民，时称祁五、

祁六公子。其父祁彪佳，曾任明朝右佥都御史，在南京失守后自杀。祁五、祁六公子喜与遗民结交，与魏畊为好友。祁家是山阴世家，家中寓山园有很多藏书。［3］夙（sù）：过去。［4］《水经》：一本地理专著，著者和成书年代历来说法不一，争议颇多。《新唐书·艺文志》称为桑钦撰，宋以后人的著作大多沿用了这个说法。作为我国历史上第一部记载水利情况的专著，记述了全国一些重大河流的情况，有1万多字，但由于它记载的情况非常简略，既没有系统的数据记录，又缺少相应的证据推理，内容晦涩难懂。北魏郦道元以《水经》为纲，作了20倍于原书篇幅的补充和发展，写出《水经注》，全书共40卷，约30万字，所记水道1389条。《水经注》一书集中国6世纪以前地理学著作之大成，为历史地理学、水文地理学、经济地理学、考古学、水利学等学科的重要文献，也是魏晋南北朝山水散文中的佳作。［5］银泥：又称银土，是银白色的黏土，可以覆盖在石碑的文字上，起保护作用。［6］绿字：古代石碑上刻的文字，填以绿色的漆。［7］龙威丈人：包山隐居又号龙威丈人，是个有道术的人。传说有部天书，叫作《灵宝五符经》，帝喾时由天真降授。帝喾不识天文，只好将它宝藏在石柜中。以后大禹治水有功，天真又将此书传给大禹。大禹依书修炼仙去，又将天书抄录几份，一份藏在太湖中的包山（今江苏省苏州市太湖中的西山）石洞中，这石洞就是著名的林屋洞天。［8］玉笥：神话传说中的玉筐。［9］弥弥：《诗经》中有“新台有泚，河水弥弥”，弥弥是水又深又满的意思。［10］禹穴：在今浙江绍兴的会稽山，相传为夏禹的葬地。［11］鸟迹：鸟虫书，亦称“虫书”“鸟虫篆”，是金文里的一种特殊美术字体。它是春秋中后期至战国时代盛行于吴、越、楚、蔡、徐、宋等南方诸国的一种特殊文字。［12］柱下史：掌管中央的奏章、档案、图书以及地方上报材料的御史大夫。此官职在商周时期已经设立，最早的记载有“老子为柱下史”。［13］琅函：道书。［14］蠹鱼：蛀书虫。［15］鲁叟：孔子。［16］相如：司马相如，汉赋大家。［17］《太公符》：指《太公六韬》，又称《太公兵法》，是中国古代的一部著名的道家兵书。全书有6卷，共60篇。对与战争相关的各方面几乎都涉及了，其中最精彩的部分是它的战略论和战术论。［18］天目：天目山，在杭州西面。［19］珠斗：北斗七星。因七星相贯如珠，故得名。［20］趋：快走。［21］鉴湖：在浙江省绍兴城西南，为浙江名湖之一。俗话说“鉴湖八百里”，可想当年鉴湖之广阔。［22］芙蕖：荷花。［23］孙吴书：指孙吴兵法，《孙子兵法》和《吴子兵法》的合称，作者分别是春秋战国时期的军事家孙武和吴起。

今译

早就听说过古代的《水经》石刻，要拿银土封盖在绿字上加以保护。龙威丈人召唤我和他一起周游，在太湖的包山林屋洞天里打开藏书的玉筐。白云下面的洞庭湖水深又满，楚地著名的七十二峰赏心悦目，让我乐不可支。大风把我送到了浙江山阴大禹的墓地，在猿啼虎啸声中依傍着遍地的藤萝。我喜爱秦始皇碑刻上和夏帝书里的鸟虫书，又担心这些字古朴难读。这辈子私下里佩服道家的老子，周游列国寻求宝书无休无止。听说你的家里藏书万卷，我想在你的藏书中做个蛀书虫。我的志向是向孔子学习，整理修订出《春秋》那样的历史书，我在辞赋上的才干能够追上司马相如。近来稍微研究了《太公兵法》，总是对荆轲剑术的生疏感到遗憾。在天目山上筑好祭坛，跟着北斗七星亦步亦趋，感觉好像龙蛇在我身边乱窜。听说你藏有炼剑的宝图，炼成宝剑能让风雷在座位旁边时时刮起，不知道肯不肯把宝图给我这个英雄呢？鉴湖的湖面上开满了荷花，我天天在楼上卷起珠帘静坐学习。天下的战争还没有平息，我劝你也来读读孙吴兵法。

简析

顺治十七年（1660），屈大均为了避开清朝对“通海案”的追查，跑到祁家在浙江绍兴的寓山园里读书。朱彝尊在《静志居诗话》说：“翁山（屈大均）诗，原本三闾（屈原）、王逸以下，多屏而不观。后入越，读书祁氏寓山园，足不下楼者五月，始具曹（曹植）、刘（刘祯）、潘（潘岳）、左（左思）诸体。”朱彝尊的说法有一点以偏概全。不过有一点他是正确的，那就是屈大均通过刻苦学习，对前人的创作广闻博采，这使得他的诗歌创作从此别开生面。祁家藏书十分丰富，各种类型的书籍都有，屈大均如饥似渴地学习，五个月都没有下过楼。过去，屈大均自认为是屈原的后裔，屈原爱国情操根植在他的心灵血脉中，所以他早期的诗歌多向屈原辞赋学习，这就比较单调，文学视野显得不够开阔。通过几个月夜以继日的学习摸索和吸收，屈大均在魏晋南北朝诗人的作品中获取了许多营养和灵感，接着他又学习唐宋诗人的作品，终于形成了自己独特的诗歌风格，这是屈大均文学生涯中一个不期而遇的收获。这首古风狂放不羁，大开大合，思路视野忽古忽今，一刻不停，很好地表现出屈大均对视野突然开阔的狂喜心理。

南海神祠古木棉花歌

题旨

本诗选自《翁山诗外》，以比喻、夸张的修辞手法，细腻入微的描写，以及瑰丽的神话传说，抒发了屈大均对木棉花的喜爱，表达了对春天来到的欢欣之情。

十丈珊瑚是木棉，花开红比朝霞鲜。天南树树皆烽火，不及攀枝花[1]可怜。南海祠[2]前十余树，祝融[3]旌节[4]花中驻。烛龙[5]衔出似金盘，火凤巢来成绛羽。收香[6]一一立花须，吐绶[7]纷纷饮花乳[8]。参天古干争盘拿[9]，花时无叶何纷葩。白缀枝枝蝴蝶[10]茧，红烧朵朵芙蓉砂[11]。受命炎州[12]丽无匹，太阳烈气成嘉实。扶桑[13]久已摧为薪，独有此花擎日出。高高交映波罗东，雨露[14]曾分扶荔宫[15]。扶持赤帝[16]南溟[17]上，吐纳[18]丹心大火中。二月花开三月叶，半天飞落人争接。东风乱剪[19]猩红绒[20]，儿女拾来柔可折。正及春祠百谷王[21]，神灵不使马蹄蹀[22]。还怜飞絮[23]白如霜，织为继布作衣裳。银钗扣罢双铜鼓[24]，岁岁看花水殿[25]旁。

注释

［1］攀枝花：木棉的别名。［2］南海祠：南海神庙，在广州黄埔庙头村珠江边。因庙中旧有菠萝蜜树，又名波罗庙，始建于隋朝开皇年间。［3］祝融：火神名，后来人们把祝融称为南方之神。［4］旌节：古代使者出行时的旌旗和使节。［5］烛龙：古代神话传说中的神龙，在西北无日之处衔烛照明。［6］收香：收香鸟，又名桐花凤。羽毛红绿相间，非常漂亮，喜欢栖于桐树上。［7］吐绶：吐绶鸡，此指珍珠鸡。［8］花乳：花蕊中的汁液。［9］盘拿：盘绕相搏。［10］蝴蝶：此处指罗浮仙蝶，是罗浮山特产的大蝴蝶，相传为葛洪仙衣所化。［11］芙蓉砂：朱砂，道士用其来炼丹。［12］炎州：炎热之地，指南方。［13］扶桑：传说中的神树名，长在东方日出处。［14］雨露：指代皇帝之恩。［15］扶荔宫：汉代宫殿之名，汉武帝曾经把南粤的奇花异卉栽种在扶荔宫前。［16］赤帝：火神祝融。［17］南溟：南海。［18］吐纳：吐故纳新，古代道家的养生之术。这里比喻木棉花的开放和凋谢。［19］东风乱剪：古代诗歌中常常把风比喻为剪刀，剪落花瓣花叶。如唐朝贺知章《咏柳》："碧玉妆成一树高，万条垂下绿丝绦。不知细叶谁裁出，二月春风似剪刀。"［20］猩红绒：猩红色的绒块，此处指木棉花花瓣。［21］春祠百谷王：春天祭祀南海神。［22］蹀（dié）：踏。［23］飞絮：此处指飘飞的木棉絮。木棉开花结果裂开后，木棉絮随风飘散，粤人常常用其来做枕芯。也有用来织布的，称为緤布，可以挡雨。［24］铜鼓：南方民族祭神时用的铜铸的鼓。南海神庙过去有两面铜鼓，据说大的一面于唐代在高州出土，小的一面在浔州（广西桂平）铜鼓滩出土。［25］水殿：南海神庙，因为神庙在珠江边上，故有这个称呼。

今译

十丈高的木棉开花时远望犹如巨大的红珊瑚，红得比天空的朝霞还要鲜艳。南方许多树木开花时都像烽火一样热烈，但统统比不上木棉花可爱。南海神庙前的十多株木棉，好像火神祝融的旌节驻在百花丛中；好像神龙衔着烛光来到，满树的红花像金盘一样灿烂，又好像火凤凰筑巢中间，满树红花就像它红艳艳的毛羽。桐花凤停歇在木棉花须上，吐绶鸡也纷纷飞来畅饮花蜜。参天木棉的老树干纵横盘绕，木棉花开时没有树叶，红花多么繁盛绮丽。白色的花蕾相连开满枝头，好像罗浮仙蝶的丝茧；盛开的花朵，好像一堆堆的丹砂。它受命于天，生长于南方，华丽无比，太阳的光焰哺育它结出美好的果实。东面的扶桑早就被砍成柴，唯有木棉托举着太阳升起。木棉花树高高地在波罗庙前交相辉映，它还曾经因为种植在扶荔宫前而受到皇帝的恩遇。它扶助火神祝融居于南海之上，吐纳着丹心在大火之中。它二月开花，三月长叶，从高空飞落，人人争相拾取。木棉花被大风刮落，花瓣就像猩红色的绒块，小孩子捡起还柔软可折。正好赶上春祭南海神的时候，南海神的神灵都不让过往的马匹践踏花瓣。可爱的木棉絮洁白如霜，还能织成绁布制作衣裳。戴着银钗的男男女女敲完了一对铜鼓，年年岁岁都来南海神庙的神殿下看花。

简析

康熙三年（1664）春，番禺的屈氏族人重修南海神庙。屈大均北游回来后，在编辑《岭南诗选》《广东文集》之余，经常和张穆、陈子升、王邦畿、梁佩兰、陈恭尹等一班好友诗酒高会，消磨岁月。和屈大均故乡思贤乡一江之隔的南海神庙里，又要举行一年一度的春祭，屈大均当然不会放过这个机会。广州的春天，冬寒未消，而木棉花树偏偏就在春寒料峭的时候蓬勃开放，带给人们欢快与欣喜，因为人们知道，木棉花开，就意味着冬天过去。南海神庙外的十几株木棉灿烂开放，由于长在江边，更是让远看近观的人们精神为之一振。屈大均的这首诗就是在这个氛围下写成的。他用比喻、夸张的修辞手法和细腻入微的描写，以及瑰丽的神话传说，抒发了自己对木棉花的喜爱，以及对春天来到的欢欣之情。春天的到来，使得归乡将近三年的屈大均在平庸的岁月里逐渐消沉的情绪又振作起来，他的壮志豪情，就借着对绚丽夺目的木棉花的礼赞得到了抒发。一年之后，屈大均就重新踏上征途，去联络抗清志士了。这首古风基本上是两句一换韵，通灵跳脱，极好地抒发了诗人欢快的情感。

华顶[1]放歌[2]同王伯佐[3]

题旨

本诗选自《翁山诗外》，是屈大均在遗民友人王伯佐的陪同下登上华山时所写。本诗描绘了华山的雄奇壮丽，抒发了屈大均要与清军决一死战的决心。

太华峻极[4]为南峰，脚踏万朵青芙蓉[5]。东西二峰尚匍匐[6]，白帝[7]上宫[8]不敢即[9]。天柱[10]摇摇风欲倾，元气[11]茫茫日无色。我行飞栈若惊鸿，君骑搦岭[12]如游龙。君过玉女[13]饮三浆[14]，我向将军[15]攀五松。狂啸翩翩临绝顶，目营[16]四海神光骋[17]。水帘高卷入珠楼[18]，莲叶深披探玉井[19]。黄河浩浩泄愁心，明月苍苍逐孤景[20]。尘垢犹堪铸帝王，清虚[21]何足留箕颍[22]！形势依然天府雄，龙争虎斗谁途穷[23]？千里金城[24]收一掌[25]，万年甘露待重瞳[26]！

注释

[1] 华顶：华山之顶。 [2] 放歌：放声歌唱。 [3] 王伯佐：名宣辅，陕西华阴人，与其父王弘撰都是明朝遗民，与屈大均保持了终生的友谊。王伯佐此时陪同屈大均攀登华山。 [4] 峻极：

最高险处。华山有三个主峰，西峰为莲花峰，东峰为朝阳峰，南峰有二顶，分别为落雁峰、松桧峰。［5］青芙蓉：青色的莲花，比喻苍翠的山峰。［6］匍匐：趴下。［7］白帝：西方的天帝。［8］上宫：祭祀白帝的白帝宫。《华山记》载，白帝宫在落雁峰、松桧峰之间，“俯眺三秦，旷莽无际，黄河如一缕水，缭绕岳下”。［9］即：靠近。［10］天柱：华山的天柱峰。［11］元气：迷蒙的山气。［12］搦（nuò）岭：华山的苍龙岭。《水经·河水注》谓这里壁立千仞，深不见底，好像要握住山岭才能慢慢爬上去，所以叫搦岭。［13］玉女：华山玉女峰。《集仙录》谓：“明星玉女者，居华山，服玉浆，白日升天。”［14］三浆：三露。《洞冥记》载，汉武帝时东方朔“游云吉之地，得玄（黑）、黄、青露，盛之玻璃器，以授武帝，帝遍赐群臣。得露尝者，老皆少，疾病皆愈”。［15］将军：将军树，在金锁关、无上洞西南，与玉井相邻，有五棵古松。［16］营：环绕。［17］骋：奔跑，这里指扫视。［18］珠楼：在华山镇岳宫附近。［19］玉井：华山著名景点，在无上洞通往巨灵掌的路上。古代很多诗人都在玉井留下自己的诗作。［20］孤景：孤影。［21］清虚：清净虚无。［22］箕颍：箕山和颍水。《高士传》中说：“尧让天下于许由，由于是遁耕于中岳，颍水之阳（北），箕山之下。”许由是上古著名的隐士，箕颍在后世成为隐士的代称。［23］途穷：穷途末路的简说。［24］千里金城：陕西关中的土地。［25］一掌：此处一语双关。华山东峰后有仙掌崖，即巨灵掌，为华山八景之一。《三辅故事》说汉武帝在长安造承露盘，以“仙人掌承露盘，和玉屑饮，以求仙也”。屈大均在此处把仙掌崖说成承甘露的仙人掌。［26］重瞳：眼睛里有两个瞳仁，指秦末的项羽。《史记·项羽本纪》说，舜重瞳，项羽也是重瞳，都是不同寻常的人。这里是希望有像项羽一样的领袖人物出现，领导反清斗争。

今译

华山最高险的地方是南峰，登上南峰就像是踏在了华山苍翠的群峰之上。东峰、西峰都匍匐在它脚下，不敢靠近白帝所住的天宫。天柱峰在烈风中摇摇欲坠，在迷蒙的山气中太阳也黯然无光。我走在似乎要飞起的栈道之上，好像受惊的飞鸿；你跨越了险峻的搦岭，好像矫健的游龙。你经过玉女峰，饮了仙人的琼浆玉露，我走向将军树，攀上五棵古松。我们轻捷地爬上顶峰，兴奋地放声长啸，不停地扫视四海。高卷起水帘般的瀑布，拨开深深的莲叶丛，去探视玉井。远望黄河，浩浩荡荡向天际奔流，像在倾泻我的愁心，明月凄清，追随着我孤独的身影。雄伟的华山啊，你的泥尘都足以造就世间的帝王；你清净虚无，哪里能够容忍许由式的隐士留下隐居！这里险峻的地势依然拥有天府之雄，尽可以龙争虎斗一番，哪能断定谁才是穷途末路呢？关中之地尽收于一掌之中，汇集万年的甘露，期待着如项羽那样的英雄人物来开创新的时代！

简析

康熙四年（1665），屈大均又一次北上。近三年来，发生了许多大事：南明最后一位皇帝永历帝被缅甸人绑着送到云南的吴三桂军中后被杀害；在“通海案”中一直和屈大均密切配合的遗民好友魏畊、钱允武被清军抓捕，在严刑拷打中不屈而死；在台湾坚持抗清的郑成功不幸英年病逝；康熙皇帝为了隔断海上的抗清势力和内陆的联系，颁布“禁海令”，下旨要求沿海的居民搬迁到远离海岸的地方居住，屈大均的故乡番禺沙亭为此经常受到清军的骚扰，他只好奉母避居泷州。这些事情使得屈大均心中反清的怒火越来越旺。屈大均北上，为的是再次联络志同道合的遗民进行抗清活动。他途经江南、安徽、河南，最后来到陕西、山西，在这里前后停留了三年多的时间。在这三年多的时间里，他遍访名胜古迹，与遗民王弘撰王宣辅父子、李因笃、顾炎武等人结交往还，共商大计。康熙五年（1666）三月，初到陕西的屈大均在王宣辅的陪同下，登上了华山，在华山上盘桓20余日。雄伟险峻的华山让诗人气质甚浓的屈大均豪情勃发，他忘情地放声歌唱，写下了这首七古。诗中描写了华山各处名胜的奇崛，抒发了他目迷心驰的惊喜之情，表示绝不当避世的隐士，而愿意在如项羽那样的英雄人物的率领下与清军再来一次殊死的搏斗！全诗充满了积极的浪漫主义情调，狂放不羁，想象丰富，笔力雄健，语言瑰丽，比喻、夸张、用典等手法频频使用，颇具李白古风的风格神韵，是屈大均诗歌中的精品。

豫让[1]

题旨

本诗选自《翁山诗外》，屈大均借对春秋时期刺客豫让的回忆，表达了对这位“失败的英雄”复仇未遂的遗憾，抒发了不畏清兵强暴、愿意为反清复明奋战终生的激情。

豫子[2]元[3]非刺客人，青笄[4]亦复识天伦。襄君[5]未肯诛[6]涂厕[7]，国士由来重漆身。三跃自应教出血，二心端[8]欲愧为臣。悲风乱激汾桥[9]水，长[10]使行人泪满襟。

注释

[1] 豫让：春秋末晋国人。据《战国策·赵策一》《史记·刺客列传》载，豫让曾经先后投奔到贵族范氏和名臣中行氏的手下，但都没有受到他们的重用。于是他跑去投奔另一个大臣智伯，智伯对他十分尊重。当时，智伯在晋国的执政“四卿”中势力最大。后来智伯联络了韩、魏讨伐权臣赵襄子，包围了晋阳，但赵襄子反过来联合韩、魏灭掉了智氏。豫让逃到山中，说“士为知己者死，女为悦己者容”，决心为智伯报仇。他先是更名改姓，混进赵襄子的厕所里，伪装成粉刷墙壁的人，准备行刺，被赵襄子发现了。赵襄子认为豫让是义士，不顾手下的反对，释放了豫让。豫让又用漆涂在

身上搞得自己像发了麻风病，吞炭伤喉，使声音嘶哑，改变本身模样。他不顾朋友的劝阻，在赵襄子出入时经常经过的桥下埋伏起来，准备再次刺杀赵襄子，结果又被发现了。赵襄子生气地责备豫让："你以前还在范氏、中行氏手下干过，他们死了你不仅不为他们报仇，反而投奔智伯。现在智伯死了，你为何非要为他报仇呢？"豫让说："那两家把我看成普通人，我就以普通人的方式报答他们；智伯把我视为国士，我就以国士的方式报答他。"赵襄子听了之后叹息说："我已经放过你一次了，今天不能再放过你了。"豫让请求说："我杀不了你，想请你把你的衣服给我刺几剑，就当我已经为智伯报仇了。"赵襄子被感动了，脱下了衣服，豫让拔剑三次向前跳跃，刺向赵襄子的衣服，然后自杀了。赵国的志士知道豫让自杀的消息后，都为他流下了眼泪。［2］豫子：豫让。［3］元：原来。［4］青笄（jī）：青衣和普通的盘发簪子，即普通人的穿着打扮，此处指平凡的人。［5］襄君：赵襄子。［6］诛：杀。［7］涂厕：粉刷厕所墙壁的人，指豫让。［8］端：实在是。［9］汾桥：现在太原西南汾水上的赤桥，又名豫让桥。［10］长：总是。

今译

豫让原来不是当刺客的人，平凡人也是懂得天伦道德的。赵襄子第一次不肯杀掉刺客豫让，国士从来把化装刺杀看得很重。跳跃三次本来就应该让仇人出出血，对尊重宠爱自己的君王有二心实在是有愧于臣下的身份。悲号的大风把汾桥下的水刮得四处飞溅，总是让经过的行人眼泪滴满衣襟！

简析

康熙五年（1666），屈大均在山西太原经过有名的豫让桥，有感而作这首诗。豫让是《史记·刺客列传》里的人物，在风云变幻的春秋时代，他并不是一个从一而终的人，不过他的心里有一杆秤，谁真的尊重他，他就为谁效死力。他一往直前，要为智伯报仇，甚至感动了他要刺杀的对象赵襄子。第一次刺杀失败被抓后，赵襄子释放了豫让，第二次又答应豫让的请求，把自己的衣服让豫让刺几剑，权且当作让豫让还了愿，为智伯报了仇。另外有一个民间传说，豫让在赵襄子的衣服上刺了三剑之后，衣服上竟然出现了三道隐隐约约的血痕。赵襄子也为此打了三个冷战，不久后就一命呜呼了。这个被收进冯梦龙历史演义小说《东周列国志》的民间传说，说的是豫让刺杀报仇的任务最后还是完成了，这大概也是为满足读者心理而创作的结局吧。

豫让的执着，足以让一切把利害放在最重要位置的人感到羞愧。屈大均言下之意，就是他绝不做有二心的臣下，他反清复明的心永远不变。但是，在清朝定鼎中原20多年后，“识时务”的“俊杰”越来越多，这让屈大均十分无奈，所以全诗是以“长使行人泪满襟”做结的。这首七律首联、颔联叙事，颈联议论，尾联写景抒情。全诗工整严谨，用典却不呆板，是屈大均七律中的名篇。诗的尾联“悲风乱激汾桥水，长使行人泪满襟”，很容易使读者联想起杜甫在《蜀相》里的句子“出师未捷身先死，长使英雄泪满襟”。的确，屈大均的这首七律，很有杜诗的味道。不过，杜甫的《蜀相》诗主要表达的是对诸葛亮这位“失败的英雄”事业未竟的遗憾之情，屈大均的《豫让》诗虽然也表达了对豫让这位“失败的英雄”复仇未遂的遗憾之情，但更多的是抒发了屈大均不畏强暴、奋斗终生的情感，这和《愚公移山》《精卫填海》这类神话传说故事中所折射出来的中华民族性格的基色是完全一致的。这首诗表现了屈大均在学习、借鉴前人的同时，能够不断地推陈出新，更上一层楼。《豫让》诗比《蜀相》诗稍胜一筹的地方大概也正是在这里吧。

云州[1]秋望

题旨

本诗选自《翁山诗外》，是屈大均在云州面对塞外雄奇壮丽的风光而写下的诗，抒发了其昂扬的战斗激情，表示以决不投降的苏武为榜样，绝不学屈膝投降的李陵。

白草黄羊外，空闻觱篥[2]哀。遥寻苏武[3]庙，不上李陵[4]台！

风助群鹰击，云随万马来。关前无数柳，一夜落龙堆[5]。

注释

[1] 云州：地名，地处山西省北部，雁门关外，山西、河北、内蒙古的交界处，现为山西省大同市的一个区。 [2] 觱篥（bì lì）：古代的一种管乐器，形似喇叭，以芦苇做嘴，以竹做管，吹出的声音悲凄，西域羌人吹来惊吓内陆的马匹。 [3] 苏武：汉武帝时代的官员，出使匈奴被扣押19年，在北海（今俄罗斯境内的贝加尔湖）牧羊，始终坚贞不屈。汉昭帝时归汉。 [4] 李陵：苏武同时代人，飞将军李广的孙子。汉武帝时率五千骑兵出塞，攻击匈奴，兵败被俘，投降了匈奴。李陵娶了匈奴单于的公主，被单于封王。李陵后来甚至还听从匈奴单于的安排，出面劝降苏武。 [5] 龙堆：白龙堆，指天山南路的沙漠地区。

今译

在白草连天、黄羊遍地的旷野之外，听到阵阵哀怨悲切的觱篥之声。远远地去寻访拜祭忠于祖国的苏武的庙宇，绝不去登临以李陵命名的高台！

疾风阵阵就好像在助鹰群在长空搏击，迅疾的浮云随着万马的奔腾扑面而来。长城关隘外千万棵垂柳，一夜之间落叶已经铺满了塞外荒远之地。

简析

这组五律诗作于康熙七年（1668），我们选取了其一。当时，屈大均带着在山西娶的妻子王华姜（抗清烈士的遗孤）出雁门关，来到云州。屈大均此次北行已经三年了，奔走联络抗清遗民，毫无结果，但是屈大均的斗志并没有稍衰。塞外雄奇壮丽的风光，更激起了他昂扬的激情。这首五律描写塞外风光，屈大均面对这片从汉朝以来就是守战不停的战略要地，想起历史上曾经发生在这里的金戈铁马的征战，悲凉慷慨之情顿生，他再次发出誓言：宁愿以坚贞不屈的苏武为榜样，也绝不学习贪生怕死、失节投敌的李陵。全诗用典不多，以写景为主，情在景中。清朝嘉庆、道光时的诗人，屈大均的番禺同乡、晚辈凌扬藻在编选《岭南诗钞》时，评论屈大均这首诗的写景“字字有飞霸之气”。

旧京感怀

题旨

本诗选自《翁山诗外》，屈大均在南京写成，抒发了对明朝故都沦陷的悲伤失落之情。

羽翼秋高未奋飞[1]，移家偏向帝王畿[2]。文章总为先朝作，涕泪私从旧内[3]挥。燕雀湖[4]空芳草长，胭脂井[5]满落花肥。城外亦有阴山[6]在，怪得风沙暗翠微[7]。阴山在江宁县西南。（其一）

内桥[8]东去是长干[9]，马上春人[10]拥薄寒[11]。三月风光愁里渡，六朝花柳[12]梦中看。江南哀[13]后无词赋，塞北归来有羽翰[14]。形势只余抔土[15]在，钟山何必更龙蟠。（其二）

注释

[1] 奋飞：展翅高飞。 [2] 帝王畿：国都附近的地方，这里指南京。 [3] 旧内：旧皇宫，指明故宫。 [4] 燕雀湖：燕雀湖与玄武湖是南京古代的两大湖泊，两湖以钟山为界。玄武湖在钟山以西，称后湖；燕雀湖在钟山以南，称前湖。 [5] 胭脂井：南朝陈景阳殿之井，又名辱井、景阳井。隋军南渡长江进攻陈朝，攻占台城，

陈后主闻兵至，与妃子张丽华、孔贵嫔投此井，被隋兵俘虏，后人故称此井为“辱井”。其故址在今南京市玄武湖侧。隋唐以后，台城屡遭破坏，景阳殿已毁，胭脂井也随之湮没。后人为了汲取陈后主亡国的教训，遂在鸡鸣寺侧立井，并刻《辱井铭》。［6］阴山：原指内蒙古境内东西走向的山脉，包括狼山、乌拉山、色尔腾山、大青山等。此处指南京西南城外的阴山。［7］翠微：青翠的山色，形容山光水色青翠缥缈。［8］内桥：桥名，在今南京市白下路内桥湾。［9］长干：古代金陵里巷名，故址在今天南京市秦淮河边。［10］春人：游春之人。［11］薄寒：微寒、轻寒。［12］六朝花柳：六朝指三国的吴，东晋，南朝的宋、齐、梁、陈，这六朝都定都在南京。六朝花柳暗指南明的弘光政权，弘光君臣和偏安一隅的六朝君臣一样，荒淫无耻，歌舞升平。［13］江南哀：南北朝时期庾信的《哀江南赋》。庾信出使西魏被留下，后来做了北周的大臣。他不忘故乡，写了《哀江南赋》，是一篇写南朝梁兴亡的史诗。［14］羽翰：长而坚硬的羽毛。［15］抔（póu）土：一捧泥土，形容极小的地方。

今译

在秋高气爽的日子里我不能展翅高飞，偏偏带着家眷来到南明故都南京。我的文章只为大明王朝而写，满眶热泪只能偷偷地在明朝故宫里挥洒殆尽。燕雀湖旁空旷，芳草疯长；胭脂井里的水满溢，周边落下的花瓣依旧厚实。南京城外居然也有一座和北方大山同名的阴山，怪不得这里风沙飞扬，让青翠的山光水色也失去了光辉。（其一）

从内桥向东行就是长干里，骑在马上游春的人正抵御着尚未消退的轻寒。阳春三月风光秀丽，我却要在愁闷里度过，当年繁华的红花绿柳，只能在睡梦中观赏了。自从庾信写成了《哀江南赋》，之后就再也没有这样的诗赋了，我像插上了翅膀一样从塞北归来江南。从现在形势来看，大明只剩下台湾郑成功余部占领的巴掌大的地方了，南京虎踞龙盘的地形又有什么用呢？（其二）

简析

汪宗衍《屈翁山先生年谱》、陈永正等《屈大均诗词编年笺校》都记载这两首七律的创作时间是康熙八年（1669），但是从这两首诗所描写的景色来看，一为秋景，一为春景，应该不是作于同一时间的。屈大均在康熙七年（1668）夏天离开山西南归故乡，秋天到达南京。在南京逗留了半年多的时间，然后南下，于第二年八月回到故乡番禺。所以，这两首诗应该是分别作于康熙七年秋和康熙八年春。因为都是在南京写的，而且诗的主题都是凭吊覆亡的明朝，所以他在编诗集的时候就将它们统一放在《旧京感怀》之下。

这两首七律都用典随意、格律严谨，叙述、描写、抒情相结合，景中夹议，景中含情。比如第一首的尾联“城外亦有阴山在，怪得风沙暗翠微”，明里写南京春天的风沙，此时屈大均刚刚从山西归来，发现在南京城外居然也有一座与北方著名的阴山山脉同名的小山，在感觉亲切惊喜的同时，看到了北风扬起的风沙，让南京青翠的草木也失去了光彩，感觉有一些煞风景。屈大均是来南京凭吊明朝的，读到这里，我们可以知道屈大均在这里写的风沙，实际上暗指从北方来的清军，就是他们把大明的江山搅得七零八落，这是十分巧妙的景中夹议。再比如第二首颔联“三月风光愁里度，六朝花柳梦中看”，景中含情，春光明媚之时愁绪满怀，从历史到现实的红花绿柳，都让人觉得像是梦境，因为快乐的日子和美好的景物都随着国破家亡而逝去了。在对景物的描写中，流露出浓浓的哀伤之情。而且“六朝花柳”又影射南明弘光君臣在清朝虎视眈眈的时候，依旧不思振作，反而歌舞升平，最后落得江山不保的下场，在痛心之中又充满了无奈。

春山草堂感怀

题旨

这组诗选自《翁山诗外》。屈大均三度北上，都失望而归。回到家乡后不久，爱妻又突然病逝。回顾四十年的人生经历，屈大均感慨万千，写下这组诗。

地以滨海湿，人以著书贫。况复多风雨，弥令[1]叹苦辛。半生游侠误，一代遗民真。菽水[2]劳妻子，窗间刺绣频。（其一）

客心伤已尽，黄鸟[3]苦流声。一水穿云直，孤花吐日明。东西家未定，四十道无成。何以蠲忧疾[4]，文章送此生。（其三）

卧病江皋[5]久，空悬渔父[6]期。秋风不可触，一夕鬓成丝。海暗鸿声疾，山寒日影迟。只应与黄菊，荣落[7]在东篱[8]。（其四）

故国松楸[9]里，君臣几杜鹃[10]。卧龙[11]成白首，跃马已黄泉。风雨悲寒食[12]，干戈失墓田[13]。先人薇蕨[14]在，采采[15]暮云边。（其五）

未能诛淖齿[16]，何以见慈亲[17]。市井[18]堪[19]呼战，君王

已属[20]人。倚闾[21]从白发，报国及青春。去去提双剑，男儿自有神。（其十）

慷慨干戈里，文章任杀身。尊周存信史，讨贼托词人。素发垂三楚，愁心历九春[22]。桃花风雨后，和泪共沾巾。（其十二）

注释

［1］弥令：更使得。　［2］菽水：豆与水。这里指所食唯有豆和水，形容生活清苦。语出《礼记·檀弓下》："子路曰：'伤哉？贫也！生无以为养，死无以为礼也。'孔子曰：'啜菽饮水尽其欢，斯之谓孝。'"后常以"菽水"指晚辈对长辈的供养。　［3］黄鸟：别名金雀、芦花黄雀、黄雀。体形小，喜结群，飞翔能力强，歌声婉转，悦耳动听，音调多变。《诗经》内的《黄鸟》，是对秦国的三位贤臣为秦穆公殉葬表示悲痛，这里借指屈大均因妻子早逝而感到悲伤。所以下面两句"一水穿云直，孤花吐日明"疑指千里随从自己回乡的妻子去世，剩下一个孤女在明月里哀泣。　［4］蠲忧疾：免除忧伤病痛。　［5］江皋：江边高地。　［6］渔父：渔翁。此句暗用《楚辞·渔父》中的典故：屈原与渔父对答，拒绝渔父隐世的建议。而之后的"文章送此生"则表达屈大均准备以后以整理广东地方文献为后半生的主要工作的意思。　［7］荣落：盛开凋落。　［8］东篱：陶渊明《饮酒》诗有"采菊东篱下，悠然见南山"。后人以"东篱"象征人的高尚节操。　［9］松楸：松树与楸树。墓地多植，因以代称坟墓。　［10］杜鹃：中国古代有"望帝啼鹃"的神话传说。望帝是传说中的蜀国国王，名杜宇。后来禅位退隐，死后魂化为鸟，暮春苦啼至口中流血，其声哀怨凄悲，动人肺

腑，名为杜鹃。杜鹃在中国古典诗词中常与悲苦之事联系在一起。［11］卧龙：指诸葛亮，这里诗人是自喻。［12］寒食：寒食节，清明节前一日。古人从这一天起，三天不生火做饭，只吃冷食，后来逐渐增加了祭扫、踏青等风俗，被称为中国民间第一大祭日。［13］墓田：墓地。［14］薇蕨：野菜。［15］采采：采了又采。［16］淖齿：战国时楚国将领。《战国策·楚策》载，淖齿被楚王派遣率军前去救援齐国，齐王任命他为齐相。可他想与燕国瓜分齐国，居然反戈相向，抓住齐王，并将其处死。后来成为叛徒、背信弃义者的代称。［17］慈亲：慈爱的父母。［18］市井：古代的街市，指民间。［19］堪：能够，可以。［20］属：交给，指缅甸人把南明永历皇帝绑着交给吴三桂。［21］倚闾：形容父母盼望子女归来的迫切心情。闾：古代里巷的门。［22］历九春：经过九年。屈大均作此诗时，永历皇帝遇害已经九年了。

今译

我住的地方因为靠近海所以十分潮湿，我因为只会写书所以生活贫穷。何况又遭到了频繁的风雨，更加使我感叹日子辛苦。半辈子游侠生涯耽误了我，成为一代遗民才是真的。奉养老母亲辛苦了妻子，她一有空就坐在窗前刺绣缝补。（其一）

客居在外已经让人伤心了，黄雀的叫声也充满了悲苦。妻子千里迢迢跟随着我回到家乡，没有想到突然离世丢下孤女在明月下哀泣。跑东跑西，这个家从来没有安定过，人已40岁了仍然一事无成。用什么来免除忧伤病痛呢？文章伴随我一生。（其三）

躺在床上卧病江边已经多时，空负了渔翁的预期。秋风不能碰触，一个晚上就把我的双鬓吹白了。海色昏暗，传来鸿雁的阵阵急叫；山中阴

寒，斜阳慢慢地坠落。我只应该和黄菊那样，盛开和凋落都在东篱之下。（其四）

故国栽满松树和楸树的墓地里，牺牲了的南明君臣有几个化身杜鹃声声哀啼？我奔走南北已经满头华发，想跃马杀敌自己却已经接近生命的尽头。寒食节里有的只是凄风冷雨，干戈扰攘中战士们的墓地都无从寻觅。我父亲决心以遗民终老，他的遗愿还在，我只有在傍晚的层云下把野菜采了又采。（其五）

还没来得及诛杀那些叛国的逆贼，以后怎么还有脸去见我的父母？黎民百姓可以呼唤来投入战斗，可叹的是永历皇帝已经被俘虏交给了清军。靠着里巷的门，头发渐渐变白，报国就要乘着少年。去吧，去吧，拿起双剑，男儿自有他的精灵神气。（其十）

在战乱中，我满怀豪情壮志，写下了文章传世，不避杀身之祸。我要像孔子著《春秋》尊崇周朝的正统那样留下一代青史，为了对敌人口诛笔伐，我不惜做一个诗人。我的白发飘舞在三楚之地，怀着郁闷的心情过了永历皇帝遇害后的九年。风雨之后，飘摇的桃花和我的眼泪一起，洒落在我的衣巾上。（其十二）

简析

康熙八年（1669），屈大均在离开家乡三年多之后，又回到了番禺。数次北上，联络反清遗民，奋斗半生，年过四十却一事无成。屈大均悲从中来，准备从此就当一个写作史书和诗文的文人，以笔继续反清斗争。正当他设计以后的人生道路时，又一场打击不期而至。他在山西娶的妻子王华姜，这个抗清义士的遗孤，和屈大均心心相印、深得屈大均爱心的女子，不知道是因为千里路途的劳累，还是因为水土不服，抑或是因为操劳过度，总之在回到番禺半年之后，便撇下了屈大均和他们两岁的爱女，突然去世了。这正像是晴天霹雳，一下子击倒了屈大均。康熙九年（1670），屈大均在茭塘都思贤乡的居室春山草堂里，写下了组诗《春山草堂感怀》，组诗共17首，我们选了其中的6首。在这组诗中，屈大均回顾了前半辈子的人生，想起了曾经的战友、想起了自己的亲人，思绪万千。因为心情烦乱，这组诗里屈大均显得前言不搭后语，诗的内容十分凌乱，诗人的情绪也忽然高涨、忽然低沉，一时哀伤、一时振奋，痛苦和慷慨激昂并存。唯其如此，才是真情流露的好诗。

端州感怀

题旨

本诗选自《翁山诗外》，是屈大均重游肇庆时所写，当年南明永历皇帝在这里登基，现在物是人非，让其十分感慨。

地扼[1]东西粤，中丞[2]作镇雄。嵩台[3]曾驻辇[4]，锦石[5]有行宫。两载[6]偏安[7]业，孤臣[8]再造功。可怜天运去，仓卒六军[9]空。（其一）

苍梧[10]西咫尺，终古哭重华[11]。水接牂牁[12]阔，云开石室[13]斜。天孙[14]频此夕，帝子[15]久无家。不分浮生[16]苦，飘零[17]信海槎[18]。（其二）

注释

[1]扼：用力掐住。　[2]中丞：官名。汉朝御史中丞下设两丞，一称御史丞，一称御史中丞。东汉以来，御史大夫转为大司空，以中丞为御史台长官。唐宋两朝虽设御史大夫，但往往缺位，而以中丞代行其职。明朝改御史台为都察院，都察院的副职都御史即相当于前代的御史中丞。明清两朝常以副都御史或佥都御使出任巡抚，清朝各省巡抚例兼右都御史衔，因此明清巡抚也称中丞。[3]嵩（sōng）台：高台。　[4]辇（niǎn）：车，多指天子的车驾。

［5］锦石：肇庆锦石山。 ［6］两载：两年。1646年11月，南明桂王朱由榔在肇庆称帝，建元永历。次年元月，清兵攻占肇庆，永历皇帝西走桂林。在肇庆不过两个多月，不过首尾是两年。［7］偏安：封建王朝失去国家的中心地带而苟安于仅存的部分领土。 ［8］孤臣：孤立无助或不受重用的远臣，指在肇庆拥立永历皇帝登基的南明大臣。 ［9］六军：禁军，天子所统领的军队。 ［10］苍梧：古代郡名，属广州，郡治在今广西壮族自治区梧州市。 ［11］重华：上古的舜帝，他本姓姚，名重华。相传舜帝在南巡途中死于苍梧之野，葬于江南九嶷山（今湖南省永州市宁远县）。这里暗指永历皇帝。 ［12］牂牁（zāng kē）：此处指牂牁江，在贵州，汇入六盘水，是珠江的源头之一。 ［13］石室：肇庆七星岩中有一个石室岩。七星岩景区保留最多的古人墨宝都集中在石室岩，有630多幅，被称为“千年诗廊”。 ［14］天孙：织女星。屈大均在“天孙频此夕”句下自注：时闰七夕，即闰七月初七。 ［15］帝子：帝王的子女，这里指永历皇帝。 ［16］浮生：人生。庄子认为人生在世空虚无定，故称人生为浮生，见《庄子·刻意》。 ［17］飘零：原指花、叶等坠落、飘落。喻指失去依靠，生活不安定。 ［18］海槎：在海上漂浮的木筏。《论语·公冶长》中有：“子曰：‘道不行，乘桴浮于海。从我者，其由与？’子路闻之喜。”这里指永历皇帝在清军的追击下，节节败退，前往缅甸。

今译

肇庆扼守在粤东和粤西之间，巡抚在这里坐镇，称雄一方。高台上曾经停放过皇帝的车驾，锦石山上还有皇帝的行宫。永历皇帝在这里建立了偏安两年的帝业，拥戴他的南明大臣立下了再造天下的奇功。可怜的是，

昙花一现，老天爷给的运气没有了，仓促之间连皇帝的御林军都逃跑一空。（其一）

西面的苍梧近在咫尺，从古至今都在哭泣死在这里的舜帝。肇庆面对西江宽阔的江水，石室岩上空，夕阳西下，云层散开。两度来临的七月初七，却不能给永历皇帝一个安定的家。分不清是不是浮生皆苦，失去依靠的永历皇帝只好流亡国外，苟延残喘。（其二）

简析

康熙十一年（1672），屈大均避居东莞，从东莞出发，前往粤西。路经肇庆时，追忆往事：永历皇帝曾经驻跸于肇庆，自己当时还奉了父亲的命令，从番禺前往肇庆，上《中兴六大典书》，得到永历君臣的赏识，并任命自己为中秘之官。二十多年过去了，永历皇帝也早已被清军杀害，面对既熟悉而又陌生的景色，屈大均感慨万千地写下了两首感怀诗。这两首五律语气虽然平淡，但诗人的感慨却很深。诗中历史与现实交集，写景与抒情相杂，表现了屈大均的苦闷与无奈。

雷女织葛歌

题旨

本诗选自《翁山诗外》，抒发了屈大均对雷州贫穷纺织女终年劳苦，却衣食不继的深切同情。

雷女采葛，缉[1]作黄丝[2]。东家为绤[3]，西家为絺[4]。夫寒衣葛布，妇饥食葛乳[5]。得钱虽则多，不足偿租赋。一日织一匹，十指徒苦辛。只以肥商贾，无能养一身。

注释

［1］缉：把麻、葛析成缕连接起来。 ［2］黄丝：黄色纤维。汉朝赵晔《吴越春秋·勾践归国外传》记载：“乃使国中男女入山采葛，以作黄丝之布，欲献之。” ［3］绤（xì）：粗葛布。 ［4］絺（chī）：细葛布。 ［5］葛乳：葛榨出的乳白色的汁。

今译

雷州的妇女采来了葛根，把它纺成黄色的丝线。东家织成粗葛布，西家织成细葛布。男的天冷了穿着葛布做出的衣服，女的饿了只好以葛榨出的乳白色的汁充饥。卖了葛布虽然得了不少钱，却不足以偿还地租和赋税。一天能织一匹葛布，但是双手白白辛苦。只是拿来养肥了那些生意人，却养不活自己一个人。

简析

康熙十一年（1672），屈大均在粤西游历时来到雷州。他见到雷州贫苦人家的妇女家家户户都纺葛线、织葛布，并留下了深刻印象。所以后来他在《广东新语·货语·葛布》中特地记载："雷人善织葛。其葛产高凉、硇洲而织于雷。为绤为纸絺者，分村而居，地出葛种不同，故女手良与沽工异焉。粤故多葛，而雷葛为正葛。"这种副业看起来能挣不少钱，可是雷州的穷人在寒冷的天气里买不起棉布，要穿葛衣御寒；肚子饿了，吃不起白米饭，只好拿葛汁充饥。他们一年辛辛苦苦劳作，却交不起地租和赋税，养活自己一个人都很困难，而那些收购葛布贩卖的商人，却养得脑满肠肥。看到社会不平等的现象，屈大均很愤怒，于是写下了这首《雷女织葛歌》。这首古诗很有乐府诗的味道，读着就会联想起白居易的新乐府诗，比如《缭绫》《杜陵叟》《卖炭翁》等。他们的诗都对封建社会里底层的贫苦百姓表示了深深的同情，充满了悲天悯人的情怀。屈大均这首诗语言通俗、对比鲜明、揭露深刻，所以与元稹、白居易的新乐府诗有异曲同工之妙。屈大均的诗歌，善于向前人学习，尤其是向号称"诗的国度"的唐朝学习，于此可见一斑。

度骑田[1]作

题旨

本诗选自《翁山诗外》。吴三桂起兵反清，屈大均闻讯后马上前往投军。此诗是他在经过南岭的骑田岭时所作，抒发了他反清复明的急切之情。

鞍马不遑[2]息，行行栈阁[3]间。天寒风落木，日暮雨连山。折岭通三楚[4]，郴江下百蛮[5]。遗民思义帝[6]，伏腊[7]泪痕斑[8]。有义帝祠在郴州。

注释

［1］骑田：骑田岭，是中国南岭山系五岭中最小的一个，位于湖南省郴州市北湖区与宜章县之间。古代又名阳山、腊岭、桂阳岭、客岭山、黄岑山、折岭等。 ［2］不遑（huáng）：没有时间。 ［3］栈阁：栈道。 ［4］三楚：战国楚地疆域广阔，秦汉时分为西楚、东楚、南楚，合称三楚。 ［5］百蛮：古代南方少数民族的总称。 ［6］义帝：熊心，芈姓，楚怀王熊槐的后代。《史记·项羽本纪》说，秦灭楚之后，熊心隐匿民间为人牧羊。项梁起事后，采纳范增的建议，立熊心为楚怀王，以从民望。后来，秦军进攻赵国，熊心以宋义为上将军，项羽为次将，率兵救赵。又令刘邦西向进攻关中，

与诸将约，先入关中者为王。项羽矫杀宋义，在巨鹿之战中大败章邯，熊心被迫以项羽为上将军。刘邦先入关中，项羽使人还报熊心。熊心答复：照原约办，项羽因此怨恨熊心，于是佯尊熊心为义帝，徙于长沙郴县（今湖南省郴州市），而暗中令英布等人将其弑杀。其实，义帝并不是好称呼，义有假的意思，义帝就是假皇帝。这里的义帝指明朝帝王的后代。 [7]伏腊：夏天和冬天。 [8]泪痕斑：暗用了娥皇和女英的典故。娥皇、女英是中国古代神话传说中尧帝的两个女儿，姐妹同嫁舜帝为妻。为了寻找南巡的舜帝，她们千里迢迢来到潇湘。得知舜帝死在苍梧，她们泪如滂沱，守着潇湘竹，眼泪洒在竹子上，形成斑纹，世人称之为“斑竹”。

今译

鞍马劳顿来不及休息，在骑田岭长长的栈道上走个不停。天气寒冷，大风刮下落叶飘飘，接近傍晚山上大雨连绵。骑田岭与三楚大地相连，郴江水流下百蛮之地。遗民们心里仍然牵挂着明朝，一年四季哭泣不停，竹子上都留下斑斑泪痕。

简析

康熙十二年（1673）冬，在云南的吴三桂起兵反清，自称天下都招讨兵马大元帅，后又自称周王，改元昭武。吴三桂本来是明朝镇守山海关的总兵，在李自成起义军的攻击下，投降清军，封平西王。此后他与农民军、南明军作战，一直打到云南。康熙皇帝登基后，担心吴三桂等人的力量过于膨胀而准备“削藩”，吴三桂闻讯后害怕清朝卸磨杀驴，遂起兵反清。吴三桂军迅速占领了贵州、广西、湖南等地。本来已经对反清复明灰心丧气，打算从此做一个文人的屈大均，内心顿时重新燃起了希望，以为反清复明的愿望终于可以实现了。他从粤北赶到湖南，向吴三桂上书言兵事，被吴三桂任命为广西按察司副司，到广西桂林的孙延龄部任监军。这首诗就是屈大均翻越广东、湖南之间的骑田岭时所作。首、颔两联写自己风尘仆仆、马不停蹄，不顾天寒地冻赶路。颈联“折岭通三楚，郴江下百蛮”则描写了在骑田岭上向南北俯瞰，借景抒情，坚信反清的烽火会在五岭南北越烧越旺。尾联“遗民思义帝，伏腊泪痕斑”，后面屈大均有一条自注“有义帝祠在郴州”，很明白地借楚遗民思义帝的历史，期望吴三桂能考虑明朝遗民的感情，拥立明朝帝王的后代，真正实现反清复明。这首五律节奏从快而慢，情感由高昂至深沉，很有特色。

可惜乙卯作

题旨

本诗选自《翁山诗外》。屈大均此时看出吴三桂虽反清，却无意复明，心中苦闷，萌生退归故乡之意。

出处[1]因仇敌，平生烈士雄。道孤难自立，才拙[2]易为穷[3]。众鸟啁啾[4]里，文鸾[5]困抑中。江潭思见放[6]，复守蕙兰[7]丛。（其二）

注释

[1] 出处：出仕和退隐。 [2] 才拙：才能笨拙。 [3] 穷：与“达”相对，意为不得志。 [4] 啁啾（zhōu jiū）：鸟叫声。 [5] 文鸾（luán）：文士中的凤凰，作者在这里以众鸟喻指吴三桂的心腹，人中凤凰则是自喻。鸾：凤凰一类的鸟。 [6] 见放：被放逐。 [7] 蕙兰：香草。

今译

不论是出仕还是退隐，都是因为清朝这个仇敌，平生最为推崇的是烈士的雄风。只有自己独守反清复明的大道难以自立，我的才能笨拙，容易到处碰壁。在鸟群嘈杂的叫声中，我这个文士中的凤凰只有在困惑压抑中度日。被放逐到江湖中去，看起来只能再去守着香草丛了。（其二）

简析

康熙十四年（1675），屈大均还在桂林任吴三桂所部的监军。投奔吴三桂前后将近三年了，屈大均感到自己和吴三桂及其心腹越来越格格不入。吴三桂名义上反清，但他和屈大均这些明朝遗民“复明”的理想根本不一样。在这种情况下，屈大均想起家乡的亲人，又重新考虑出仕和退隐的问题了。他想，与其日后被放逐，不如痛下决心，再去写文作诗，过隐士的日子。次年，他终于离开了吴三桂军，回到故乡番禺。而吴三桂不出屈大均所料，抛开了伪装，于康熙十七年（1678）在衡州（今湖南省衡阳市）称帝。《可惜》一组诗共三首，这里选了第二首。因为吴三桂当时还没有彻底撕下伪装与屈大均这样的明朝遗民决裂，屈大均也只好同他虚与委蛇，心照不宣。这首五律中多用典故来暗喻，与屈原的诗歌风格有一些相似。

赋[1]寄富平李子[2]

题旨

本诗选自《翁山诗外》。屈大均拒绝参加康熙朝的博学鸿词科考试，但是他过去的遗民朋友李因笃、朱彝尊却没有能够抗拒高官厚禄的诱惑，前往北京应试，屈大均写了这首诗对他们的失节进行讽刺抨击。

河华[3]高居[4]早有名，鹤书[5]频使羽毛轻。三秦[6]豪杰哀王猛[7]，一代诗歌恨少卿[8]。绝塞[9]虽将黄鹄[10]返，空山无复白云迎[11]。鸳湖朱十[12]嗟同叹，未嫁堂前已目成[13]。

注释

［1］赋：写。　［2］李子：李因笃，字天生，陕西富平籍，山西洪洞人。明秀才，明亡后，寻访志同道合者谋求复国，与屈大均相知相交。后回家读书，很有学问。康熙十七年（1678），为了笼络汉族文士，清廷举行博学鸿词科考试，招揽人才。不少有民族思想的文士如顾炎武、傅山等人都坚拒不出，李因笃受举荐，以母老为由推辞。其母怕事，要他赴考，他流着眼泪去应试。被取中后，授翰林院检讨。屈大均听到这个消息十分气愤，写了此诗讽刺他。李因笃不久后就上疏辞职，应该和屈大均的规劝讽刺不无关

系。［3］河华：黄河与华山的合称。［4］高居：同“高卧”，指隐居。［5］鹤书：古时用于招贤纳士的诏书。［6］三秦：关中一带在春秋战国时为秦国发源地，后将陕西的陕南、陕北、关中并称“三秦”。［7］王猛：字景略，东晋北海郡剧县（今山东省寿光市东南）人，后移家魏郡。南北朝时期著名的政治家、军事家，他拒绝北伐的东晋大将桓温之聘，却投奔前秦苻坚，大受信用，官至丞相、大将军。［8］少卿：投降匈奴的汉朝将领李陵，字少卿。［9］绝塞：极远的边塞地区。［10］黄鹄：天鹅，比喻高才贤士，指李因笃。［11］空山无复白云迎：南北朝时期的文人孔稚珪写了一篇讽刺性文章《北山移文》，揭露和讽刺那些伪装隐居以求利禄的文人。文中有“使我高霞孤映，明月独举，青松落阴，白云谁侣”一句，意思是山林白云都不再欢迎这些假隐士的回归。［12］朱十：朱彝尊，清初学者，字锡鬯（chàng），号竹垞，浙江秀水（今浙江省嘉兴市）人，在兄弟中排行第十，故得名。明代大学士朱国祚曾孙。明亡后不仕。早岁与屈大均同为明朝遗民，此时也参加博学鸿词科考试，取中后任翰林院检讨。［13］目成：眉来眼去，以目传情。《楚辞·九歌·少司命》中有“满堂兮美人，忽独与余兮目成”一句，用于讽刺变节者。

今译

你在黄河、华山之间隐居时就享有高名，康熙皇帝招贤纳士的诏书频频来到，你就像一根羽毛一样飘飘然啦。三秦之地的豪杰都为王猛的变节感到悲哀，整个汉朝的诗歌都痛骂叛徒李陵。边塞地区虽然还期待你这个高才贤士迷途知返，但是大山白云都不会热情地欢迎你了。可叹鸳湖的朱彝尊也和你一起失足啦，真是想不到，一个还没有出嫁的姑娘，居然在堂屋前面和人家眉来眼去了。

简析

康熙十七年（1678），屈大均听到康熙皇帝开博学鸿词科考试的消息，他理所当然地拒绝参加。可是，过去曾经是莫逆之交的李因笃、朱彝尊却改变初衷，去北京参加考试。没有比知道好朋友叛变的消息更令人伤心痛苦的事情了，于是身在番禺的屈大均挥笔写下了这首诗，用以排遣内心的伤感之情。这首七绝几乎句句用典，因为屈大均不希望清朝当局读懂自己的怨悱之情；而李因笃、朱彝尊他们，过去是和屈大均一样有着深厚文化修养和忠孝节义道德的人，屈大均不担心这些过去的朋友们读不懂自己的诗。他知道，只有博古通今地讽刺他们，才会击中他们的痛处，才会唤醒他们的良知。所以这首七律平静中蕴含着辛辣，在不动声色中讽刺强烈。这首诗格律、对仗等都中规中矩，但是举重若轻地负载着深刻的内涵，让读者读后发出会心的笑容。

贫居作

题旨

本诗选自《翁山诗外》，屈大均在这组诗里描写了自己贫苦的窘态，抒发了昂扬的斗志。

无以为忠养[1]，艰难是此时。白头惟饮水，黄口[2]但餔糜[3]。菊岂忘忧物[4]，梅非媚世姿。固穷[5]终已矣，吾道正如斯。（其二）

乞食宁无路，言辞拙奈何。事亲方日短，为道[6]已年多。竹影宜明月，松身厌女萝[7]。鹿巾[8]时自著，巢父[9]一相过。（其三）

久已安农圃[10]，能将五谷分。雕胡[11]谢家[12]饭，大布[13]孟卿[14]裙。月冷光难见，松高响易闻。萧然[15]人事外，不义[16]一浮云。（其七）

荷锄难力作，藜菽[17]饱无时。大穗何曾取，新蔬且复持。凉蝉风露饮，野鹤水云姿。愿似商颜叟，疗饥有紫芝[18]。（其九）

五十嗟迟暮，桑榆[19]尚可攀。素华初吐鬓，红蕊渐收颜。恋恋闺庭内，依依怀袖间。加年[20]心未已，学《易》掩松关[21]。（其十六）

注释

［1］忠养：诚敬奉养。《礼记·内则》中有："孝子之养老也，乐其心不违其志，乐其耳目，安其寝处，以其饮食忠养之。"［2］黄口：本指雏鸟的嘴，借指儿童。古代户役制度称小孩为黄，隋代以不满三岁的幼儿为黄，唐代以刚生的婴儿为黄。后来，十岁以下儿童皆泛称为"黄口"。［3］餔糜（bū mí）：吃粥。［4］忘忧物：此处指酒。［5］固穷：安守贫穷。此处指能够安贫乐道，不失节操。《论语·卫灵公》道："子曰：'君子固穷，小人穷斯滥矣。'"［6］为道：犹言修道。《老子》道："为学日益，为道日损。损之又损，以至于无为。"［7］女萝：亦作"女罗"，植物名，即松萝。多附生在松树上，成丝状下垂。［8］鹿巾：鹿皮巾，古代隐士戴的一种头巾。［9］巢父：传说中的高士，因筑巢而居，故得名。尧以天下让之，不受，隐居聊城（今属山东省），以放牧终老。［10］农圃：农田菜园。［11］雕胡：菰米，带壳的谷粒，现舂去壳才能煮饭。李白诗《宿五松山下荀媪家》言："我宿五松下，寂寥无所欢。田家秋作苦，邻女夜舂寒。跪进雕胡饭，月光明素盘。令人惭漂母，三谢不能餐。"［12］谢家：出自《耳食录·张碧云》，指晋太傅谢安家，亦常用以代称高门世族之家。［13］大布：古指麻制粗布。此处指宽幅的棉制土布。［14］孟卿：西汉人，精通《礼》和《春秋》，是名儒孟喜之父，曾授徒大儒后仓、疏广和闾丘卿。［15］萧然：空寂、萧条。［16］不义：不合乎道义，不正当。《论语·述而》曰："不义而富且贵，于我如浮云。"［17］藜菽：泛指粗粝之食。［18］紫芝：真菌的一种，似灵芝，应用范围非常广泛，心、肺、肝、脾、肾脏虚弱，均可服用。［19］桑榆：夕阳光照桑榆树梢，因以指日暮，也比喻晚年。［20］加年：加我年岁，再给我几年时间。《论

语·述而》曰："加我数年，五十以学《易》，可以无大过矣。"

［21］松关：犹柴门。唐朝孟郊《退居》诗中有："日暮静归时，幽幽扣松关。"

今译

没有什么可以拿来奉养老母亲，这个时候真是艰难岁月啊。我肚子饿了只好喝一点水，孩子只能吃一点粥。菊花可以观赏可它不是美酒，喝了难以忘记忧愁，梅花傲世没有半点谄媚世道的样子。安贫乐道，这一辈子就这样吧，我的追求就是这样啊。（其二）

讨饭难道没有路子吗？不会甜言蜜语真是无可奈何啊。奉养老母亲的日子越来越短，修身养道的年头已经不短。竹子婀娜的影子特别适合在明月之夜观赏，我像松树一样高直，讨厌好像女萝那样去攀附权贵。自己常常戴着隐士巾，避世高士常常与我往来。（其三）

很长时间里我已经安心于农田菜园了，还学会了分清五谷杂粮的本事。我就像高门世族之家的谢家能吃粗茶淡饭，像孟卿那样的名儒高士能穿着粗布做成的衣裳。寒夜月光也显得黯淡无力，微风吹过高高的松树声响容易听见。空寂萧条过着日子，处于人世之外，不合乎道义的富贵，对我来说就像浮云一样。（其七）

扛着锄头努力耕田，我已经难以胜任啦，没有多少时候能以粗粮填饱肚皮。哪里有机会收获粗大的稻穗，姑且采一把刚长出来的菜蔬充充饥吧。秋风乍起，寒蝉在凉风里只能喝喝露水，野鹤肚饥仍然在水边云里保持高雅的风姿。我愿意像商朝那个出名的颜老头儿，靠服用紫芝来解饿。（其九）

年已五十感叹岁月迟暮，不过晚年也还能努力奋斗。我的双鬓刚刚有了白发，我妻子的容颜也逐渐苍老。在小家庭里恋恋不舍，孩子依恋地靠在我的怀里。老天爷如果能再给我几年时间，我的壮心不已，关上了柴门学习《易经》。（其十六）

简析

康熙十八年（1679），屈大均为了躲避清朝对自己曾经参与吴三桂军事行动的追究，同时为了避开博学鸿词科考试的那些麻烦事，又一次北上“避地”。在一年多的时间里，他游历了江西、湖北、江苏等地，与老朋友相见，诗酒唱酬。次年秋南下，初冬季节回到了家乡。屈大均并不是大户人家出身，为了抗清大业，他经常南来北往，奔波不停，没有顾及挣钱养家。又一次回到故乡之后，面对着母老子幼、家庭负担很重的现状，写下了《贫居作》组诗。组诗共16首，我们选取了其中比较有代表性的5首。屈大均感叹自己是一介文人，不擅长农田劳作，收获不足以养活一家人，只好用稀饭、野菜果腹，有时候肚子饿了只能喝水。可是即便这样，屈大均仍然不愿意曲学阿世，仍然像竹、梅、菊、鹤那样，保持高洁的身姿。本来，以屈大均的学问和文学修养，以他全国闻名的才华，随便到哪个达官贵人家里当清客，陪着他们饮酒赋诗、附庸风雅，要想衣食无忧，甚至发点小财，都是可能的。但是，屈大均就是不愿意。屈大均为了抗清事业多次北上联络志同道合的志士，可是，他现在已经50岁了，已经没有精力再东奔西走了。但是，“烈士暮年，壮心不已”，他还要考虑今后的生活。

从这一年开始，屈大均就没有再北上远游，他把时间、精力留给了研究和创作。在少年时代，屈大均曾经拜在陈邦彦的门下，学习过儒家的经典《易经》。现在他愿意像孔子那样，“五十以学《易》”，对《易经》做一番深入的研究。经过多年努力，屈大均写了《翁山易外》一书，用自然现象和社会现象来解释《易经》的卦文和爻辞，具有朴素的唯物主义思想。屈大均《贫居作》组诗是五律，用典不多，在描写自己贫苦的窘态时着墨较多，抒发昂扬的斗志。这一组诗对仗严谨，一首一韵，行云流水般地表达了他的人生理想。

哭顾征君宁人[1]

题旨

本诗选自《翁山诗外》。顾炎武是清初著名的遗民学者和诗人，屈大均和顾炎武志同道合，相识相知。屈大均在故乡听到顾炎武去世的消息，不由得悲从中来。

幽燕[2]久客似辽东[3]，絮帽天寒苦朔风。飞兔[4]有人还不帝，伏龙[5]于尔独称公。白头无子遗书散，黄石[6]多年故冢空。留得孝陵图记在，教人涕泪哭遗忠。君有《孝陵图》及《昌平山水记》。（其一）

登高忆共雁门间，北望京华洒泪还。白马小儿[7]犹汉殿[8]，青牛老子[9]已秦关[10]。河声不解消长恨，山色谁知老玉颜。耆旧[11]只今零落尽，北邙[12]松柏为君攀。（其四）

注释

[1] 顾征君宁人：顾炎武，初名绛，字宁人，号亭林，后世称为亭林先生，南直隶昆山（今江苏省昆山市）人。明末清初著名思想家、学者和诗人。少时参加复社，清军南下，参与抗清军事行动。其母绝食殉国，遗命勿事二姓。后被清朝逮捕下狱，出狱后北上，结交

顾炎武

遗民，从事反清复明事业。他十谒明陵，遍游华北。康熙十七年（1678）开博学鸿词科，次年康熙皇帝下旨修《明史》，大臣争相荐举顾炎武，但他都坚决拒绝。屈大均北上山西、陕西时结识顾炎武，结为挚友。康熙二十一年（1682），顾炎武死于山西曲沃。顾炎武学问渊博，国家制度、郡县掌故、天文地理、军事农业、诸子百家、音韵训诂，无不精通，著有《日知录》《天下郡国利病书》《音学五书》等。当时清朝正式征召顾炎武，所以这里称顾炎武为“征君”。［2］幽燕：地方名称，泛指今河北北部及北京、天津、辽宁，以及朝鲜大同江以北部分地区，因上述地区唐朝以前属幽州，战国时期属燕国，故有“幽燕”之称。［3］辽东：辽河以东地区，今辽宁省全境，是汉地九州之一 。战国、秦、汉至南北朝设辽东郡。又为军镇名，明初设置，辖境相当于今辽宁省大部分地区。而广义上的辽东地区还包括我国吉林、黑龙江两省和俄罗斯远东地区，以及朝鲜大同江以北地区。［4］飞兔：亦作“飞菟”，骏马名。［5］伏龙：潜伏着的龙，比喻隐居待时的贤者。［6］黄石：黄石公，秦汉时道家代表人物，思想家、军事家，别称圯上老人。《史记·留侯世家》称其避秦时之乱，隐居东海下邳。其时，张良因谋刺秦始皇不果，亡匿下邳，于下邳桥上遇到黄石公。黄石公三试张良后，授其以《太公兵法》，临别时有言：“十三年后，在济北谷城山下，黄石即我矣。”张良后来以黄石公所授兵书助汉高祖刘邦夺得天下，并于十三年后在济北谷城下找到了黄石，珍重地供奉着他。［7］白马小儿：《南史》记载，“先是大同中童谣曰：‘青丝白马寿阳来。’景涡阳之败，求锦朝廷，所给青布，及是皆用为袍，采色尚青。景乘白马，青丝为辔，欲以应谣”。后称侯景为“白马小儿”。侯景本来是北朝将领，投降南梁，后来造反，困死梁武帝，但仍然立萧纲为帝。 ［8］汉殿：南朝最后的皇帝还是汉人，故称“汉殿”。 ［9］青牛老子：老子是中国古代哲学家、思想家和道家学派的创始人，曾做过周王室管理藏书的史官，后来隐居不仕，留下了一部五千余言的《道德经》，骑青牛西出函谷关后，“莫知其所终”。 ［10］已秦关：暗指明王朝覆没。秦关：函谷关。 ［11］耆（qí）旧：年高而久负声望 的人。 ［12］北邙（máng）：亦作“北芒”，古山名，即邙山。在河南洛阳市北。东汉及北魏的王侯公卿多葬于此。此处借指墓地或坟墓。

今译

久久客居的河北的风光和辽东相似，大冷天戴着棉帽还觉得北风寒气逼人。骑着骏马四处奔驰还不愿意承认清帝，隐居待时的贤者独独对你称公。你头发白如霜，没有儿子，因此积存的书籍都散落了，就像秦汉时的黄石公离去多年剩下一座空坟。你写的《孝陵图》及《昌平山水记》还在，让人泪流满面哭泣你这个遗民里的忠臣。（其一）

回想起当年在雁门关一起登高，北望京城流着泪回来。侯景虽然叛乱，最终还是立下汉人为帝，老子西出函谷关后中原彻底沉沦。黄河之水不懂得我们的亡国之恨永远难以消除，巍峨的太行山怎么知道我们遗民的容颜渐渐衰老。年高而久负声望的前辈现在都死亡殆尽了，你的坟地我将年年前往拜祭。（其四）

简析

这组诗写于康熙二十一年（1682），哭悼友人顾炎武。顾炎武是屈大均北游时结下的挚友，他们有着共同的政治理想和信念，有着对诗歌和学问的共同喜好，有着类似的人生经历。尽管顾炎武比屈大均年长17岁，但不妨碍他们一见如故，成为好友。顾炎武在他们结交于山西的时候写过一首诗——《屈山人大均（南海人）自关中至》，开头就是一句“弱冠诗名动九州”，极力称扬屈大均的诗才和学行高节，为他们“何期绝塞千山外，幸有清樽十日留”感到庆幸。16年的时间转眼过去了，在家乡听到畏友突然去世的消息，屈大均不禁悲从中来，写下了《哭顾征君宁人》组诗，组诗有4首，我们节选了其中的两首。顾炎武和屈大均都是明朝遗民中思想最坚决的，他们的事业在当时不能公开地赞扬，不仅是因为清朝的封杀，也因为随着清朝的统治逐渐巩固，越来越多的汉族士人对反清复明表示冷漠，对顾炎武、屈大均这样的遗民表示不解。所以全诗在叙述中大量用典，隐晦曲折地表现了他们对明朝的忠诚不渝，在沉痛中流露出不为人理解的孤单和伤感。

壬戌[1]清明作

题旨

本诗选自《翁山诗外》，表现了屈大均在寒食清明时对反清复明无望的深沉幽愤和悲怆之情。

朝作轻寒暮作阴，愁中不觉已春深。落花有泪因风雨，啼鸟无情自古今。故国江山徒[2]梦寐，中华人物又销沉。龙蛇[3]四海归无所，寒食[4]年年怆客心。

注释

[1]壬戌：康熙二十一年（1682）。 [2]徒：只，仅仅。 [3]龙蛇：不寻常的人物。《左传·僖公二十三年》有“深山大泽，实生龙蛇”。《汉书·扬雄传》有“君子得时则大行，不得时则龙蛇”。这里代指潜伏的反清志士。 [4]寒食：节令名，在清明前一日（或说清明前两日），为纪念春秋时晋国介子推而设立。

今译

早早晚晚天气阴晴不定，忧愁中不觉已经到了春末。花瓣因为风雨悄然飘落，花瓣上残存的露珠晶莹如同抗清志士们的眼泪，而鸣叫不停的群鸟，从古至今都是无情透顶的，多么像卖力为清廷帮腔的小人！故国的大好江山，只能在梦中能够重见，中华的风流人物已消沉殆尽了。四海虽大，坚持信念的反清志士却再也找不到栖身之地了，每年到寒食节，我的心情就愈加悲怆！

简析

这首诗作于康熙二十一年（1682）清明。当时以吴三桂为首的“三藩之乱”已经平息，台湾的郑成功余部的反抗也走向尾声（次年郑成功的孙子郑克塽投降清朝），清朝的统治渐渐平稳。屈大均见到恢复明朝无望，心中无限感慨。恰逢清明、寒食，风雨凄凄，落花啼鸟，都惹起了诗人的哀思。作为遗民诗人的屈大均，在这天触景生情，将时节与自己的奋斗联系起来，抒发了反清无望的深沉幽愤和悲怆之情。

这首七律首联写环境氛围，暗示斗争的情况和自己的心情。暮春天气一语双关，既是自然节候，又是内心的感触，环境描写在这里起到渲染气氛的作用。颔联用双关语对比描写现实，“落花”“啼鸟”都有所指，分别比喻抗清志士和卖身投靠的小人。这种写法在我国古典诗词中是常用的，屈原就常用香花和臭草来分别比喻忠与奸，这样能够表达作者鲜明的爱憎。颈联感情强烈，饱含自己壮志未酬的感慨。“徒”“又”把反清复明的理想变为空想的感伤、志士仁人消沉殆尽的沉痛，表达得淋漓尽致。尾联流露出失望之情，反清志士们因为大业难成而找不到容身之地，年年寒食节时分都悲怆不已。全诗处处写到亡国之恨和难以回天之感，这是特定时节和环境触发的情思；而字里行间的坚毅之情和“宁为玉碎，不为瓦全”的斗志的确令人震撼。全诗格律严谨，对仗工整，音调低沉，与抒情氛围丝丝紧扣。沈德潜《清诗别裁集》评论屈大均的诗说：“翁山天分绝人，而又奔走塞垣，交结宇内奇士，故发而为诗，随所感触，自有不可一世之概，欲觅一磊落怪伟之人对之，艺林诸公竟罕其匹。”又引缪天自的评论：“诗有俚语，经顾宁人笔辄典；诗有庸语，入屈翁山手便超。”实在是定评。这首悲怆的诗写得光明磊落，低沉与高亢相伴，不是一般人可以做到的。

二禺[1]

题旨

本诗选自《翁山诗外》。屈大均出游时触景生情，抒发了物是人非事事休的感慨。

南禺峰与北禺齐，绝壁交飞万仞梯。帝子[2]箫声殊未绝，松风吹水暮凄凄。

注释

［1］二禺：屈大均《广东新语·山语·二禺》记载，“二禺在中宿峡。相传轩辕二庶子，长太禺，次仲阳，降居南海。……太禺居峡南，仲阳居峡北，故山名曰二禺”。《广东新语·山语·三峡》，“自英德至清远有三峡，一曰中宿……其在中宿者，有南北二禺。南禺峰三十有六，北禺少其四。峰峰相抱，一水萦回而出”。

［2］帝子：中国传说中上古时期姜姓部落的首领，又称赤帝、烈山氏、炎帝，一说是神农氏（或神农氏的子孙）。在阪泉之战中，帝子被黄帝打败，帝子部落与黄帝部落合并，组成华夏族。帝子在我国民间被尊为农业之神、太阳之神、医药之神，与黄帝共同被尊奉为华夏人文初祖。

今译

南禺峰和北禺峰一样高，绝壁处处，登上山峰要架起万仞的高梯。帝子悠扬的箫声还没有断绝，山风刮过松树后吹到北江峡中的水面上，暮色四起，一派寒凉。

简析

康熙二十一年（1682），屈大均自前年开始不再远行北游，专心著述。但是在劳作之暇，还是经常在省内旅行。这一年，他应代理乐昌县令的孔姓友人之邀，前往乐昌游玩。当时往粤北最方便的交通方式，就是在北江乘船北行。经过清远中宿峡，看到嵯峨的二禺峰，屈大均又想起了中华民族的始祖——远古的炎黄二帝。地名还是那个地名，国家却已经改朝换代。所以这首七绝的最后一句显得阴暗凄凉。触景生情，处处时时不忘明朝，这就是屈大均。

嘉鱼[1]

题旨

本诗选自《翁山诗外》，是一首借物咏志诗。诗人借西江里的嘉鱼表达了不同流合污的志向。

十月小湘峡，嘉鱼出穴多。爱寒餐雪水，乘暖下烟波[2]。作脍[3]宜长至[4]，分甘与玉珂[5]。殷勤[6]渔父[7]意，岁岁此牂牁[8]。

注释

[1] 嘉鱼：西江出产的一种鱼。康熙《肇庆府志·物产志》记载："嘉鱼，高要小湘峡至德庆有之。鲤质鳟鳞，肉甚肥美。性洁，不入浊流，居石潭中，食苔，冬月水清乃出食雾。"阮元《广东通志·山川略》记载："小湘峡，在高要城西二十里，高五十丈，群峰矗峙大江。"屈大均《广东新语·鳞语·鱼》记载："嘉鱼以孟冬天大雾始出，出必于端溪高峡间。其性洁，不入浊流，尝居石岩，食苔饮乳以自养。" [2] 烟波：烟雾笼罩的江湖水面，也指避世隐居的江湖。 [3] 脍（kuài）：细切的肉、鱼。 [4] 长至：夏至。夏至白昼最长，故得名。 [5] 玉珂：达官显贵。 [6] 殷勤：情意恳切。 [7] 渔父：渔夫，这里一语双关，用屈原《楚辞·渔父》

意，指“不凝滞于物，而能与世推移”的隐士。［8］牂牁：这里指西江。

今译

十月的小湘峡，很多嘉鱼游出了石洞。它们喜欢在寒冷的时候喝着雪水，我乘着天气暖和，坐着小船在烟雾笼罩的西江上飘荡。把嘉鱼做成鱼片的最好时节是夏至日，达官贵人们都来分享。情意恳切的渔夫向我兜售嘉鱼，要我和他们一样，逍遥于江湖，年年岁岁徜徉在西江上。

简析

康熙二十二年（1683）夏、秋，屈大均出游端州（肇庆）。这一年，郑克塽投降清朝，明朝正朔绝，整个中国再也没有成规模的抗清行动了。屈大均此时在肇庆吃着西江特产的嘉鱼，想起了自己的将来，也只有做一个“不凝滞于物，而能与世推移”的隐士终老了。想通了，放下了，心情也就轻松了。所以，这首五律的基调是明快喜悦的。不过，“性洁，不入浊流”的嘉鱼，殷勤的渔夫，还有西江上烟雾笼罩的环境，又好像诗人在向读者暗示着什么。

归舟赋赠柴子[1]

题旨

本诗选自《翁山诗外》，屈大均在诗中抒发了甘做隐士终老的志向。

风信[2]东边见破篷，移舟深入蓼花[3]丛。雷声隐隐黄霞外，日色沉沉白雨中。山水有情娱我老，诗书无术救人穷。疏狂[4]莫作诸侯[5]客，鹦鹉[6]才高命或同。

注释

[1] 柴子：姓柴的先生，具体不详，从诗意看，是与屈大均类似的隐士。 [2] 风信：随着季节变化应时吹来的风。 [3] 蓼（liǎo）花：一年生或多年生草本植物，生长在水边或水中。俗称“狗尾巴花”，我国各地均产。 [4] 疏狂：豪放，不受拘束。 [5] 诸侯：这里代指清朝的地方官员。 [6] 鹦鹉：东汉末祢衡写有《鹦鹉赋》。祢衡性刚傲物，因击鼓骂曹操而被送到刘表处。刘表又把他送到江夏的黄祖处，终被黄祖所杀。

今译

东边应着时令刮起来的江风，在小船的破篷上掠过，我把小船摇进了深深的蓼花丛中。黄色的晚霞外，隐隐响起了雷声，白茫茫的雨幕把昏暗的夕阳遮住了。山水景色优美，仿佛含情娱乐着老去的我，可惜我饱读诗书却救不了自家的穷困。我们性格豪放，就不要去官员那里做客了，祢衡才高命蹇，或许和我们相同。

简析

康熙二十三年（1684）春末，屈大均出游新兴，回乡时在西江上遇到同为遗民的柴先生，写下了这首七律。首联、颔联都是写景，不过按古典诗词“一切景语皆情语也”的惯例，这四句在写景中隐含着屈大均深深的感叹。小船的篷是破的，傍晚的江风清冷，蓼花丛中寂寞无人。雷声、雨幕给人一种被冷落、被抛弃的感觉。颈联、尾联直接抒情。作为隐士，生活困顿，只能在山水景色中忘情了。劝诫柴先生不要过多地去和达官贵人们交往，要不然免不了会遭到东汉祢衡那样的命运。黄廷璋《翁山诗外序》中说：“昔大司马留村吴公作镇两粤，宫詹学士王公阮亭奉祭波罗，闻先生之名，嘉先生之行，皆欲荐先生于朝。先生曰：‘家有老母，吾岂能离朝夕之养？况余所著《诗外》《文外》《文钞》《广东新语》与所述《易外》《四书补注》《广东文选》《广东文集》《十八代诗选》《李杜诗选》《今文笺》《今诗笺》《翁山文选》诸书未竟，余之笔砚未可辍也。’”这很清楚地说明了屈大均此时的处境和心情，可以帮助读者理解这首诗所包含的复杂的思想情感。

有怀富平李孔德[1]

题旨

本诗选自《翁山诗外》。屈大均在诗中再一次怀念曾经的遗民朋友李因笃，但两人的友谊因李因笃的变节而蒙上阴霾。不过，此时屈大均年过半百，对李因笃变节的憎恶不像当年那么强烈了，本诗抒发的就是屈大均对李因笃既爱又恨的复杂情感。

束帛[2]自穹庐[3]，投竿[4]别漆沮[5]。乞归矜[6]有疏，却聘[7]恨无书。芝术[8]千秋少，鸡豚一日馀。何人犹恋禄，不念倚门闾[9]。（其二）

与君驰驿骑，赵代去相依。作客从飞将[10]，为媒得宓妃[11]。越歌[12]惭有木，秦俗重《无衣》[13]。一自关河[14]隔，同心事尽非。（其三）

王翦[15]旧频阳，寻君道路长。歌呼还用缶[16]，慷慨已同裳[17]。武帝祠[18]三日，伊人[19]水一方。别来秦越[20]隔，魂梦两茫茫。（其六）

注释

[1] 富平李孔德：陕西富平人李因笃，字天生，号孔德。

［2］束帛：捆为一束的五匹帛。古代用为聘问、馈赠的礼物，这里指屈大均、李因笃当年的订交。 ［3］穹（qióng）庐：游牧民族居住的圆顶帐篷，用毡子做成。这里指屈大均、李因笃订交的边地居屋。［4］投竿：丢掉钓竿，谓罢钓，借指出来做事。 ［5］漆沮：即陕西中部黄土高原南边的两条河的名字。《诗经·小雅·吉日》中有："漆沮之从，天子之所。瞻彼中原，其祁孔有。"这里泛指黄河中下游一带大片地区。 ［6］矜：怜悯，同情。李因笃迫于母命，流泪参加了博学鸿词科考试，考中后不久便上疏乞归。 ［7］却聘：《却聘书》，是南宋谢枋得所作的一篇散文，他坚持气节，拒绝元朝政府的招聘。［8］芝术：药草名。 ［9］倚门闾：同"倚门倚闾"。明沈受先《三元记·空归》曰："茕茕老叟守蜗居，只为儿在天涯，教人终日倚门闾。" ［10］飞将：飞将军李广，西汉初年名将，曾经在陕晋冀一带守边。 ［11］宓（mì）妃：传说中的洛水女神，这里指屈大均的妻子王华姜，在山西时李因笃做媒，屈大均娶了抗清烈士之女王华姜为妻。 ［12］越歌：先秦的《越人歌》，歌词是"今夕何夕兮，搴舟中流。今日何日兮，得与王子同舟。蒙羞被好兮，不訾诟耻。心几烦而不绝兮，得知王子。山有木兮木有枝，心悦君兮君不知"，是一首歌颂友谊的歌。 ［13］《无衣》：《诗经》中的篇名，出自《诗经·秦风》，讲述的是秦国人民同仇敌忾、共御外侮的兄弟之情。其中的"无袍""无泽"简称"袍泽"，后来军人互相称"袍泽"，这里指异姓结盟兄弟。 ［14］关河：原指函谷关和黄河，后来指关山河阻，比喻旅途艰难。 ［15］王翦（jiǎn）：频阳东乡（今陕西富平东北）人，战国末秦国名将、杰出军事家。少时喜欢军事，随侍秦王嬴政。曾率军攻破赵国都城邯郸，扫平三晋地区，攻破燕国都城蓟。统兵60万大败项燕，消灭楚国。王翦和他的儿子王贲，成为秦统一六国的最大功臣。这里借指李因笃。［16］缶（fǒu）：《说文解字》的解释为"瓦器，所以盛酒浆，秦

人鼓之以节歌”。缶是秦国人唱歌时用来敲击打拍子的。在中国古代典籍中，多次提到击缶。 ［17］同裳：同披战袍。《诗经·秦风·无衣》中有：“岂曰无衣？与子同裳。王于兴师，修我甲兵，与子偕行！” ［18］武帝祠：华山巨灵祠。汉武帝登华山顶后所建，帝王祭天地五帝之祠。这句指当年屈大均和柴先生在陕西订交的往事。 ［19］伊人：那个人。语出《诗经·秦风·蒹葭》中“蒹葭苍苍，白露为霜。所谓伊人，在水一方。溯洄从之，道阻且长；溯游从之，宛在水中央”。诗意本来是向往和追求爱情，后来也指友情。 ［20］秦越：秦粤，陕西和广东。

今译

我们在北方边城订交，在黄土高原上的漆河、沮河边分手，约定共谋抗清大业。你参加博学鸿词科考试取中后上疏辞职，得到怜悯，为什么不早早地写一封《却聘书》？灵芝、白术这样的好药一千年也不会嫌多，鸡肉、猪肉一天都嫌多余。是谁还在贪恋功名利禄，不想一想家乡的父老乡亲一直在等待你的归来！（其二）

想当年我和你一起骑着驿站的快马飞驰，在山西、河北身心相依。我们在塞外做客好像跟随着著名的飞将军李广，我靠着你做媒才娶到了娇妻。我们曾经齐唱越地的友谊之歌，没有想到今天会惭对越歌的歌词；你们陕西的风俗，不是最看重兄弟之间的同仇敌忾吗？自从和你关河远隔，我们当年的同心合力的往事就都成为过去了！（其三）

王翦本来是陕西频阳人，就像你是陕西富平人，我找寻你的道路可是不短。我们一起用秦地的缶敲击着为歌唱打着拍子，我们慷慨激昂一起披上战袍。我们在华山的武帝祠前盘桓三天，现在你却和我隔水相望，人各一方。分别后我们陕西、广东两地远隔，梦里灵魂都互相看不清对方。（其六）

简析

康熙二十三年（1684）春，屈大均突然想起过去的好友李因笃，就写下了《有怀富平李孔德》组诗，组诗共8首，我们选取了其中3首。李因笃是屈大均在康熙五年（1666）北上陕西、山西联络抗清志士时结识的好友，后来他们之间的友谊出现了裂痕。因为在康熙十七年（1678），李因笃去参加了清朝的博学鸿词科考试。屈大均当时写了《赋寄富平李子》，对李因笃的行为表示不解和讽刺。时过6年，屈大均回想起他们之间相识、相知，到后来慢慢地疏远的过程。这种回忆既是亲切的，又是痛苦的。过去，他们是多么意气风发，情绪激昂，愿意为反清复明事业贡献一切。现在，他们却已经分道扬镳，李因笃违背了当年的誓言，投入了清朝的怀抱，而屈大均却依旧坚持着自己的信念，踽踽独行，痛心、孤独、彷徨之情充斥着他的心房。

这组五律和几年前的《有怀富平李孔德》组诗一样，大量用典，几乎句句都是，甚至一句数典。用典，是古典诗词常例，诗人可以在对典故的活用中，更委婉地抒发情感。不过，这组诗异乎寻常的用典，除了是为避免过分直白而引起不必要的麻烦之外，屈大均还在用历史宽慰自己：叛变、反目、孤独等，在过去也屡屡发生，没有必要在感情上太过不去。实话说，屈大均对李因笃的态度是矛盾的，是一种既爱又恨的复杂情感。如果是恨之入骨，他完全可以忘掉李因笃这个人，完全没有必要温情地回忆他们过去的友谊，没有必要打听得知李因笃辞职之后，还在研究儒家经典，还在陕西的书院里讲学，并为之欣然。这种复杂的情感，使这组诗悲凉与高亢并存，展现出独特复杂的情感。

寄徐孝先[1]

题旨

本诗选自《翁山诗外》，通过对遗民徐孝先的表彰，表达了屈大均对所有坚持节操、在穷困中度日的明朝遗民的敬意。

衔哀四十春，缟素一孤臣。牧犊[2]无家久，烹鱼[3]有泪新。水围河渚[4]宅，梅隔武林[5]人。苦节谁能似？天留不死身。

注释

[1]徐孝先：徐孝直，字孝先，浙江仁和人，明朝秀才。世家出身，清兵南下，徐孝直田产、房屋全部被夺，家破人亡。后来，妻儿相继饿死，徐孝先去杭州西溪依附屈大均的好友、遗民汪沨。汪沨死后，徐孝先为他终身执丧。　[2]牧犊：崔豹《古今注·音乐》中有“《雉朝飞》者，牧犊子所作也。齐处士，湣、宣时人。年五十，无妻，求薪于野，见雉雄雌相随而飞，意动心悲，乃作《朝飞》之操，将以自伤焉”。后用“牧犊”为老而无妻的典故。[3]烹鱼：《孟子·万章上》中的一个故事。从前有人向郑国大夫子产赠送活鱼，子产命令管理池沼的小吏把鱼养在水池中，小吏却把鱼做熟吃了，还欺骗子产说：“刚开始那些鱼看起来很疲累的样子，过

一会儿就活泼了，然后迅速游到水池深处去了。”子产说：“得其所哉！得其所哉！”小吏出来就说：“谁说子产智慧？我已经把鱼做熟了吃掉，他还说鱼找到了应该去的地方。”这里以小吏烹鱼比喻清初人民生活在水深火热之中。［4］河渚：西溪湿地的一处古地名，在西溪东北。［5］武林：杭州的故称，以武林山得名。此处暗用林逋的典故。北宋诗人林逋隐居杭州孤山时，植梅养鹤，清高自适。后指隐士。

今译

怀着哀痛已经40年了，你这个一身素白坚持操守的孤臣。年老丧妻没有家庭已经很久了，生活在水深火热中，泪痕时常新。大水包围着你在西溪河渚的住宅，梅花隔断了你这个武林人的身影。你这样坚持苦节有谁比得上？连老天爷都给你留下了不死的躯体！

简析

康熙二十四年（1685），屈大均在北上江浙时结交的遗民好友汪沨已经死去20年了，汪沨的朋友徐孝直还一直在为他守制。屈大均得知后，写了这首诗寄给徐孝直，表彰他重情重义，感叹他40年的“苦节”不容易，这实际上也是对所有坚持节操、在穷困中度日的明朝遗民的敬礼。全诗语言直白，在叙事中抒情。

舟入永安县[1]作

题旨

这是一首写景诗，选自《翁山诗外》。屈大均通过对广东紫金秀丽安静景色的描写，抒发了对恶浊现实的厌恶之情。

舟行苦清浅，牵入万峰云。水向双琴合，山从两髻分。秋溪凉更早，野菊晚逾芬。一路皆丹嶂，嘉名人不闻。双琴谓南北琴江，两髻谓丫髻山。溪有曰秋溪，嶂有曰梅花、曰鸡冠、曰紫帘、曰白叶，其名皆美。（其一）

最好梅花嶂，峰峰有一源。山家多近水，古木即成村。妇子知何世，牛羊亦自尊。舟轻行反缓，为爱瀑声喧。（其二）

注释

[1] 永安县：今广东省紫金县。

今译

小船在清浅的江水中艰难前行，群峰高耸，云雾萦绕。在南北琴江汇集的地方江水也合拢了，青山在丫髻山分为两缕。秋天的溪水寒凉得更

早，野菊花在傍晚时的香气更加馥郁。一路上都是红色的山岭，那么多好听的地名许多人都不曾听闻。（其一）

最好的是梅花嶂啦，每一座山峰都有山泉。山里人家住的地方都靠近山泉，古老的大树下面就有村子。妇女、孩子哪里管现在是什么时世呢，似乎这里的牛羊也都过着有自尊的日子。小船轻快反而走得越来越慢，因为我们都爱听山中瀑布的喧嚣声。（其二）

简析

屈大均不是一个只懂读死书的人，他广闻博采，不断积累，所以他不仅在诗歌散文创作中赢得了全国性的声名，而且在地方文献、地方志的材料收集整理上做出了出色的贡献。康熙二十六年（1687），永安县令张进箓听闻屈大均的大名，礼聘屈大均纂修《永安县次志》。全书共17卷，虽继承明朝万历年间的永安县旧志，但文笔雅洁，叙述严正，在字数和质量上都超过了万历年间的旧志。《永安县次志》今存，感兴趣的读者不妨在图书馆里翻阅一下。这首诗就是屈大均应邀乘船赴永安县去参加编纂县志的路上写的。全诗无论是叙述还是描写，都显得很轻松，可见屈大均此刻的心情不错。遗民虽然不介入政治，但他可以凭借自己文学文献方面的才能，另辟蹊径，为广东地方文化的发扬光大做好自己的工作。所以，紫金的山山水水、云雾花木，甚至那些富于乡土气息的地名，在屈大均的眼里也显得鲜艳活泼了起来。诗人写这首诗时，其实还多少有一点陶渊明当年写《桃花源记》时的心情。这组诗的第二首写的山村靠近山泉、大树荫蔽，与《桃花源记》中“夹岸数百步，中无杂树，芳草鲜美，落英缤纷”的描写，何其相似！而妇女、孩子不管山外是什么时世，与《桃花源记》里“黄发垂髫，并怡然自乐。……问今是何世，乃不知有汉，无论魏晋”的描写，有异曲同工之妙。《桃花源记》表现了陶渊明对恶浊现实的厌恶之情，屈大均这组诗不也一样吗？他情愿沉迷在这个没有清朝统治痕迹的净土里逍遥自乐，忘记烦恼。不过，这组诗也从另一个侧面反映出诗人对故土故乡的一片深情。

戊辰[1]元日[2]作

题旨

这组诗选自《翁山诗外》，是屈大均在明朝最后一位皇帝崇祯帝登基60周年元旦所作，屈大均在诗中通过对崇祯皇帝的怀念，尽情抒发了家国兴亡之感。

忆昔先皇帝，元年此戊辰。久无王正月[3]，徒有汉遗臣。草野私哀痛，渔樵愧隐沦。千秋[4]殉宗社[5]，血泪更何人。（其一）

鸡鸣肃[6]冠服，北面拜威皇。弓剑长如在，陵园不敢忘。元年犹此日，正朔[7]更何方。有限遗臣庶[8]，哀思泪几行。（其二）

昔日煤山[9]事，重华[10]野死同。诸臣多藁葬[11]，二女亦攒宫[12]。国破非明主，人亡岂狡童[13]。元年谁复忆，拜手[14]五云[15]中。（其三）

鼎湖[16]龙去久，四十又三年。神圣偏亡国，忧勤未格天[17]。书王多史法，报主有诗篇。元祀[18]从今始，《春秋》[19]在一肩。（其四）

注释

［1］戊辰：古代以天干地支纪年。干支，天干和地支的合称。拿十干的“甲、丙、戊、庚、壬”和十二支的“子、寅、辰、午、甲、戌”相配，十干的“乙、丁、己、辛、癸”和十二支的“丑、卯、巳、未、酉、亥”相配，共配成六十组用来表示年、月、日的次序，周而复始，循环使用。此组诗作于清康熙二十七年（1688），为戊辰年，距明崇祯元年（1628）刚好60年。［2］元日：农历正月初一。［3］王正月：周天子所颁历法的正月，后代只有正式建立王朝的皇帝才能颁布历法。这里说“久无王正月”，就是不承认清朝的正统。［4］千秋：千年时间，形容时间很长。［5］宗社：宗庙和社稷，泛指国家。［6］肃：恭敬。［7］正朔：一年的第一天，指代历法或皇帝的年号。正就是正月，朔是月初。奉正朔即遵从奉行王朝的年号和历法，表示对王朝的效忠和拥戴。［8］臣庶：臣民。《尚书·大禹谟》曰：“惟兹臣庶，罔或干予正。”［9］煤山：明崇祯十七年（1644）三月十八日，李自成大军攻破北京城，崇祯皇帝朱由检自缢于煤山。［10］重华：舜，名重华，三皇五帝之一。生而重瞳，孝顺友爱。得到四岳推荐，经过重重考验，得到唐尧的认可与禅位。继位后，任贤使能，百业兴旺。晚年禅位于大禹，乘车巡行天下，卒于苍梧郡，葬于九嶷山（零陵），谥号为舜，史称帝舜、虞舜、舜帝。［11］藁（gǎo）葬：草草埋葬。［12］攒（cuán）宫：帝、后暂殡之所。崇祯皇帝自缢前，令皇后周氏自尽，亲手砍伤长公主、杀死幼公主。后来明朝的大臣把崇祯皇帝和他的皇后、公主草草埋葬，清军入关后，才正式为崇祯皇帝发丧，埋入思陵。［13］狡童：出于《诗经·郑风·狡童》。全诗二章，每章四句。“狡童”一词在后世义同“娈童”，指令人喜爱的美男子，亦可指男妓，这

里泛指宠臣。［14］拜手：古代男子的一种跪拜礼。在下跪时，两手拱合，低头至头与手心平，而不及地，亦叫“空手”“拜首”。［15］五云：青、白、赤、黑、黄五种云色。古人视云色占吉凶丰歉。《周礼·春官·保章氏》曰：“以五云之物，辨吉凶、水旱降、丰荒之祲象。”郑玄注郑司农云：“以二至二分观云色，青为虫，白为丧，赤为兵荒，黑为水，黄为丰。”［16］鼎湖：地名，位于今河南灵宝。《史记·封禅书》说，轩辕黄帝仙逝升天于鼎湖。［17］格天：感通上天。语出《尚书·君奭》。［18］元祀：大祭天地之礼。［19］《春秋》：春秋时期是东周前半期，自公元前770年至公元前476年。鲁国史官把当时各国发生的重大事件，按年、季、月、日记录下来，形成编年史《春秋》。

今译

回想起已经逝去的崇祯皇帝，他登基的年头就在戊辰年。已经很久没有正统的日历啦，只有我们这些汉族的遗臣。在民间私下里哀痛悼念，羞愧于我们这些遗臣只能打鱼打柴隐居沉沦。崇祯皇帝为国家而牺牲自己已经好多年了，泣血流泪的还有什么人呢！（其一）

鸡一叫我就恭敬地整理衣冠，面向北方拜祭威武的崇祯皇帝。您的弓箭宝剑好像永远保存下来，您的陵园遗臣们不敢遗忘。您登基的第一天就是今天这个日子，您的年号现在在哪里呢？只有有限的几个遗臣，流下了几行哀思之泪。（其二）

您在煤山殉国的往事，和历史上的舜南巡死在荒野一样。诸位跟随您死去的大臣，都草草地被埋葬，您的两个女儿，也和您埋在一块儿。国破家亡并不是你这个明主的责任，您也没有哪个弄权的宠臣。您登基的日子谁还记得起来，只有我在五色云团中恭敬地跪拜。（其三）

您离开人世已经很久了，足有43年了。您庄严神圣偏偏遇到了亡国，您忧国勤政却没有感动上天。书写您的事迹要用规范的史笔，报答您的恩情只有我的诗篇。拜祭天地拜祭您，由今天重新开始，记录您的《春秋》写作，重任在我的身上。（其四）

简析

康熙二十七年，屈大均快要60岁了。60岁，孔子称作“耳顺之年”，就是人基本活明白的年龄。这时候，台湾郑克塽降清也已经整整5年了，屈大均知道，反清复明只能成为一种梦想。这一年是戊辰年，60年前，明朝最后一位皇帝崇祯帝正式登基。康熙二十七年正月初一，屈大均写了这组诗。组诗共10首，我们选了其中的4首。崇祯在晚明历史上，是个出了名的勤政皇帝，他不好声色，事必躬亲。可是明王朝的颓势，不是他一个人努力就可以挽回的。于是，举措失当、刚愎自用等指责就集中到他的身上。屈大均每想起这位亡国之君，心里就有说不明、道不白的情愫。同情、惋惜、哀伤、悲痛……在他的有生之年，他无论在什么地方、什么时候，都不会忘记拜祭崇祯皇帝，这也是他向明王朝表忠输诚的唯一方式了。组诗写得沉痛哀伤，尽情抒发了家国兴亡之感。

明思宗殉国处

望洋台[1]

题旨

本诗选自《翁山诗外》，是屈大均游览澳门时所作。

浮天非水力，一气日含空。舶口三巴[2]外，潮门十字[3]中。鱼飞[4]阴火乱，虹断[5]瘴云[6]通。洋货东西至，帆乘万里风。

注释

［1］望洋台：在澳门。任光印《澳门纪略》下卷记载：“东望洋、西望洋，两台对峙，东置炮七，西五。” ［2］三巴：圣保禄大教堂遗址俗称“大三巴”，是澳门的标志性建筑之一。1835年圣保禄大教堂被大火焚毁，遗址在西望洋山的望海楼，与东望洋山的望洋台同为览海胜地。屈大均在世时圣保禄大教堂仍存。［3］十字：澳门南面的十字门，是大航海时代东西方海舶往来的重要航道。 ［4］鱼飞：澳门附近的海域，是广东疍户的聚集地。澳门早期的土著以疍民为主，疍民在黄昏将船靠岸，燃起炊烟，把渔网挂在堤边的树上，三五成群。有的疍民还在岸边架设罾棚，捕捞鱼虾。 ［5］虹断：彩虹消失。陆游《泛舟泽中夜归》中有“虹断已收千嶂雨”。 ［6］瘴云：犹瘴气。

今译

大海浮天靠的不是水的力量，太阳当头元气囊括天空。三巴大教堂外可以看到泊船的码头，十字门航道中风潮起伏。岸边疍民捞捕鱼虾、篝火乱起，彩虹消失、瘴气浮起。洋货从东面、西面运来了，帆船乘着万里长风破浪而来。

澳门东望洋山

简析

葡萄牙人正式在澳门定居的时间，史料说法不一。一般认为是在明嘉靖三十二年（1553），葡萄牙商人以船遇风暴、货物被水浸湿为由要求濠镜借地晾晒货物，明朝地方官稀里糊涂地答应了，葡萄牙人自此便赖着不走。当时葡萄牙人与受贿的明朝官员汪柏签订密约，嘉靖三十三年（1554）明朝政府批准汪柏的请求，允许葡萄牙人在广东沿海进行贸易，条件是每年须向明朝政府进贡。当时葡萄牙人已开始在澳门进行贸易和修建洋房居住。明朝政府早期对葡萄牙人严格管制，葡萄牙人不能买卖土地，每年要缴付500两白银地租，房屋修建须经过批准，甚至摧毁葡萄牙人自行修建的城墙。明朝灭亡后，清朝沿用明制，继续行使在澳门的主权和治权。康熙二十四年（1685）成立粤海关，执行在澳门的关税主权。屈大均这首诗是在康熙二十七年（1688）去香山（今广东省中山市）访友，顺道游历澳门时所作。康熙至嘉庆初，清朝社会处于相对繁荣安定的时期，史称康乾盛世。生活在那个时期的中国人，多少有一种作为天朝上国子民的自豪感，特别是士大夫，时时将这种感情形诸吟咏，可谓“盛世人惯作豪语”。屈大均这首诗写到在望洋台上俯瞰，澳门的地形地貌、风光尽在眼底，澳门的交通商贸也都一目了然，多少带有新奇的心理，诗风也显得十分豪放壮阔。不过，在不断了解澳门的历史和现状后，屈大均就高兴不起来了，他对澳门有了新的看法。在下面一组诗《澳门》中，屈大均忧心忡忡，担心这些外来者反客为主。后来的历史就证明了屈大均的忧虑不是多余的。

澳门

题旨

本诗选自《翁山诗外》，是屈大均在游览澳门的次年，回忆澳门所见所写。屈大均在诗中抒发了对澳门有可能成为葡萄牙殖民者侵略中国的基地的忧虑之情。

广州诸舶口，最是澳门雄。外国频挑衅，西洋久伏戎[1]。兵愁蛮器巧，食望鬼方[2]空。肘腋[3]教无事，前山[4]一将功。（其一）

南北双环内，诸番尽住楼。蔷薇蛮妇手，茉莉汉人头。香火归天主，钱刀[5]在女流。筑城形势固，全粤有馀忧。（其二）

山头铜铳[6]大，海畔铁墙高。一日番商据，千年汉将劳。人惟真白氎[7]，国是大红毛。来往风帆便，如山踔[8]海涛。（其五）

注释

［1］伏戎：埋伏军队。　［2］鬼方：泛指边远之地的少数民族，此处指澳门的葡萄牙人。　［3］肘腋：胳膊肘和腋窝，比喻非常近的地方（多用于指祸患发生的地方）。　［4］前山：地名，在珠江口虎门对

岸（今广州市南沙区卢前山）。［5］钱刀：钱币，金钱。刀，古代一种刀形钱币。［6］铜铳（chòng）：铜铸的火枪火炮。［7］白氎（dié）：白色的细棉布。［8］踔（chuō）：超越。

今译

广州外的各个港口，澳门的地形地貌是最雄壮的。外国频频在这里挑衅，葡萄牙在这里久久地埋伏着军队。我们的军队担心他们的武器精巧，巴不得他们的食物一无所有。要想在澳门这块非常近的地方不发生祸患，在前山布置一个将军驻扎就足以立功了。（其一）

在澳门的南北双环里，外国人都住在高楼上。外国妇女的手上戴着蔷薇花环，汉族妇女的头上簪满茉莉花。大三巴教堂的香火钱都归了天主，外国人的钱财都在女子的手里。他们修建的城堡高耸坚固，整个广东都对此有了忧虑。（其二）

山头上架起了大铜炮，海边竖起了高高的铁墙。一旦被外国商人占据，就会使汉人将军付出一千年的辛劳。这些外国人围着白色的细棉布围巾，据说来自大红毛国。他们乘坐着大帆船来往便利，能够踏平如山的海上巨浪。（其五）

简析

1845年11月20日，葡萄牙女王玛丽亚二世单方面宣布澳门为自由港，除容许外国商船停泊进行贸易活动外，更拒绝向清政府缴付地租。1846年4月，葡萄牙新任命的澳门总督上任后，即推行一系列殖民统治政策，宣布对澳门土著居民征收地租、人头税和不动产税，把只对葡萄牙居民实行的统治权，扩大到土著居民。他又下令所有停泊在澳门的中国船只都要到理船厅登记交税。然后他还限令中国海关撤出澳门，又派兵入侵望厦村，强迫村民搬迁祖宗坟墓。1851年，葡萄牙占领氹仔。1864年，葡萄牙再占领路环。1883年，葡萄牙再占领望厦、青洲。1887年，清政府与葡萄牙先后签订《中葡会议草约》和《中葡和好通商条约》，列明中国允许葡萄牙“永居、管理澳门”，葡萄牙在澳门实行殖民统治。而就在鸦片战争爆发前的150多年，屈大均在1689年就慧眼独具，在《澳门》组诗中表达了自己的隐忧。组诗共6首，我们选取了其中的3首。屈大均发现了葡萄牙人依仗着坚船利炮在澳门步步蚕食的狼子野心，对澳门有可能成为殖民者侵略中国的基地而深感忧虑。这一年，屈大均张罗刻印自己的词集《骚屑》和与何磻合作编写的《四书补注兼考》，女儿阿端及王姓友人先后去世，自己又要操办六十大寿，没有时间重去澳门。该诗当是屈大均在上一年去澳门写下诗《望洋台》之后，意犹未尽而补写的，抒发了对澳门问题的担忧。

寄富平李子德[1]

题旨

本诗选自《翁山诗外》。屈大均在托陕西富平友人带给李因笃的诗中，表示了对他的原谅，希望能够重聚，回忆青年时代。

闻君养疾事丹砂[2]，焚却银鱼[3]鬓有华。弘景[4]辞官犹宰相，田骈不宦[5]似邻家。漆沮[6]水满浮鱼笱[7]，祋祤[8]云深拥鹿车[9]。知道扶风[10]时讲授，门墙不少是侯芭[11]。（其一）

别离长忆十年情，出处同高一代名。四皓[12]暂为秦博士，五经终作汉康成[13]。家临北地元天府[14]，人在西方是帝京[15]。河华[16]几时重握手，尊开石冻[17]话生平。（其二）

注释

［1］李子德：李因笃，见前《赋寄富平李子》《有怀富平李孔德》等诗注。 ［2］丹砂：朱砂，又称辰砂，是提炼汞的最主要的矿物原料。中医视丹砂为安神、定惊的药物。我国是世界上最早开采并利用丹砂的国家，距今有4000年左右的历史。殷墟的甲骨文、西周的织物、春秋战国的盟书等，都广泛地用丹砂做红色颜料。由

于丹砂与血色相同，因此方士把它与生命和灵魂联系在一起，据说在秦朝已开始提倡饵服天然丹砂。［3］银鱼：银质的鱼符。唐代授予五品以上官员佩戴，用以表示品级身份，亦作发兵、出入宫门或城门之符信。［4］弘景：陶弘景，南朝齐、梁的道教思想家、医学家、炼丹家、文学家，自号华阳居士。齐时为诸王侍读、左卫殿中将军。后辞官到茅山隐居。梁武帝礼聘不至，每每向他咨询朝廷大事，时人称其为"山中宰相"。［5］田骈不宦："田骈不宦"是对言行不一的伪君子的讽刺。典出《战国策·齐策四》："齐王见田骈，曰：'闻先生高议，设为不宦，而愿为役。'田骈曰：'子何闻之？'对曰：'臣闻之邻人之女。'田骈曰：'何谓也？'对曰：'臣邻人之女，设为不嫁，行年三十而有七子，不嫁则不嫁，然嫁过毕矣。今先生设为不宦，訾养千钟，徒百人，不宦则然矣，而富过毕也。'田子辞。"［6］漆沮：水名。漆、沮二水汇合为石川河，向南进入富平境内，再南流注入渭水。［7］鱼笱（gǒu）：渔具，编竹成篓，口有向内翻的竹片，鱼入篓即不易出。［8］祋祤（duì yǔ）：地名。汉景帝前元二年（前155）设置祋祤县，县治在今陕西省铜川市耀州区河东堡东侧。至三国魏黄初元年（220），徙泥阳县于祋祤，更祋祤为泥阳县，兼置北地郡。［9］鹿车：古代的一种小车，鹿拉，隐士常坐。［10］扶风：陕西的一个县。［11］侯芭：又名侯辅，西汉巨鹿人，著名文学家、哲学家扬雄的弟子，学习《太玄》《法言》。［12］四皓：商山四皓，秦末汉初隐士，是居住在陕西商洛市东南的四位白发皓须、德高望重、品行高洁的老者。他们分别是苏州太湖甪里先生周术、河南商丘东园公唐秉、湖北通城绮里季吴实、浙江宁波夏黄公崔广。四皓本来为秦代官员，古称秦博士。秦始皇嬴政时，焚书坑儒。四皓见时政日非，危乱将至，逃离咸阳，隐居在商山。后来应吕后之邀支持太子刘盈继位。［13］康成：郑玄，字康成。东汉末年儒家学者、经学大师。五经是《诗经》《尚书》《礼记》《周易》和《春秋》五本儒家经典的合称。［14］天府：土地肥沃、物产丰富的地区。在《史记·留侯世家》中指关中渭河平原，后专指四川。［15］帝京：帝都，京都。西安为十三朝古都。［16］河华：黄河与华山的并称。［17］石冻：唐朝富平出石冻春酒，亦可称“石冻酒”。

今译

听说你养病炼起了丹砂，把当官时的银鱼烧掉，两鬓也斑白了。南北朝的陶弘景虽然辞官了，还是被人看作山中宰相；战国时的田骈声称不做官，却和那个说不嫁而生了七个孩子的邻家女孩一模一样，口不应心。富平的漆、沮两条河的河水满了，水里浮着等待鱼儿上钩的竹篓，祋祤县山里的云深足可乘着鹿车逍遥。你懂得了大道，在扶风县里时时讲课，你的弟子里不少人像汉朝的侯芭。（其一）

我总是回忆别离多年的朋友感情，我们不论是出仕还是隐居都享有一代的高名。秦汉时的商山四皓暂时做过秦朝的博士，钻研儒家五经的郑玄还是去了朝廷做官。你的家面对北方的天府之地，你住在西方的帝京。什么时候我们能在泰山下黄河边重新握手，打开你富平的名酒石冻春酒，一起说说我们的生平。（其二）

简析

屈大均这组诗作于康熙二十八年（1689），这一年，屈大均结识的朋友富平人程相音南下广东游历后北返富平。屈大均托他带诗给康熙五年（1666）北上陕西时认识的好友们，其中就有给李因笃的诗。李因笃是屈大均这一生绕不过去的人，他们都是遗民，都有诗才，而且都很自负，因此在陕西之游时两人一见如故。在两年多的交往时间里，他们无话不谈，互相欣赏对方的才华和信念。可是，李因笃后来去参加清朝的博学鸿词科考试，这件事给屈大均精神上的打击非常大。他后来写过很多诗讽刺李因笃为善不终。这是屈大均旧话重提的组诗，这一年屈大均将近60岁了。这组诗的前后两首内容和格调有着很大的差异，其一保留了对李因笃失节行为的辛辣讽刺和尖刻嘲笑，其二却对李因笃的行为表示了一定“理解的同情”，他甚至渴望和李因笃重逢，把酒论诗，就像在20多年前那样。这大概也是“人之将死，其言也善”吧，许多事到了晚年，就会逐渐放下。这两首七律又是大量用典，因为他们年轻时就博学多才，到了老年这种习惯也不会改变。屈大均甚至想象，李因笃在收到自己的诗作时，看到他所熟悉的写作风格时，会发出会心的微笑吧。

寄华阴王山史[1]

题旨

本诗选自《翁山诗外》。王弘撰同样是屈大均北游陕西时结识的遗民朋友，他一直坚持气节，所以获得了屈大均由衷的敬重。

都门一别廿馀霜，两地幽居白发长。皇甫首裁[2]巢父传，孔明[3]惟拜鹿门床[4]。梦随秋月过西岳，愁作春云黯渭阳。坚卧未教猿鹤笑[5]，书传却聘[6]有馀芳。（其一）

注释

[1] 王山史：王弘撰，陕西华阴人，明朝遗民。字文修，一字无异，号太华山史。监生，博学工书，对书画金石精于鉴别。持反清复明之志，康熙十七年（1678）荐博学鸿词，坚辞不就。世居华山，有读易庐，著《易象图述》《山志》《砥斋集》等。顾炎武称王弘撰为“关中声气之领袖”。屈大均在康熙五年（1666）去陕西时与王弘撰结为好友。王弘撰曾经邀请屈大均游华山，见前《华顶放歌同王伯佐》注。 [2] 裁：剪裁。这里指西晋皇甫谧《高士传》中记载：尧让天下于许由，许由不受而逃去河南。尧又召其为九州长，由不想听，跑到颍水河畔洗耳朵。他的朋友巢父牵牛在河边喝水，见许由洗耳朵，问许由为什么。

许由回答说："尧想召我为九州长，我不想听他的声音，所以跑来洗耳朵。"巢父说："你如果住在深山老林里，谁能见到你呢？你到处游荡，想扩大自己的名声，我还嫌你耳朵邋遢，会把我的小牛的嘴巴搞脏了！"于是他牵着牛跑到河的上游去喝水。［3］孔明：很明白的人。［4］鹿门床：唐代山水田园诗派诗人孟浩然生当盛唐，早年有志用世，在仕途困顿、痛苦失望后，尚能自重，不媚俗世，曾隐居鹿门山。据说他早年应进士举不第后，仍留在长安献赋以求赏识，曾在太学赋诗，名动公卿，一座倾服，为之搁笔。他和丞相张说交谊甚笃。传说张说曾私邀他入内署，适逢玄宗至，浩然惊避床下。张说不敢隐瞒，据实奏闻，玄宗命他出见。浩然自诵其诗，至"不才明主弃"之句，玄宗不悦，说："卿不求仕，而朕未尝弃卿，奈何诬我！"放归襄阳。后漫游吴越，穷极山水之胜。"鹿门床"喻指孟浩然。［5］猿鹤笑：南朝齐的孔稚珪《北山移文》有"使我高霞孤映，明月独举，青松落阴，白云谁侣？涧户摧绝无与归，石径荒凉徒延伫。至于还飙入幕，写雾出楹，蕙帐空兮夜鹤怨，山人去兮晓猿惊。昔闻投簪逸海岸，今见解兰缚尘缨"之语，以讽刺先隐居后出仕的周颙。后来"猿鹤笑"用于讽刺假隐士。［6］却聘：南宋末年文学家谢枋得的散文《却聘书》。元军南下，他坚持抵抗。他的学生投降元朝，推荐他出仕元朝，他写了《却聘书》表示坚决拒绝。

今译

我们在京城分别20多年啦，在陕西、广东两地隐居都长出了长长的白发。皇甫谧最先写的是高士巢父，明白人只拜服真的隐士诗人孟浩然。我的梦跟随着秋月重过西岳华山，我的惆怅化作春天的云使渭河南北黯然无光。你我都坚持不仕，没有让山里的猿猴嘲笑，古书上的《却聘书》留到

现在还有余下来的芬芳。（其一）

简析

这首诗和《寄富平李子德》都作于康熙二十八年（1689），都是托程相音带回陕西给好友的。王弘撰也是屈大均北上陕西时结识的好友，他和屈大均也是一见如故。当年王弘撰邀请屈大均游华山，因为他的年龄比屈大均大好多，腿脚不便，到华山脚下后，就吩咐儿子王伯佐陪着屈大均一起上了华山。后来，王弘撰也被清朝的地方官推荐参加博学鸿词科考试，他和李因笃不一样，坚决拒绝了推荐，表现出坚定的气节。所以屈大均在这首诗里，感情、语气明显不一样，颈联“梦随秋月过西岳，愁作春云黯渭阳”，尽情抒发了对同心同德的王弘撰的缠绵之情，和《寄富平李子德》的理智多于情感，完全不同。当然，这首七律也是大量用典，因为屈大均与王弘撰两人不仅在思想理念上完全一致，而且在古典文化修养上也是不分伯仲的。

增城过张文烈[1]战没处

题旨

本诗选自《翁山诗外》。这是一首吊唁烈士的诗，写在张家玉殉国的增城战场。

山城[2]百战后，萧索[3]似睢阳[4]。鬼哭无天命，乌啼是国殇[5]。几人留岛屿[6]，何处吊沅湘[7]。脉脉[8]回舟去，闻笳[9]更断肠。

注释

[1] 张文烈：张家玉，字玄子，号芷园，东莞万江镇人，南明抗清将领，岭南三忠（陈邦彦、陈子壮、张家玉）之一。顺治三年（1646）清军攻破广州，清朝两广总督佟养甲多次派人向张玉家劝降，均被他严词拒绝。顺治四年（1647）正月，清军入东莞，到处烧杀抢掠，引起东莞人民不满，纷纷组织起来抗清，尊张家玉为主帅。张家玉率义军攻入莞城，并为收复广州做准备。清广东提督李成栋率军攻莞城，张家玉率军与之大战，不支败走。后率军转战新安、博罗、连平、长宁、归善、增城等地。十月，李成栋集中大军扑向张家玉驻地增城，双方大战10天，张家玉身负重伤，不愿做俘虏，遂投塘而死，壮烈殉国，时年仅33岁。次年，永历皇帝赠封他为太子太保、

吏部尚书、武英殿大学士、增城侯，谥“文烈”。［2］山城：增城。［3］萧索：荒凉，冷落，萧条，凄凉。［4］睢（suī）阳：今河南省商丘市。唐朝安史之乱中张巡、许远坚守睢阳。叛将尹子奇率兵13万人围攻睢阳，张巡、许远与士兵同仇敌忾，与敌人进行了殊死拼杀。最终因没有后援而城破，张巡、许远殉难。［5］国殇：为保卫国家捐躯的英雄。屈原《楚辞》中有“国殇”篇。［6］岛屿：暗用《史记·田横列传》的典故，而不是指郑成功余部占据的台湾岛，因为郑成功的余部在康熙二十二年（1683）就已经投降清朝了。田横是战国末齐国豪强，参与秦末起义。曾经与刘邦、项羽作过战。刘邦攻灭项羽后，“田横惧诛，而与其徒属五百馀人入海，居岛中”。刘邦召见田横，田横不愿意臣服，在离洛阳不远处自杀，刘邦以王者礼葬田横。跟随田横的两个部下在安葬田横之后也自杀了。消息传到海岛，500个部下也都自杀了，天下从此知道田横“能得士”。田横也就成为宁死不屈的英雄的象征。［7］吊沅湘：吊唁屈原，这里代指吊唁张家玉。沅湘是沅水和湘水的并称。因屈原曾在此地长期流浪，且湘水支流中有汨罗江，为屈原自沉之处。［8］脉脉（mò mò）：含情凝视的样子。［9］笳（jiā）：中国古代北方民族的一种乐器，类似笛子。

今译

山城增城经过多次战斗之后，荒凉萧条得就像安史之乱之后被毁掉的睢阳城。到处是被杀的鬼魂哭叫没有天命，乌鸦的啼鸣是为了悼念为国捐躯的烈士。还有多少个宁死不屈的英雄留在海岛之上，我们去哪里吊唁牺牲的英雄。含情凝视当年的战场，听到那悲怆的胡笳之声更伤心欲绝。

简析

此诗是康熙二十九年（1690），屈大均重游增城时作。他回想起44年前的峥嵘岁月，不禁感慨万千。当时，清军打到广东，第一次占领广州。张家玉和陈邦彦、陈子壮等人奋起抵抗，分别从东莞、高明、南海等几个方向进攻被清军占领的广州，当时屈大均也跟着陈邦彦军，率队独当一面。可是，义军与清军实力悬殊，几支抗清义军先后失败，张家玉等人也都牺牲了。几十年后，屈大均重新回到当年张家玉不愿意投降、投塘自杀的地方，吊唁这位抗清英雄。全诗笼罩在悲苦哀伤的情绪中，但是“几人留岛屿”道出了虽然清军的屠刀高举，抗清志士的内心却绝不会屈服。全诗大量用典，有的是明用，如“睢阳”“国殇”；有的是暗用，如“留岛屿”“吊沅湘”，显然是作者为了避免不必要的麻烦刻意为之的。

不草诏[1]

题旨

本诗选自《翁山诗外》，披露明武宗的荒唐，表彰梁储有古大臣之风，表达了屈大均对明朝覆亡的反思。

武宗[2]皇帝欲自称威武大将军，而以江彬[3]副，召大学士梁储[4]草制[5]。储奏曰："臣草制[6]，是臣名君，臣不敢草。"上手剑睨[7]曰："不草，齿此！"储免冠，伏地请死。上乃掷剑。

如何圣天子，乃称大将军？当制不敢草，嫌以臣名君。皇帝拔剑起，不草即诛尔。免冠伏殿前，泪流请就死。刚哉古大臣，不辱[8]朝廷体[9]。

注释

[1] 草诏：代皇帝拟写诏书。　[2] 武宗：明武宗朱厚照，年号正德。朱厚照从小机智聪颖，喜欢骑射。即位后史书对他的评价呈两极分化，一方说他处事刚毅果断，批答奏章、决定国家重大事件毫不犹豫，诛杀太监刘瑾，平安化王、宁王之乱，大败蒙古小王子，且多次赈灾免赋，提拔了不少贤才；另一方说他为政期间荒淫无

道，国力衰微，一生贪杯、尚武、无赖，喜好玩乐，是历史上少见的无道昏君。［3］江彬：明朝边将，曾随军与鞑靼作战，善察言观色，后来得到明武宗欣赏，提升为左都督，成为武宗义子，赐姓朱。［4］梁储：字叔厚，号厚斋，广东顺德人。明朝中期名臣、文学家。梁储在明宪宗成化十四年（1478）考中状元，入翰林院。累官至少师兼太子太师、吏部尚书、华盖殿大学士，入参机务，一度出任台阁首辅。他为官正派，敢于直谏。明世宗嘉靖六年（1527），梁储去世，时年77岁。获赠太师，谥号"文康"。［5］草制：草拟制书。制书是用以颁布皇帝重要法制命令的专用文书。［6］制：皇帝的命令。［7］睨：斜看。［8］辱：辱没、侮辱。［9］体：根本。

梁储像

今译

武宗皇帝想自称威武大将军，而以江彬为副手。他召来大学士梁储拟写诏书，梁储上奏说："如果我草拟制书，就是以臣下的身份给君王命名，我不敢拟写诏书。"武宗手里拿着宝剑斜视梁储说："你不拟写诏书，就吃我一剑！"梁储脱下官帽趴在地下请死，武宗才把宝剑扔掉。

怎么圣明的皇帝，却自称大将军？梁储对着诏书不敢草拟，嫌这样是臣下为君王命名。皇帝拿着宝剑站起来说，不草拟诏书就杀了你。梁储脱下官帽匍匐在宫殿前，流着眼泪请求去死。多么刚强啊，就像古代的大臣，不辱没朝廷的根本。

简析

这首诗作于康熙二十九年（1690）。明武宗是历史上出了名的荒唐皇帝，对于他的不像皇帝的种种举动，在他死后的记载就不绝于书。比如明武宗自称威武大将军一事，就很典型。不过，对于屈大均这样的明遗民来说，事情过去100多年了，屈大均还旧话重提，就显得不同寻常了。从诗的序言和诗本身看，屈大均对明武宗的行为是颇不以为然的，他所注目和歌颂的是梁储刚强正直的品格，称赞他有古大臣之风，不辱没朝廷的根本。其实这样的赞颂是话里有话的，表现了屈大均对明朝覆没的反思。明朝从明武宗开始，之后的世宗、神宗、熹宗等皇帝，他们或宠迷访仙求道，或十几年不上朝不接见大臣，或宠信佞臣太监，朝中像梁储这样的正直敢谏的大臣日渐稀少，这也是明朝覆亡的内因。屈大均这首诗颇有些“恨铁不成钢”的遗憾。全诗语言直白，发人深思。

元孝[1]六十又一生日赋以为寿

题旨

本诗选自《翁山诗外》，是屈大均为好友陈恭尹写的祝寿诗，诗中不经意间流露出他们对苦涩的遗民生活的无奈与不甘。

长兄叨[2]一岁，十六结交知。以尔真贤友，而翁[3]更哲师[4]。忠贞三世早，事业两家迟。此日难为寿，惭过耳顺[5]时。（其一）

出处一浮云，穷通祗共君。无忧惟作述，有道即功勋。竹影龙公合，松阴鹤子分。缠绵[6]敦世好，彼此挹灵芬[7]。（其六）

注释

[1]元孝：陈恭尹，字元孝，号独漉子。广东顺德人，明末抗清英雄陈邦彦之子。陈邦彦牺牲之后，陈恭尹一直从事反清活动。南明永历政权覆亡后，他才返回家乡，以遗民终老。陈恭尹以诗名，与屈大均、梁佩兰并称“岭南三大家”。　[2]叨（tāo）：谦称自己年纪较大或辈分较高。　[3]而翁：你父亲，指陈邦彦。　[4]哲师：聪明智慧的老师。屈大均16岁拜在陈邦彦门下，就与陈恭尹相

识。［5］耳顺：60岁，出自《论语·为政》。［6］缠绵：牢牢缠住，不能解脱（多指病或感情）。［7］挹（yì）灵芬：汲取香气。

今译

我比你痴长一岁，16岁时就和你相识相知。因为你真的是贤良的朋友，你的父亲更是聪明智慧的老师。你的祖辈三代很早就以忠贞著名，我们两家的事业却迟迟不能成功。这一天难以为你祝寿，惭愧我们都过了耳顺之年。（其一）

陈恭尹像

出仕隐居对于一辈子来说都是浮云，无论困窘、通达，我都和你在一起。只有著述时才能忘记忧虑，只要我们坚持对道的追求就是功勋。竹影在龙公合拢，松阴在鹤子分开。我们的感情牢不可破，督促世代交好，彼此之间互相汲取香气净化灵魂。（其六）

简析

这组诗作于康熙三十年（1691），共6首，我们节选其中的2首。陈恭尹是屈大均终身好友，他们相识于顺治二年（1645），因为那一年屈大均拜在陈恭尹的父亲陈邦彦门下，学习儒家经典，以及剑术、纵横家之学、兵法、地理学等。陈邦彦十分赏识屈大均。两年后陈邦彦起兵抗清，屈大均就在他的麾下勇猛作战。义军失败后，陈邦彦被俘，拒绝投降，被清军凌迟处死，屈大均为情同父子的恩师陈邦彦收尸。此后，屈大均与陈恭尹不约而同地走上了抗清的道路，南北奔波数十年，聚少离多。在南明政权彻底覆亡后，两个人又选择了绝不与清朝合作的隐居生活。可以说，他们是真正心心相印的朋友。朋友生日，本来应该高高兴兴的，但是他们共同的过去，他们现时的处境，他们相似的贫苦生活，又让他们提不起劲头来。所以这组祝寿诗写得平平淡淡，没有多少文采，屈大均甚至连平时写诗惯常的用典也省略了，对于他们这对相濡以沫的战友来说，其实什么语言都是多余的。可是“出处一浮云，穷通祇共君”两句，又在不经意间流露出他们对苦涩的遗民生活的无奈与不甘。

屡得友朋书札感赋

题旨

这组诗选自《翁山诗外》。屈大均在诗中借得到朋友书信一事，表达了对推崇自己诗才的好友们的感激之情。

一谢[1]交游故国回，寒暄[2]不断素书来。杜陵[3]虽有虚名好，沟壑[4]何曾一救来。少陵诗："虚名但蒙寒暄问，泛爱不救沟壑辱。"（其一）

好是新安[5]与武林[6]，扶晨[7]心似仲昭[8]心。平生知己虽无数，二子聪明最赏音。扶晨，新安汪士鋐也；仲昭，武林王嗣槐也。扶晨别十四年，书来不断。仲昭别三十余年，今始有书。（其二）

最早知音是阮亭[9]，青莲[10]不得擅[11]仙灵[12]。九天咳唾[13]纷珠玉，乱作飞泉下杳冥[14]。王阮亭云："翁山先生诗殆如太白所云'咳唾落九天，随风生珠玉'者。"（其三）

名因锡鬯[15]起词场，未出梅关[16]人已香。遂使三闾[17]长有后，美人香草满禺阳[18]。予得名自朱锡鬯始，未出岭时，锡鬯已持予诗遍传吴下矣。（其四）

慈溪[19]魏子[20]是钟期[21]，大雅遗音独尔知。一自弹琴

东市[22]后，风流儒雅失吾师。雪窦山人畊也。（其五）

西泠十子[23]首驰黄[24]，道我诗篇胜梦阳[25]。古调新声俱第一，肩随不敢逐飞扬。毛驰黄骙也。（其六）

笃谷[26]同心复同调，平湖皋旭[27]亦渊通。三吴[28]竞学翁山派，领袖风流得两公。周笃谷、郭皋旭皆嘉兴人，最赏予诗，以一时吴越相师法者为翁山一派云。（其七）

欲折弯弯射日弓，有人争欲作逢蒙[29]。交游不向端人[30]取，乘矢[31]何繇[32]得庾公[33]。有人谓某某皆尝学于予者。（其八）

才名四十有余年，老益饥寒万卷前。绝代文章多妒忌，自来[34]人欲杀青莲[35]。（其九）

老岂争名向少年，未焚笔砚已归田[36]。能知“白也诗无敌”[37]，除是开元[38]一代贤[39]。（其十）

注释

[1]谢：辞别。 [2]寒暄：嘘寒问暖。今泛指宾主见面时谈天气冷暖之类的应酬话。 [3]杜陵：杜甫，他祖籍杜陵，也曾在杜陵附近居住，故常自称“杜陵野老”“少陵野老”。[4]沟壑：山沟，借指野死之处或困厄之境，比喻阻隔。 [5]新安：徽州与严州大部，古称新安，后成为徽州、严州地区的代称。[6]武林：旧时杭州的别称，以武林山得名。 [7]扶晨：汪士鋐，字扶晨，新安人，康熙十九年（1680）邀屈大均游黄山。[8]仲昭：王嗣槐，字仲昭，号桂山，浙江仁和人，秀才。性慷

慨，善谈论，书无不窥。在康熙十八年（1679）被推荐参加博学鸿词科考试，因为年老不参加，授内阁中书。性格落拓不羁，不合时俗，天天和朋友散发裸体，嬉笑怒骂，不复知人间事。［9］阮亭：王士祯，一字贻上，号阮亭，又号渔洋山人，世称王渔洋，谥文简。山东新城（今山东省桓台县）人。清初杰出的诗人、文学家。王士祯为清顺治十五年（1658）进士，康熙四十三年（1704）官至刑部尚书，有政声。王士祯是清朝著名诗人、诗词理论家、文坛领袖。他倡导“神韵说”，还重视和高度评价小说、戏曲、民歌等通俗文学文体。顺治十五年屈大均北上山东，结识王士祯，当时王士祯已经考中进士，但他对屈大均的诗歌极为赏识，认为屈大均是“唐宋以来诗僧无及者”，“尤工于山林边塞，一代才也”（《池北偶谈》），还亲自在屈大均的诗作中选了100首编为诗集。［10］青莲：李白，字太白，号青莲居士，是唐朝伟大的浪漫主义诗人，被后人誉为“诗仙”。与杜甫并称为“李杜”，为了与李商隐与杜牧组成的“小李杜”区别，世人又将杜甫与李白又合称“大李杜”。［11］擅：独揽。［12］仙灵：仙人的灵气。［13］咳唾：称美他人的言语、诗文等。出自《庄子·渔父》：“窃待于下风，幸闻咳唾之音以卒相丘也。”［14］杳冥：天空，高远之处。［15］锡鬯（chàng）：朱彝尊，字锡鬯，号竹垞，浙江秀水（今浙江省嘉兴市）人，明朝大学士朱国祚曾孙。清朝词人、学者、藏书家，康熙十八年（1679）举博学鸿词科，授翰林院检讨，后入直南书房。博通经史，曾参加纂修《明史》。其作词风格清丽，为“浙西词派”的创始人，与陈维崧并称“朱陈”，与王士祯称南北两大诗宗，即“南朱北王”。朱彝尊于顺治十四年（1657）应任职岭南的“海盐杨公”之聘，到广东教家馆。在朱彝尊晚年自编的诗文集《曝书亭集》中，可知朱彝尊此期交往的多是明朝遗民及当年南粤抗清百战之余的幸存者，如万泰、陈子升、薛始亨、张穆、张家珍等人，他们都是屈大均的挚友，因此，随后屈大均就结识了朱彝尊。朱彝尊深服屈大均的诗才。［16］梅关：古称秦关，又称横浦关。坐落在距广东省南雄市约30公里的梅岭顶部，两峰夹峙，虎踞梅岭，如同一道城门将广东、江西隔开。梅关的隘口据说是由唐朝丞相张九龄主持开建。［17］三闾：战国时期地名，位于湖北秭归县乐平里。又指楚国某地三个大姓家族的总称。爱国诗人屈原曾任三闾大夫，因此后来也代指屈原。［18］禺阳：番禺之南。《康熙字典》称，禺指番禺，越地名，在南海。［19］慈溪：浙江县名。［20］魏子：魏畊，慈溪人，字野夫，号雪窦，又号白衣山人。曾联络抗清志士，秘密图谋恢复大业，最终因“通海案”而被害。其工诗，古体学李白奔放豪迈，近体学杜甫苍凉悲壮，在明末清初的诗坛独树一帜，为屈大均所激赏。屈大均在顺治十六年（1659）与魏畊一起联络郑成功部反攻南京，结下友谊。［21］钟期：钟子期，名徽，字子期，春秋战国时期楚国汉阳人。相传钟子期是一个樵夫，伯牙在汉江边鼓琴，钟子期听懂了伯牙的音乐语言，感叹说：“巍巍乎若高山，洋洋乎若江河。”被伯牙认为知音，两人就成了挚友。钟子期死后，伯牙认为世上已无知音，终生不再鼓琴。［22］东市：汉朝在长安东市处决被判死刑的犯人，后泛指刑场。三国时魏的嵇康在东市将要被处死，他神色不变，索讨古琴来弹奏《广陵散》。弹完，嵇康说：“袁准曾经请求学习这首曲子，我十分吝啬，不肯传授给他。从此以后，《广陵散》就成了绝响啊！”当时有3000名太学生上书，请求以嵇康为老师，想用这种方法来救嵇康，司马昭不许。［23］西泠十子：亦称“西泠派”。清康熙年间诗人陆圻、丁澎、柴绍炳、毛先舒、孙治、张纲孙、吴百朋、沈谦、虞黄昊、陈廷会十人结社于西泠，故得名。 [24] 驰黄：毛先舒，明末清初文学家，西泠十子之一。原名骙，字驰黄，后改名先舒，字稚黄，仁和（今浙江省杭州市）人，明末诸生。入清不仕，从事音韵学研究，也能诗文，其诗音节浏亮，有七子余风。毛先舒与毛奇龄、毛际可齐名，时称“浙中三毛，文中三豪”。屈大均在顺治十六年至十七年（1659—1660）与毛先舒等人相识。 [25] 梦阳：李梦阳，明朝中期文学家，复古派前七子的领袖人物。提倡“文必秦汉，诗必盛唐”，强调复古。其所倡导的文坛“复古”运动盛行了一个世纪，后为“公安派”所替代。[26] 筜（dāng）谷：周篔，初名筠，字青士、公贞，号筜谷，浙江嘉兴人。明末弃举子业，以开米店为业。好读书，有人搜得故家遗书连船出售，周篔买下后将书置店堂中，卖米余暇高声诵读，旁若无人。读经史，必仔细校雠，故经史及诸子百家无不博览通晓。工诗，尤其擅长五言律，以诗闻名于当时，与王翃、范路、朱彝尊等相唱和。为人不趋附权贵，坦荡不羁，交游广泛，秉性刚直好义，遇人有急难，竭其所有相助。后因耽于诗文，不善经营，生计日窘，遂以授人诗文为生。往来嘉善、桐乡之间，远近受业者甚众，所谓“梅里诗派”，开始于周篔。 [27] 皋旭：郭襄图，浙江平湖人，清初诗人，曾与沈季友一起编辑《柘上遗诗》四卷。 [28] 三吴：长江下游江南的一个地域名称。一般意义上的“三吴”泛指江南吴地，例如南京、苏州、镇江、杭州、无锡、上海等地。 [29] 逄蒙：古之善射者。相传他曾经向射下九日的后羿学习射箭，尽后羿之道。想着天下只有后羿胜过自己，于是杀后羿。参阅《孟子·离娄下》。[30] 端人：正直的人。 [31] 乘矢：四支箭。古代称四为乘。 [32] 何繇：亦作何由，从何处，从什么途径。 [33] 庾公：即庾公之斯。《孟子·离娄下》说，郑国曾派子濯孺子去进攻卫国，卫国派庾公之斯去追击他。子濯孺子说：“今天我的病发作了，不能拿弓，我活不成了！”问给他驾车的人说：“追我的是谁？”给他驾车的人说：“是庾公之斯。”子濯孺子就说：“我死不了啦。”给他驾车的人说：“庾公之斯是卫国优秀的射手，您却说您死不了，此话怎么讲呢？”子濯孺子回答说：“庾公之斯曾向尹公之他学射箭，而尹公之他向我学射箭。尹公之他是正派人，他选择的朋友也一定正派。正派人是不会杀死他老师的。”庾公之斯追上来，问：“您为什么不拿弓？”子濯孺子说：“今天我的病发作了，不能拿弓。”庾公之斯说：“我向尹公之他学射箭，尹公之他又向您学射箭，我不忍心用您的技术反过来伤害您。虽然如此，今天的事是国君的大事，我不敢废弃。”于是拔出箭，在车轮上敲了几下，去掉箭头，射了四箭，然后回去。孟子认为后羿也有过错，因为他没有选对学生。［34］自来：由来；历来。［35］杀青莲：杜甫怀念李白的诗《不见》有“不见李生久，佯狂真可哀。世人皆欲杀，吾意独怜才。敏捷诗千首，飘零酒一杯。匡山读书处，头白好归来”之言。［36］归田：辞官归里，退隐。［37］白也诗无敌：杜甫写过一首《春日忆李白》诗，诗中有“白也诗无敌，飘然思不群。清新庾开府，俊逸鲍参军。渭北春天树，江东日暮云。何时一樽酒，重与细论文”之言。［38］开元：唐玄宗年号。［39］一代贤：此处指杜甫。

今译

自从辞别朋友回到了故乡，不断有朋友写嘘寒问暖的书信来。杜甫虽然有名气，但那是空的，遇到了困厄哪里有谁来救一救呢？杜甫的诗说：“空有虚名只接受到嘘寒问暖的慰问，泛爱救不了困厄的耻辱。”（其一）

好在是徽州的汪士鋐和杭州的王嗣槐，他们真心以朋友之道对我。这一辈子知己虽然无数，但只有他们两个聪明最是知音。扶晨，就是徽州的汪士鋐；仲昭，就是杭州的王嗣槐。我和汪士鋐分别14年，书信往来不断。和王嗣槐分别30多年，现在才有书信写来。（其二）

最早的知音是王士祯，他推崇我的诗让李白不能独揽仙人的灵气。他夸赞我的诗如李白诗所言，从九天之上纷纷落下，好似珠玉，就像高空中掉下来的飞泉，水珠四下飞溅。王士祯说："屈大均先生的诗近于李白所说的那样，'咳唾落九天，随风生珠玉'。"（其三）

我在诗坛上的名气是朱彝尊捧起来的，我还没有走出广东，名字已经吃香啦。这就让老祖宗屈原有了传人，他的美人香草的诗歌传遍了番禺之南。我的得名从朱彝尊开始，还没有走出岭南，他就已经拿着我的诗传遍江浙了。（其四）

浙江慈溪的魏畊是我的知音，我学习《大雅》遗留下来的声音只有你才能听懂。自从你在刑场上遇害之后，我就失掉了风流儒雅的老师。说的是雪窦山人魏畊。（其五）

西泠十子中首屈一指的是毛先舒，他说我的诗超过了李梦阳。不管是古调还是新声都数第一，追随着我不敢和我比拼高下。说的是毛先舒。（其六）

周篔和我同心诗歌又同调，平湖的郭襄图也是精通诗歌的。江南吴地争相学习翁山诗派，领导风气的就是这两位先生。周篔、郭襄图都是嘉兴人，最赏识我的诗，所以一时之间江浙学习我的诗歌的成为翁山诗派了。（其七）

想折断那把弯弯的射日之弓，有些人想争着做杀害老师后羿的逄蒙。如果你不在正直的人中间选择交往的人，那么从哪里去寻找射出四支没有箭头之箭的庾公之斯呢？有人说过某某人都是曾经想向我学写诗的人。（其八）

我的才名已经有40多年啦，在万卷书面前，越是到老越饥寒交迫。因为能够写出绝代文章的人总是遭人妒忌的，历来都有人想杀掉诗才横溢的李白。（其九）

老了难道还会像少年那样争名夺利吗？还没有把毛笔砚台烧掉以表示不再写作，就已经回乡隐居了。能够知道“李白的诗天下无敌”的，除非是开元年间的诗人杜甫。（其十）

简析

屈大均对自己的诗歌一直是十分自负的。康熙三十二年（1693），他借着屡屡收到朋友的书信这个机会，写下了这组诗。这组诗共10首，我们全部选了进来，因为这组诗对于我们了解屈大均的诗歌创作在清朝的地位很有帮助。这组诗除了第一首、第九首抱怨生活困顿，第八首指责有人向自己学写诗却翻脸不认人想杀害自己，第十首抱怨自己没能像李白那样结交杜甫这样的朋友之外，剩余的6首都是感念那些赏识自己诗才的朋友：汪士鋐、王嗣槐、王士祯、朱彝尊、魏畊、毛先舒、周筼、郭襄图等人。尽管这些朋友所处地域不同，他们的政治观点，以及对于清政府、对于出仕隐居问题上的立场、态度也不尽相同，但是他们对屈大均诗才的赏识和拜服却是完全一样的，是结识数十年以来一以贯之、毫不动摇的，这使得屈大均心里十分感激。尤其是王士祯和朱彝尊这两位正在清初诗坛上崛起的巨擘，一个是清朝的进士、在官场上步步高升的新秀，一个是前明高官的后辈，后来也成为清朝的高官，他们都没有因为屈大均的身份地位不如自己而对他有所怠慢，反而对屈大均诗歌创作才华及其成果高度评价，四处揄扬，这对于屈大均在诗坛上的闻名起着至关重要的作用。

我们知道，广东在唐宋之前一直被中原的士子视为瘴疠之地，后来虽然经济上发展了，但在文化内涵方面仍然不能与京师、江浙一比高下，看看历史上科举考试制度自实行以来广东中举及第的人，比起京师、江浙来说少得可怜，就不难明白这个道理了。所以，广东诗人的创作，很难得到北方诗人的整体认同。到了屈大均，这一状况得到根本的改变，南粤诗坛也具有了让北方诗人刮目相看的实力，这在中国文学史上是值得大书特书的一笔。屈大均这组诗，让我们知道了这个了不起的变化。不过，屈大均并没有因此而忘乎所以。实际上赏识屈大均诗才的诗坛大佬，远不止王士祯、朱彝尊这两个人，还有一个他们的前辈，对屈大均的诗也是赞不绝口的，那个人就是钱谦益。

钱谦益是苏州常熟人，明万历三十八年（1610）探花（一甲三名进士），官至礼部侍郎。他后来成为东林党的领袖之一，因与温体仁争权失败而被革职。明末诗坛“至（天）启、（崇）祯时，准北宋之矩矱（规矩）”，钱谦益是一面旗帜，他学习、倡导北宋诗风，影响很大。明亡后，马士英、阮大铖在南京拥立福王登基，建立南明弘光政权，钱谦益依附之，为礼部尚书。后来又带头降清，成为清朝的礼部侍郎。钱谦益降清后觉得没有得到清廷的重用而辞官。回到江南之后，他甚至与反清力量私通款曲。钱谦益与屈大均最早的交集是顺治十四年（1657），他委托龚鼎孳到广州寻找道独和尚，收集岭南高僧德清（憨山）和尚的《梦游全集》。屈大均当时已出家，是道独和尚的侍者，参与了这一工作。几年之后，屈大均北上苏州，拜访过钱谦益，钱谦益在给朋友的书信中称赞屈大均的诗“非时流所及”，并且写了《罗浮种上人（即屈大均）诗集序》，赞扬他的“忠君忧国”。两人有过诗歌唱酬，不过屈大均晚年写的《屡得友朋书札感赋》组诗中，并没有将钱谦益列入，原因当然不是因为钱谦益已经去世，而是20多年前因“通海案”被清朝杀害的魏畊就在组诗中，屈大均还将魏畊称为“吾师”。说穿了，还是因为屈大均从心底里看不起这个朝三暮四、没有人生原则的诗坛大佬，这也可见屈大均在对诗歌的追求中，是把人品放在第一位的。

西蜀费锡璜[1]数枉书来自称私淑弟子[2]赋以答之

题旨

这组七绝选自《翁山诗外》，是屈大均毕生从事诗歌创作的经验总结，讲了自己诗歌创作是如何学习、借鉴前人的经验体会。

诗歌岂敢作人师，私淑如君乃不疑。风雅只今谁丽则[3]，不才多祖楚骚辞。（其一）

古诗源向汉京寻，十九[4]情同三百[5]深。唱叹泠然[6]清庙瑟[7]，朱弦疏越[8]有遗音。（其二）

少陵[9]家学本昭明[10]，文选教儿最老成。君向八朝[11]中取法，休裁伪体[12]逐时名。（其三）

开元大历十余公[13]，总在高才变化中。谁复光芒真万丈，谪仙[14]犹让[15]浣花翁[16]。（其四）

注释

［1］费锡璜（huáng）：字滋衡，四川新繁人，熟古乐府，苍茫有古音。屈大均晚年时，他仰慕屈大均的诗才，想拜在屈大均门下。

［2］私淑弟子：没有得到某人的亲身教授而又敬仰他的学问并尊之师的人。　［3］丽则：西汉扬雄《法言·吾子》中有“诗人之赋丽以则，辞人之赋丽以淫”。后以“丽则”指美丽典雅。［4］十九：东汉的《古诗十九首》。　［5］三百：《诗经》。　［6］泠然：形容声音清越激扬。　［7］清庙瑟：《礼记·乐记》中有“清庙之瑟，朱弦而疏越。一唱而三叹，有遗音者矣”。　［8］朱弦疏越：诗文质朴而有余意。出自《礼记·乐记》。　［9］少陵：杜甫。　［10］昭明：《昭明文选》，中国现存编选最早的诗文总集，选录了先秦至南朝梁代八九百年间、100多位作者、700余篇各种体裁的文学作品。　［11］八朝：秦、汉、三国、晋、宋、齐、梁、陈8个朝代。　［12］休裁伪体：停止和舍弃模拟因袭、没有生命力的东西，即去伪存真。语出杜甫的《戏为六绝句》“别裁伪体亲风雅，转益多师是汝师”句。　［13］开元大历十余公：盛唐时期的著名诗人。开元，唐玄宗年号。大历，唐代宗年号。　［14］谪仙：李白。　［15］让：退让，谦让。　［16］浣花翁：杜甫。

今译

我在诗歌上哪里敢做人家的老师，只有如同你一样的私淑弟子才如此相信我。诗歌现在还有谁能够做到优美典雅呢？我只不过大多以楚国的《离骚》《楚辞》为效法的榜样。（其一）

古诗的源头应该向汉朝去寻找，《古诗十九首》的感情是和《诗经》一样深挚的。歌唱声音清越激扬，一唱三叹，有古代诗歌的遗音。（其二）

杜甫的家学是以《昭明文选》为本的，他以《昭明文选》教导儿子，

所以他们显得老成。你多多向八朝学习，去伪存真，不要去追逐时尚的声名。（其三）

盛唐开元大历的十几位著名诗人，总是凭借着自己的高才在不断变化中。谁能够真的在后世光芒万丈呢？实话说李白还是得向杜甫低头啊。（其四）

简析

这组七绝作于康熙三十四年（1695），当时屈大均已经66岁，第二年他就病逝于广州。可以说，这组七绝是作者毕生从事诗歌创作的经验总结，可以与上一组组诗《屡得友朋书札感赋》对照来看。屈大均在上一组诗歌中讲自己诗歌的影响，这一组诗歌是讲自己的诗歌创作是如何学习借鉴前人的经验体会。这组诗的第一首表示诗歌创作要继承屈原的传统。屈大均以屈原后裔自居，他主张学习屈原，一则《离骚》《楚辞》上承风雅，二则屈原有着强烈的爱国精神，而后者更是屈大均引以为豪的。他的许多诗篇都采用《楚辞》中比兴讽喻的手法。第二首赞美汉诗，他认为《古诗十九首》可以与《诗经》媲美，是古诗的本源，要认真学习。第三首诗说要提高诗的艺术技巧，杜甫在《宗武生日》诗中云“熟读《文选》理”，就是教导他的儿子要领会《昭明文选》中的精髓，以提高自己的写作技巧。屈大均叫人学习前贤的创作方法，而不要将其别为“伪体”以投向时尚，学习《昭明文选》，效法前贤的目的是加强技巧的修养。第四首诗提倡学习杜甫，以杜甫为榜样。在唐朝诗人中，以李白和杜甫最为突出，不过屈大均尽管也很佩服李白，他的长篇古风学习李白的痕迹十分明显，但是平心而论，他更强调要学习杜甫，是因为杜甫的诗歌在反映现实、揭露黑暗方面更为深刻，屈大均那些反映民生疾苦的诗篇，确实是继承了杜甫的精神。

临危诗

题旨

本诗选自《翁山诗外》。这是屈大均一生中作的最后一首诗，他在诗中对后事一一交代。

丙子[1]岁之朝，占寿[2]于古哲[3]。乃得邵尧夫[4]，其年六十七。我今适同之，命也数以毕。所恨《成仁》书[5]，未曾终撰述。呜呼忠义公[6]，精神同泯汐[7]。后来作传者，列我遗民一。生死累友人，川南[8]自周恤[9]。独漉[10]题铭旌[11]，志节表而出。华趺[12]存后人，始终定无失。林屋[13]营发冢[14]，俾近冲虚[15]侧。

注释

[1] 丙子：康熙三十五年（1696）。 [2] 占寿：用占卜推断寿命。 [3] 古哲：古代的哲人。 [4] 邵尧夫：邵雍，字尧夫，谥号康节。北宋哲学家、易学家，有“内圣外王”之誉。少有志，读书苏门山百源上。仁宗嘉祐及神宗熙宁中，先后被召授官，皆不赴。创“先天学”，以为万物皆由“太极”演化而成。著有《观物篇》《先天图》《伊川击壤集》《皇极经世》等。

［5］《成仁》书：屈大均的《皇明四朝成仁录》，记载崇祯、弘光、隆武、永历四朝牺牲的志士仁人的事迹。［6］忠义公：被皇帝敕封为忠义公的，此处指崇祯、弘光、隆武、永历四朝的烈士。［7］泯沕（mǐn wù）：隐没。［8］川南：四川南部，此处指费锡璜，他热心地张罗屈大均的后事。［9］周恤：周济抚恤。［10］独漉：屈大均好友陈恭尹，字元孝，号独漉子。［11］铭旌：竖在灵柩前标识死者官职和姓名的旗幡，多用绛帛粉书。品官则借衔题写曰某官某公之柩，士或平民则称显考显妣。另纸书题者姓名粘于旌下。大敛后，以竹杠悬之依灵右。葬时取下加于柩上。［12］华趺：华夫。屈大均娶王华姜为妻后，自名华夫。［13］林屋：林屋洞为道教第九洞天，一称"左神幽虚之天"，别称"天后别宫"。这里指中国道教名山罗浮山，道教称它为第七洞天，第三十四福地。与南海区境内的西樵山并称为南粤二樵，故它又有"东樵山"之称。屈大均出家时曾经在罗浮山华首台住过一年。［14］发冢：埋葬头发的坟墓。［15］冲虚：冲虚观，在罗浮山。

今译

康熙三十五年的一个早上，我向着古代哲人卜算我的寿命。结果得到了邵雍的名字，他活了67岁。我现在刚刚和他一样，命数要结束了。所遗憾的是《皇明四朝成仁录》还不曾写完。呜呼牺牲的烈士，他们的精神因为我还来不及撰写，随着我死去而泯没了。后来写传记的人，会把我列进遗民传里。我的死要拖累朋友了，我的私淑弟子费锡璜自然会周济抚恤。陈恭尹为我题写铭旌，我的节操志向他都会表彰出来。我有儿女后代，自始至终一定不会有什么闪失。在罗浮山上给我造一座发冢吧，将发冢安置在冲虚观的侧近。

简析

这是屈大均临终前交代后事的诗。在即将离世的时候，屈大均除了交代墓葬、铭旌等琐事外，唯一放不下的，是自己还来不及写完的《皇明四朝成仁录》，那些为国牺牲的烈士，可能会因为自己没有写完而被后人遗忘。这份执着和坚贞，真是让人闻而泪下。

文选

御琴记

题旨

本文选自《翁山文钞》。屈大均在文中描述了崇祯皇帝的御琴，以“睹物思人”的方式，写出了自己对天崩地坼、国破家亡的悲愤。

戊戌[1]之春，草泽臣大均北走京师，求威宗烈皇帝[2]死社稷所在。故中官[3]吴，指万岁山[4]寿皇亭[5]之铁梗海棠树下。臣大均伏拜而哭失声，吴感动，留信宿[6]其家。

注释

[1] 戊戌：永历十二年（1658），即顺治十五年。 [2] 威宗烈皇帝：崇祯帝。 [3] 中官：宦官，太监。 [4] 万岁山：景山。元朝时是个小山丘，名“青山”。据传，明朝兴建紫禁城时，曾在此堆放煤炭，故有“煤山”俗称。明永乐年间，将开挖护城河的泥土堆积于此，成了一座高大的土山，叫“万岁山”，又称大内“镇山”。“景山”一名是清初改称的。 [5] 寿皇亭：在景山上，于清朝被毁，1949年后重建。 [6] 信宿：连住两夜。

今译

永历十二年春天，我往北走到了京城，寻找崇祯皇帝自缢殉国的地方。一个姓吴的太监，指着万岁山寿皇亭旁边的铁梗海棠树下，告诉我就是那里。我趴伏在地上拜祭，痛哭失声，吴太监感动了，留我在他家住了两晚。

臣大均辄[1]从吴询问宫中遗事，及内府所藏御器存亡。吴叹息曰："自贼陷神京，历朝图书宝器，悉为灰烬。先皇帝善书，书成，钤[2]以玉玺。其文有曰'崇祯御笔'，有曰'大明崇祯皇帝万几余暇之笔'，今诸玺散落人间，不可复问矣。一琴名'翔凤'，尝经先皇帝御玩，国变后，转徙兵火中，闻有济南李氏者购之以归。先是，上励精图治，后宫希所游幸。一日中秋之夕，驾幸玉熙宫设宴，命田贵妃援琴[3]鼓《关雎》[4]四章。斯时，朗月如霜，器和响逸[5]。上欢悦，顾谓贵妃：'卿指法洪纤[6]得宜，是谁所授？'对曰：'臣妾母氏能琴，臣妾琴是母氏所教。'次日召母入宫，奏琴数曲，赏赐优渥[7]。斯时乃崇祯初年，流寇未炽[8]，钟鼓司[9]时节[10]奏《水嬉》《过锦》诸戏，内才人[11]于暖阁[12]赍[13]缕金曲柄琵琶，弹清商[14]杂调，歌舞太平。上心悦，倾听不倦。未几，河南沦陷，秦、楚、燕、齐、三晋[15]，戎寇交讧[16]，上宵旰不遑[17]，减膳撤县[18]，无复有向时玉熙宫之欢矣。又有杨太常正经者，通明音律，尤善琴。先世为酉阳[19]宣慰使司[20]，代有战功。及正经为将，值己巳之役[21]，从思石提兵入援，于山海关大有斩获。上谷、栾城诸地既复，因上《铙歌》十曲，上嘉其声词雄丽，可以建威扬武，因敕[22]审定郊庙乐章。尝奏琴便殿，为太古声。上称为过于师襄[23]，而官以太常[24]，赐之琴二。甲申[25]京师不守，太常抱二赐琴，亡匿淮阴，作为《西方》《风木》二操[26]，《西方》思君，《风木》思亲，一弹再鼓，哀声苦调，闻者莫不流涕。盖上雅好鼓琴，尝使中书尹烨订正历代琴谱。上亲制琴文五曲：一曰《五建皇极》，宫音君；二曰《百僚师表》，商音臣；三曰《于变时雍》，角音民；四曰《万国咸宁》，徵音事；五曰《四夷来王》，羽音物。其第一曲有云'帝锡以禹畴兮'，第五曰'建极维王，维皇建其有极兮，垂黻冕。授玄圭以为天下王'。又制《访道》五曲，亦分五事五行。一曰《崆峒引》，二曰《敲爻歌》，三曰《据梧吟》，四曰《参同契》，五曰《烂柯游》。又尝制铜琴二百张，命中书文震亨[27]各为之赞。今俱不传矣。"臣大均闻言，相与欷歔[28]泣下。

注释

［1］辄：就。［2］钤：印，盖上。［3］援琴：拿起琴。［4］《关雎》：《诗经》的第一首。［5］器和响逸：乐器的声响和美飘逸。［6］洪纤：大小。［7］优渥：优厚。

［8］炽：气焰高涨。［9］钟鼓司：宦官机构。明四司（惜薪司、钟鼓司、宝钞司、混堂司）之一，掌出朝钟鼓及宫内杂戏。［10］时节：季节，节令。［11］才人：宫中女官名，多为妃嫔的称号。［12］暖阁：旧时为了设炉取暖在大屋子里隔出来的小房间。［13］赍（jī）：怀抱着，带着。［14］清商：商声，古代五音（宫、商、角、徵、羽）之一。其调凄清悲凉，故称。［15］秦、楚、燕、齐、三晋：泛指陕西、湖北、河北、山东、山西。［16］讧：乱，冲突。［17］宵旰（gàn）不遑：日夜都没有空闲。［18］撤县：撤悬，把悬挂着的乐器撤走。［19］酉阳：县名，位于重庆市东南部，地处武陵山区腹地，是出渝达鄂、湘、黔的重要门户，素有“渝东南门户、湘黔咽喉”之称。［20］宣慰使司：官署名。［21］己巳之役：此指崇祯二年（1629），后金皇太极率军突袭北京，以及明军阻击后金军的历史事件。［22］敕：帝王的诏书、命令。［23］师襄：春秋时鲁国的乐官，擅长击磬，也称击磬襄。也有一说是卫国乐官，亦称师襄子，孔子曾向他学习弹琴。［24］太常：官名，掌礼乐郊庙社稷事宜。［25］甲申：崇祯十七年（1644）。［26］操：琴曲。［27］文震亨：字启美，明作家、画家、园林设计师，长洲县（今江苏省苏州市）人。他是文徵明曾孙，崇祯初为中书舍人，给事武英殿。书画有家风，山水韵格兼胜。明亡，绝食死，时年61岁，谥节愍。［28］欷歔：又作唏嘘，意为叹息、抽噎。

今译

我就向吴太监询问宫中的遗事，还有皇宫里负责监管制造器具的内务府所藏的御用器物的存亡。吴太监叹息着说：“自从李自成攻陷京城，历代的图书宝器都被烧毁了。崇祯皇帝喜欢写字，写好之后就盖上玉玺，玉玺上有的是‘崇祯御笔’，有的是‘大明崇祯皇帝万几余暇之笔’，现在他的玉玺散落民间，不能再问到下落了。有一个琴名字叫‘翔凤’，崇祯皇帝曾经弹过，国亡后，辗转于兵火之中，听说济南有一个姓李的人将其买了回去。那个时候，皇帝励精图治，很少到后宫游玩巡幸。一个中秋之夜，他到玉熙宫设宴，命令田贵妃拿起琴来弹奏《关雎》四章。那晚月光明朗，照在地上，好像结了一层霜，乐器的声响和美飘逸。崇祯皇帝很高兴，看着田贵妃问：‘你弹琴的指法声音大小适宜，是谁传授给你的？’田贵妃回答说：‘我母亲会弹琴，琴是我母亲教的。’第二天崇祯皇帝就把田贵妃的母亲召进宫里，让她用琴弹了几支曲子，赐赏很优厚。那个时候是崇祯初年，农民军他们的气焰还没有高涨，钟鼓司按季节弹奏《水嬉》《过锦》等各种戏文，皇宫里的妃嫔也在暖阁里拿着缕金曲柄琵琶，弹奏商声杂调，歌舞太平。皇帝心情很好，倾听不倦。不久，河南沦陷，陕西、湖北、河北、山东、山西敌寇骚乱冲突，皇帝日夜没有空闲，减掉膳食，撤去乐器，不再有过去中秋在玉熙宫时的欢乐了。

又有一个太常杨正经，精通音律，特别擅长弹琴。他的祖先做过酉阳宣慰使司的官，代代都立下战功。等到杨正经当上了将军，刚好遇到崇祯二年（1629）后金军攻进中原，他率领军队从思石前来救援，在山海关斩杀很多敌人。上谷、栾城等地已经收复，他就献上十支《铙歌》，崇祯皇帝夸奖其声音及所谱之词雄壮动听，可以建威扬武，于是下旨审定为郊庙乐章。他曾经在偏殿弹琴，有上古音乐的味道。崇祯皇帝称赞他比春秋时代的师襄还要强，任命他为太常官，赐给他两张琴。崇祯十七年京城失守，杨太常抱着崇祯皇帝赐给他的两张琴，逃到淮河流域躲起来，他写了《西方》《风木》两支曲子，《西方》想念君王，《风木》想念亲人，弹了又弹，音调痛苦哀伤，听见曲子的人没有不流下眼泪的。崇祯皇帝喜欢弹琴，曾经让中书尹烨订正历代琴谱。崇祯皇帝亲自制作五支曲子的歌词：第一支叫《五建皇极》，用宫音表示君王；第二支叫《百僚师表》，用商音表示臣下；第三支叫《于变时雍》，用角音表示平民；第四支叫《万国咸宁》，用徵音表示事；第五支叫《四夷来王》，用羽音表示物。第一曲有歌词说‘帝锡以禹畴兮’，第五曲有歌词说‘建极维王，维皇建其有极兮，垂黻冕。授玄圭以为天下王’。他又制作《访道》等五支曲子，也分为五事五行。一叫《崆峒引》，二叫《敲爻歌》，三叫《据梧吟》，四叫《参同契》，五叫《烂柯游》。崇祯皇帝又制作了两百张铜琴，命令中书官文震亨各作一首为之赞，现在都没有传下来。”我听了吴太监的话，与他相对流泪抽泣。

久之，臣大均以事往济南，遂过[1]李氏，求所谓翔凤御琴者而观之。琴可长四尺，神光闪烁，饰以金玉象犀，背镌[2]“广运之宝”及“大明崇祯皇帝御琴”八字，尾有“翔凤”二篆字。臣大均捧之流涕，仿佛天威咫尺，伏拜不能兴[3]。李氏故多古琴，建高楼藏之。诸古琴环绕御琴数匝，若有君臣之象。而杨太常者，岁逢先皇帝忌日[4]，必从淮泗[5]来，拂拭御琴，设玉座祭奠如礼。臣大均于是留济南逾月，会正经至，握手若平生好[6]。正经奉御琴不敢弹，乃陈赐琴鼓一再行，叙写国破家亡之故变，声凄惨，林叶陡落，惊风飕飕。曲未终，听者皆泣下。正经时为僧，布衲芒屦[7]，与臣大均遁荒之迹略同。酒酣悲歌相和，彻夜彷徨。因为《御琴歌》[8]以纪之。其词别载于诗中。

注释

［1］过：拜访。　［2］镌（juān）：雕刻，凿。　［3］兴：站起来。　［4］忌日：先辈去世的日子。旧俗这一天忌，举行宴会或从事娱乐，所以亦称“忌辰”。　［5］淮泗：泗指泗水，位于山东省中部，是淮河下游第一大支流，常同淮河连称淮泗。　［6］平生好：终身好友。　［7］布衲芒屩（juē）：布的僧袍，草鞋。　［8］《御琴歌》：屈大均的《烈皇帝御琴歌》。

今译

过了很久，我有事去济南，就去拜访李家，请他拿出翔凤御琴来观赏。琴大概长四尺，神光闪烁，用金、玉、象牙、犀角装饰，背面刻着“广运之宝”，以及“大明崇祯皇帝御琴”八个字，琴尾有“翔凤”两个篆字。我捧着它流下眼泪，仿佛崇祯皇帝近在咫尺，趴在地下拜着站不起来。李家本来就有很多古琴，建了一座高楼藏古琴。其他古琴环绕着御琴几圈，好像是君臣的样子。而杨太常，每逢崇祯皇帝的忌日，一定从淮泗赶来，擦拭着御琴，设下玉座如礼拜祭。于是我留在济南超过了一个月，正好杨正经来，我和他握手，好像是结交了一辈子的老朋友。杨正经捧着御琴不敢弹，就用崇祯皇帝赐给他的琴弹了几支曲子，诉说国破家亡的变故，声音凄惨，外面树木上的叶子突然掉落，刮起飕飕的冷风。曲子还没有弹完，听曲子的人都流下眼泪。杨正经这个时候已经当了和尚，穿着布做的僧袍和草鞋，和我在荒野的行迹有几分相像。酒喝得半醉我们悲歌相和，整夜彷徨。于是写了《烈皇帝御琴歌》记这件事。歌词另外载在我的诗中。

简析

这篇文章写于顺治十五年（1658），屈大均第二次北上，到了北京，拜祭了万岁山上崇祯皇帝自缢身亡的地方，听到吴太监讲述崇祯皇帝的一张琴被山东济南的一个李姓人家购买收藏，就又赶到山东济南，去拜识这张御琴。崇祯皇帝是颇有艺术天赋的，除了能写出一手漂亮洒脱的草书之外，还工于音律，擅长谱曲，对各种乐器都很爱好，不过在各种乐器中，他最喜爱的还是琴，达到了酷好的程度。他对潞王朱常涝所制潞王琴也大加赞赏，将其作为礼物赐给诸王。屈大均在文章中以“睹物思人”为主线，写出了自己对天崩地坼、国破家亡的悲愤。尽管清朝统治已渐渐稳固，但是大批明朝的遗民没有忘记国仇家恨，没有屈服，即使面临着高压，他们仍然自发地利用各种机会聚集，悲歌酣唱，抒发他们内心的悲伤和希望。

孝陵[1]恭谒记

题旨

本文选自《翁山文外》。作为明朝遗民，屈大均到南京后，去明太祖朱元璋的孝陵拜谒，他在文中描述了孝陵的荒凉颓败，抒发了忍无可忍的屈辱和苍凉之情。

出通济门[2]，从天坛[3]旧址沿钟山[4]南麓以行，山向背不一，双峰骈开，状如天阙[5]。东首龙蟠之势，西首虎踞之形，古所谓金陵山也。最秀丽者屏风岭，次则桂岭，多紫青黄碧之气，日凡数十变。旧有松数十万株，苍翠阴森，与岩石云林相蔽亏[6]，皆六朝古物，今弥望[7]无一存矣。

注释

南京明孝陵

[1] 孝陵：明太祖朱元璋与其妻孝慈高皇后马氏的合葬陵墓，马皇后谥号孝慈皇后，而且下葬在朱元璋之前，故得名。孝陵坐落于紫金山南麓独龙阜玩珠峰下，东毗中山

陵，南临梅花山，是南京最大的帝王陵墓。［2］通济门：南京明城墙十三座内城门之一，扼守于内外秦淮分界，门向东北为皇城，向西南则是商业区，为南京咽喉所在，是中国规模最大的瓮城城门。［3］天坛：大祀坛。明初，朱元璋建圜丘于正阳门外，后来他下旨天地合祀，即将对天地的祭拜活动合起来在圜丘举行。圜丘是一座圆形建筑，共有两层，四面各有九级台阶，台面和台脚都用琉璃砖砌成，四周为琉璃栏杆。圜丘外还有两重围墙环绕，内圆外方，暗合“天圆地方”之意。天坛遗址位于现在的天坛新村、将军塘、观门口一带。后来的北京天坛就是模仿南京天坛的形制建造的。［4］钟山：紫金山。［5］天阙（què）：皇宫门前两边供瞭望的楼。［6］蔽亏：遮掩。［7］弥望：充满视野、满眼。弥，满。

今译

走出通济门，从天坛旧址沿着紫金山南面的山麓走，山的正面和背面都不一样，两座高峰对立展开，形状好像是皇宫门前两边对峙的高楼。东面的山有龙蟠的气势，西面的山有虎踞的形状，这就是古代所说的金陵山。这里风光最秀丽的是屏风岭，其次是桂岭，那里有很多紫色、青色、黄色、青蓝色的山岚，每天都有几十次变化。过去这里有几十万棵松树，苍翠阴沉，与山石云雾林子相遮掩，都是六朝的古物，现在整个视野内空空如也。

孝陵在中峰下，自朝阳门[1]入，东行至下马坊[2]，有碑曰“神烈山”，肃皇帝[3]之所封树[4]，以与天寿山[5]并称二岳，而为万年之形胜者也。又有卧碑[6]一，圣谕存

焉，为烈皇帝[7]所立。数百步至大金门[8]，有神功圣德碑，巍然高大，中当御道，则文皇帝[9]所立，其文亦撰自文皇帝，有御名焉。踰桥，桥下之水通霹雳沟，曲水流波。潺湲[10]斜注于东涧，是曰御河。桥以北有石兽六种，首为狮子，次獬豸[11]，次橐驼[12]，次象，次麒麟，次马。每种有四，皆两立两蹲，东西相向，森然[13]若卤簿[14]焉。擎天柱二，白如玉雕，镂云龙文。石人凡八，高可四五丈，四将军介胄[15]执金吾[16]，四文臣朝冠秉笏[17]，若祇肃[18]而候灵辂[19]者。御道尽，为棂星门[20]。又踰桥，桥下之水西注于前湖，其流稍微[21]，亦御河也。

注释

[1] 朝阳门：中山门旧称，为南京明城墙十三座内城门之一，是连接城内的宫城和城外的明孝陵的通道，往东可至外郭麒麟门。现在中山门是沪宁高速公路进入南京城的入口。[2] 下马坊：明孝陵陵寝入口处的标志性建筑，建于明洪武二十六年（1393），是一座两柱冲天式石雕牌坊，是明代初期石刻建筑的精品。牌坊高九米，宽六米，额上横刻“诸司官员下马”六个字，指示前来拜祭的文武百官到此必须下马步行，以保持陵区的肃穆和对陵寝的尊崇，违者以大不敬罪论处。[3] 肃皇帝：嘉靖皇帝。[4] 封树：堆土植树。[5] 天寿山：位于北京昌平，明十三陵所在地。[6] 卧碑：明清时期镌刻约束生员条规的碑石，一般竖于明伦堂的左边。[7] 烈皇帝：崇祯皇帝。[8] 大金门：

位于孝陵内，在下马坊西北七百五十余米处，是孝陵的第一道正南大门。［9］文皇帝：明成祖。［10］潺湲：水慢慢流动的样子。［11］獬豸（xiè zhì）：中国古代神话传说中的神兽，体形大者如牛，小者如羊，类似麒麟，额上通常长一角。［12］橐（tuó）驼：骆驼。［13］森然：形容繁密。［14］卤簿：古代帝王出外时扈从的仪仗队。［15］介胄：顶盔掼甲。［16］执金吾：古代率禁兵保卫京城和宫城的官员。［17］秉笏（hù）：古代大臣拿着上朝用的板子。［18］祗（zhī）肃：恭谨而严肃。［19］灵辂（lù）：皇帝的灵车。［20］棂（líng）星门：汉代祭天先祭灵星，宋代在祭天台上设灵星门，后人见其门的形状好像窗棂，就把灵星门改为棂星门，古代宫殿建筑中多有。［21］稍微：稍稍小一些。

今译

孝陵在中峰的下面，从朝阳门进去，向东走到下马坊，有一块碑，碑上刻着“神烈山”三个字，是嘉靖皇帝堆土植树的，为的是和北京十三陵所在的天寿山并称二岳，用来做皇家陵墓的形胜之地。又有一块卧碑，上面刻有圣旨，是崇祯皇帝所立。再走几百步到大金门，有一块神功圣德碑，高大巍峨，就在御道的中间，是明成祖所立，上面的碑文也是明成祖所写，有他的御名。过了小桥，桥下的水通往霹雳沟，弯弯的河水流动着波光，缓慢地流进东涧，就是御河。桥的北边有六种石兽，最前面是狮子，其次是獬豸，再次是骆驼，之后是大象，再之后是麒麟，最后是马。每一种有四头，都是两立两蹲，东西相向，密密麻麻的，好像帝王外出时扈从的仪仗队。还有两根擎天柱，白得好像玉雕一样，上面镂刻着云龙花纹。还有八个石人，高四五丈，四位将军顶盔掼甲就像是执金吾，四位文臣戴着朝冠手里拿着上朝用的板子，好像恭谨而严肃地等候着皇帝的灵车。御道的尽头是棂星门。再过一座小桥，桥下的水向西流进前湖，水流稍稍小一些，也是御河。

越百步，有文武[1]方门五，三大而二小，今塞其四，出入仅左一门。又大殿中门左右方门亦五，门内神帛炉[2]二，左右庑[3]三十，门外御厨亦二，其左为宰牲亭，右曰具服[4]殿，皇帝所驻以具服者也。殿后则六部房，今皆亡矣。正殿有金榜，曰孝陵殿。凡十一楹[5]，中宫奉高皇帝、高皇后神主[6]其中，以黄纱幕覆之，非旧制也。殿后门者三，为夹室[7]数楹，皆用黄瓦，中官居之，以司香及洒扫焉，亦非旧制也。踰桥至隧道，上有明楼[8]，楼后为宝城[9]，周遭完固。梓宫[10]实葬其中。封之，崇三四丈，望若崇丘然。东有小山，特起穹隆[11]，与其南之独龙冈相似，其下为东陵，懿文皇太子[12]之所葬也。

注释

[1] 文武：文官和武官。 [2] 神帛炉：在享殿前的亭子形建筑，用以焚烧祭祀用的神帛和祝版。 [3] 庑：堂下周围的廊屋。 [4] 具服：朝服。 [5] 楹：房屋的柱子。也可为计算房屋间数的量词，有的说一列为一楹，有的说一间为一楹。 [6] 神主：牌位。 [7] 夹室：古代宗庙内堂东西厢的后部，藏五世祖以上远祖神主的地方。《释名·释宫室》有“夹室，在堂两头，故曰夹也”一说。 [8] 明楼：古代帝王陵墓正前的高楼。楼中立帝庙谥石碑，下为灵寝。 [9] 宝城：帝王陵墓地宫上面的城楼。 [10] 梓宫：皇

帝、皇后的棺材。［11］穹隆：中间隆起，四周下垂貌。常用以形容天的形状。［12］懿文皇太子：朱元璋的太子朱标，未登基已去世。其子即朱元璋的皇太孙朱允炆即位，成为建文帝。

今译

走过一百步，有文臣、武臣的方门五个，三个大的、两个小的。现在塞住了四个，只有左边的一个门供出入。大殿中门的左右也有五个方门，门里有两座神帛炉，左右的廊屋有三十间，门外还有两间御厨，御厨左边是宰牲亭，右边是具服殿，皇帝驻下来更换朝服的地方。大殿后面是六部房，现在都已经没有了。正殿上悬挂着金榜，上面写着孝陵殿，大殿总共十一间房，中间供奉着高皇帝、高皇后的牌位，牌位用黄色的纱幕覆盖，这不合于旧制。大殿有三个后门，建造了几间夹室，夹室屋顶都用了黄瓦，太监住在里面，专职烧香洒扫，这也不合旧制。越过小桥到了隧道，上面建有明楼，明楼的后面就是宝城，周边完整坚固。皇帝、皇后的棺木就葬在里面。棺木上堆起土堆，高三四丈，望着好像高山一样。东面有一座小山，中间隆起，四周下垂，和南面的独龙冈相似。小山下面是东陵，懿文皇太子所埋葬的地方。

相传思宗南渡，初谒孝陵，告祭[1]甫毕[2]，即顾问[3]懿文皇太子寝园享祀云何，都人传其语以相讶。呜呼！二百余年，自革除[4]以来，圣子神孙未尝有此问也。其让皇帝[5]复来耶？考建文元年二月，追尊皇考懿文皇太子为兴宗孝康皇帝，皇妣懿文皇太子妃为孝康皇后，陵曰东陵。思宗初立，以礼部尚书顾锡畴[6]言光复[7]谥号，而东陵亦仍其旧称。建文君则谥曰惠

宗让皇帝云。东陵故有门殿各一重，今亦亡矣。黄土一丘，蒙龙[8]荒草，谁复有过而吊之者？臣大均自至陪京，尝三谒孝陵以及东陵。匍匐阶墀[9]，与二三宫监相向而哭。松楸已尽，御气虚无，仿佛神灵其犹未远也耶。有牧马蕃儿[10]，方斫[11]殿柱，柱上金龙鳞爪，半欲摧残。臣大均予以多钱，拜之而求免。呜呼！尚忍言哉？亦尚忍而不言哉！

注释

［1］告祭：祭宗庙，告祖先。［2］甫：刚刚。［3］顾问：回过头问。［4］革除：此处指朱棣的“靖难之变”。朱棣夺位之后，建文皇帝成为他和他的子孙的禁忌。［5］让皇帝：建文皇帝，这是崇祯皇帝给他的谥号，意思是不是朱棣夺取皇位，而是建文让出了皇位。［6］顾锡畴：明朝大臣，万历四十七年（1619）进士。为人正直，疾恶如仇，敢说敢为。天启时斥责魏忠贤，崇祯时指责杨嗣昌，南明弘光时与马士英不合，得罪了不少小人与坏人，隆武时被总兵贺君尧暗杀。［7］光复：恢复。［8］蒙龙：同“朦胧”，看不分明。［9］阶墀：台阶。［10］蕃儿：异族的小孩。［11］斫：用刀斧砍。

今译

相传崇祯皇帝到南京，第一次拜谒孝陵，拜祭刚刚结束，就回过头来问懿文皇太子的陵墓如何祭祀，人们都相传他的话而感到惊讶。呜呼！两百多年了，从“靖难之变”以来，明成祖的子孙没有一个问过这个问题。是不是建文帝还魂重来了呢？据考证，建文元年二月，追尊父亲懿文皇太子为兴宗孝康皇帝，母亲懿文皇太子妃为孝康皇后，他们的陵墓叫作东陵。崇祯皇帝刚刚登基，听从礼部尚书顾锡畴的建议恢复谥号，而东陵仍然因循它过去的称呼，建文帝则封了惠宗让皇帝的谥号。东陵过去有大门、正殿各一所，现在也没有了。一山黄土，看不分明的荒草，还有谁会再来这里吊唁呢？我自从到南京，曾经三次拜谒孝陵以及东陵。我匍匐在台阶之下，和两三个守陵的太监相对而哭。松树、楸树都死光了，御气在虚无缥缈之中，好像明太祖的神灵还没有走远吧？有异族的小孩在墓园里放马，正在砍伐大殿的柱子，柱子上金龙的鳞片和脚爪，一半都被砍坏了。我拿出很多钱给他们，向他们下拜请求停手。呜呼！我还忍心说下去吗？还是忍住不再说了呢！

简析

这篇散文写于顺治十六年（1659），这一年屈大均第二次离开家乡北上，经京城、山东、辽西后回到江南。在南京，他三次拜谒孝陵。孝陵是明太祖朱元璋的陵墓，这个开国皇帝的陵墓在明朝是一个象征。明太祖去世后，由于太子朱标早前已经去世，所以由皇太孙继位，是为建文帝。几年后，建文帝的叔父朱棣发动“靖难之变”，打到南京，夺取皇位。他成了皇帝之后，迁都北京，表面上的理由是“天子戍边”，防止元朝的残余势力南下，更重要的原因是离开南京这块建文帝经营多年的地盘，以便于自己巩固皇权。但是，他父亲朱元璋的陵墓孝陵却搬不走，他自称继承朱元璋的正统地位，只好把南京称为陪都，在南京也有一套和北京中央政府一样的官府机构，这在中国几千年封建史上是罕见的，于此也可见孝陵在当时人们心目中的地位。所以，屈大均来到南京后，就以遗民的身份多次拜谒孝陵。这一年离崇祯皇帝自缢、明王朝覆亡还不到二十年。当年，清军打着为明帝复仇的旗号闯进中原，实际上他们礼遇明朝的皇帝，只不过是笼络汉族上层人士的一种手段。清朝康熙皇帝五次南巡，每一次南巡都要亲自拜谒明孝陵，拜谒的时候行三跪九叩之礼，其实这也只是做戏，演给人看的。孝陵在明朝的时候，是一个庄严肃穆的地方，不仅设施齐全，而且戒备森严。文武百官到这里拜谒，在大门外很远的地方就要下马下轿，步行前往拜谒，否则就是犯了“大不敬”的重罪。但是，清朝皇帝却没有明朝皇帝、文武百官的虔诚和耐心，孝陵在他们的统治下成了没有人管的存在，所有的东西在遭到人为的破坏之后都显得破破烂烂。

屈大均这篇散文前面大半部分还心平气和地详细记述了孝陵的位置、地形、设施。去孝陵参观过的读者，一定会很惊讶地发现他记叙的翔实和准确。这些描写，和清朝鼓词作家贾应宠在《木皮道人鼓词》、戏曲家孔尚任在《桃花扇·余韵》中对着残破的孝陵时那种充满国破家亡悲伤的歌唱，有着异曲同工之妙。屈大均在前面大部分的叙述中情感上似乎波澜不惊，只有几句“今皆亡矣”“今亦亡矣”“非旧制也”“亦非旧制也”，稍微透露出他内心的不满。但是，文章结尾的一小段，孝陵“黄土一丘，蒙龙荒草”的荒凉已经让屈大均的内心悲凉到极点，更何况看到异族的小孩在这里肆无忌惮地放马，兴致一来，他们甚至还敢拔刀在孝陵大殿的柱子上狂劈乱砍。目睹这一切，屈大均的精神接近崩溃。文章最后是互相矛盾的两句话，“尚忍言哉？亦尚忍而不言哉！”，实际上正好表现了屈大均忍无可忍的屈辱和苍凉。文章以这两句话戛然而止，好像是一曲惨厉的乐曲，在结束时裂帛般的铿锵一声，随即一切归于寂灭。但是，可说此时无声胜有声，能够充分激起读者的悲愤和同仇敌忾之情。

书西台石

题旨

本文选自《翁山文外》。屈大均登上浙江桐庐的严子陵钓台，想起曾经到钓台哭祭文天祥的宋遗民谢翱，痛哭岭南三忠的死节，长歌当哭，披发狂吼，尽情抒发了国破家亡的悲痛。

辛丑[1]之春，予避地桐庐，尝从一二樵採[2]，自娘岭历汉皇墩，[3]跣行[4]五十余里，以至严先生子陵[5]之祠。祠在富春山麓，万峰回合，滩濑[6]争流。有小鱼，白身尾赤，与五色石子不辨，名子陵鱼。岸上两倒箭石[7]，耸立千仞，下削[8]而上丰，有数十古松支拄，若半坠危云，所谓东西钓台也。当文丞相[9]殉节，有谢翱[10]皋羽者，每登西钓台，以竹如意击石，为《招魂》之歌，歌曰："魂来兮何极，魄去兮江水黑，化为朱鸟兮有喙焉食？"歌已，痛哭失声，山中断猿寡鹄，落木寒泉，皆为之感动呜咽，助其悲哀。呜呼，此诚天下之至恸[11]者！

注释

[1] 辛丑：顺治十八年（1661）。 [2] 樵採：打柴的人。 [3] 娘岭、汉皇墩：都是桐庐境内的山峰名。 [4] 跣行：赤脚行

走。［5］严先生子陵：东汉隐士严光，字子陵，会稽余姚（今浙江省余姚市）人。少有高名，与东汉光武帝刘秀同学，亦为好友。他曾积极帮助刘秀起兵，事成后归隐著述，设馆授徒。刘秀即位后，多次延聘严光，但他隐姓埋名，退居富春山。后卒于家，享年80岁，葬于富春山。严子陵这种不慕富贵、不图名利的思想品格，一直受到后世的称誉。范仲淹撰《严先生祠堂记》，有“云山苍苍，江水泱泱。先生之风，山高水长”的赞语，使严光以高风亮节闻名天下。后人为了纪念他，先在姚城东北五公里的客星山麓严子陵墓旁建立祠堂。至明代，为了便于瞻谒，就将严子陵祠建于龙泉山上，成为历代祭祀严子陵的场所。［6］滩濑：在河滩沙石上流过的急水。［7］倒笱石：上大下小、尖峭如笋的巉岩。［8］削：与“丰”相对，小。［9］文丞相：南宋末的抗元英雄文天祥，他是江西吉州庐陵人，宋理宗宝祐四年（1256）考中状元，元兵南下时坚持抵抗。文天祥兵败被俘后押送大都，拒绝元世祖忽必烈的招降，英勇就义。［10］谢翱：南宋爱国诗人，字皋羽，号晞发子，福建建宁府浦城（今属南平市）人。宋恭帝、宋端宗时，文天祥举兵勤王，谢翱献出全部家产，并招募乡兵数百人，到南剑州（今南平）投奔文天祥，被委为谘议参军，跟随文天祥抗击元军，转战于闽西龙岩、广东梅县（今梅州市梅县区）、江西会昌等地。兵败，谢翱潜回祖籍务农，与方凤、吴思齐、邓牧等结“月泉吟社”。元世祖至元二十七年（1290），谢翱登严子陵钓台，设文天祥牌位于荒亭隅，以竹如意击石，歌招魂之词祭奠。歌罢竹石俱碎。写下散文《登西台恸哭记》。元成宗元贞元年（1295），谢翱因肺疾复发于桐庐西山离世，年仅47岁。［11］恸（tòng）：极悲哀，大哭。

今译

辛丑年的春天，我避居在浙江桐庐，曾经跟着几个打柴的人，从娘岭经过汉皇墩，赤脚步行五十多里，到达富春江边的严子陵先生的祠堂。祠堂在富春山的山脚下，这里有许多山峰包围环合，湍急的河水在河滩沙石上流过。河里有一种小鱼，身子是白色的，尾巴是红色的，在河里同河滩上五颜六色的石头在一起，很难分辨出来，它的名字叫子陵鱼。岸边有两座上大下小、尖峭如笋的巉岩，高高地耸立着，下面有几十棵松树支撑着，好像是要坠落下来的乌云，这就是所谓的东西钓台。当文天祥殉国尽忠后，南宋有一个叫谢翱的遗民，每次登上西钓台，就会拿着竹如意敲打石块，唱着《招魂》之歌，歌词是“灵魂啊回来去哪里，魂离开了江水也变黑，变成了红色的鸟儿啊，有嘴能够吃什么？”他唱完了，痛哭失声，山里面那些形单影只的猿猴、天鹅，叶落的树木和寒冷的泉水，都被他感动得呜咽起来，好像要帮着他悲哀一样。呜呼，他实在是天下最悲哀的人！

予之生也遭变乱，家国破亡之惨，与皋羽同。而吾乡先达[1]，若陈文忠[2]、张文烈，及吾师岩野陈先生，愤举义旗，后先抗节[3]，其光明俊伟，慷慨从容，亦皆与文丞相同。而皋羽之事文丞相，予之事文忠、文烈、岩野三公，或执鞭弭[4]于沙场，或奉血衣于空谷，其艰难险阻之状，哀痛思慕之怀，历久不衰，亦无有而不同者。今登斯台也，予将以皋羽之所以哭文丞相者，而哭文忠、文烈、岩野三公，复以哭夫皋羽。子陵有知，其不笑予为愚耶，狂耶？虽然，皋羽与予所遭，乃生民之至不幸，使子陵处此忠愤所激，抢地呼天，亦不能已于不哭。当夫汉

祚[5]中移，国贼[6]未灭，龚胜[7]既绝粒于前，义公[8]复战亡于后，子陵欷歔流涕，未免有情，岂无《国殇》[9]、《吊[10]誄[11]》之篇，与《平陵》[12]《松柏》[13]一歌，使人闻之而肝肠断绝也者？而惜乎其不传也。

注释

［1］先达：德行高尚、学问深厚的知名先辈。　［2］陈文忠：抗清英雄陈子壮，字集生，广州府南海县沙贝乡（今广州市白云区石井镇沙贝村）人。万历四十七年（1619）探花，授翰林院编修。崇祯年间累迁礼部右侍郎，南明弘光政权时期任礼部尚书，南明永历政权时期任东阁大学士兼兵部尚书。1647年，陈子壮与陈邦彦、张家玉等起兵抗清，兵败后被俘不屈，被磔死于广州东郊，追赠番禺侯，谥“文忠”。陈子壮、陈邦彦、张家玉三人被后人称作“岭南三忠”。　［3］抗节：坚守节操。　［4］鞭弭（mǐ）：马鞭和弓。　［5］汉祚（zuò）：汉朝的皇位和国统。　［6］国贼：这里指西汉末篡位建立新朝的王莽。　［7］龚胜：字君宾，西汉彭城（今江苏省徐州市）人。少好学，通五经，为重泉县令、谏议大夫、光禄大夫等，为人正直，不满哀帝宠幸董贤，托病辞官。王莽代汉后，被强征为太子师友、祭酒，拒不受命，对门人高晖等说：“吾受汉厚恩，无以报，今年老矣，旦暮入地，岂以一身事二姓哉！”绝食十四日而死。　［8］义公：急公好义的人，泛指起兵反对王莽篡位的将军。　［9］《国殇》：战国时楚国诗人屈原所作，是追悼楚国阵亡士卒的挽诗。　［10］吊：祭奠死者或对遭到丧事的人家、团体给予慰问。　［11］誄：哀祭文的一种，相当于悼词。　［12］《平陵》：此

处特指吊唁汉昭帝的哀歌。平陵原为汉昭帝刘弗陵和孝昭上官皇后的合葬陵墓。汉昭帝21岁时突然发病死去，他的陵墓还没有认真营建，主管帝陵营建的官员赶快租用了三万辆牛车，从渭河滩拉沙，构筑地下墓室。 ［13］《松柏》：此处特指吊唁汉汉昭帝的哀歌。墓地常种松柏，取其长青之意。

今译

我活着的时候就遭遇变乱，家国破亡的悲惨，和谢翱相同。而我们广东德行高、学问深的先辈，好像陈子壮、张家玉，以及我的老师陈邦彦，都悲愤地高举义旗，先后坚守节操，他们的光明磊落、慷慨从容，和文天祥丞相相同。而谢翱奉侍文天祥丞相，我则奉侍陈子壮、张家玉、陈邦彦三位先生，或者在战场上拿着马鞭和弓箭，或者在空旷的山谷中捧着他们的血衣，那种艰难险阻的情状，哀痛想念的情怀，时间虽然久远也不会减退，也没有什么不同。现在登上这里的钓台，我将以谢翱痛哭文天祥丞相的方式，痛哭陈子壮、张家玉、陈邦彦三位先生，再来哭泣那位谢翱。严子陵如果泉下有知，该不会笑话我蠢笨、发狂吧？当然，谢翱和我所遭受的，是人民的最大的不幸，如果让严子陵先生处于这种被忠愤所激发、呼天抢地的情况下，他也不能不大哭不已。当汉朝的皇位和国统中断，王莽这个篡位者还没有灭亡，龚胜在前边绝食，急公好义的人奋起反抗战死在后，严子陵先生抽泣流泪，不能免于多情，难道没有如《国殇》《吊谏》的篇章和《平陵》《松柏》那样的哀歌，让人听了痛苦到肝肠断绝的作品吗？可惜的是，这些作品没有流传下来。

古之圣贤，未有一息[1]而忘天下，忠臣、义士之心，以至愚而为圣贤。圣贤之心，以大智而为忠臣、义士，其道一也。祠之中有子陵遗像，幅巾[2]、深衣[3]、垂大带[4]，容貌伟丽，旁为皋羽木主[5]以配，因再拜，酌水陈蔬荐[6]之，而为长歌，书于西台之石，曰："呜呼，皋羽之于子陵兮，非徒慕其高尚，盖羡子陵能见汉室之再兴兮，而已不得见胡元之扫荡。彼巨君[7]之无道兮，汉兵亲剸[8]刃于渐台[9]之上，子陵之心已足兮，自可以逍遥乎桐江之漾[10]。苟高帝之仇已复兮，身何必乎卿相？而皋羽之命苦兮，竟为亡国之大夫以丧。圣宋无重兴之期兮，天已绝乎天下之望。士固有幸有不幸兮，幸则见故人之南面而王，留此身于白云兮，为一朝气节之酝酿；不幸则依六帝[11]之攒宫[12]兮，与麋鹿而俱放。为中华而留此肤发兮，以为遗民之所仰。盖易地而皆然兮，道既同而有所不让。生既慕子陵之不已兮，死而魂魄必与之相傍，得配享于一堂兮，令终古之遗民气壮。水分沙以彻底[13]兮，山迭云而成嶂。唯两先生之高兮，若东西钓台之相向。闻风而无有不兴兮，论世而无有不谅[14]。我之所遇亦与皋羽同兮，久飞遁[15]乎烟瘴。朝哭文忠与文烈兮，暮哭岩野而神怆。彼三公之于我兮，师弟之情固不浅于宋之丞相。登斯堂而流连兮，欲希踪[16]于子陵而不自量。傥[17]得见真人[18]之再造兮，愿终身乎藜杖[19]。撷[20]萍芷[21]以薄荐兮，为长歌而相贶[22]。冀神灵之听之兮，哀此被发为狂之情状！"

注释

［1］一息：一刻。［2］幅巾：裹头用的丝巾。［3］深衣：汉服，起源于有虞氏，把衣、裳连在一起包住身子，分开裁但是上下缝合，因为“被体深邃”，因而得名。通俗地说，就是上衣和下裳相连在一起，用不同色彩的布料作为边缘，其特点是使身体深藏不露，雍容典雅。［4］大带：又称为绅，古代礼服所用的腰带。［5］木主：木制的神位。［6］荐：进献，祭献。［7］巨君：王莽，字巨君。［8］剸：割断，截断。［9］渐台：台名，在长安。汉武帝建造建章宫，太液池中有渐台，高二十余丈，台址在水中，故名。汉末刘玄兵从宣平门入，王莽逃至渐台上，为众兵所杀。［10］漾：水面动荡，这里指荡漾的波涛。［11］六帝：南宋的六位皇帝。［12］攒（cuán）宫：帝、后暂殡之所。［13］彻底：形容水清见底。［14］谅：宽恕。［15］飞遁：飘然远引。［16］希踪：谓能达到或比并。［17］傥：同“倘”，假如。［18］真人：古代道家把洞悉宇宙和人生本原、真真正正觉醒的人称为真人。［19］藜杖：用藜的老茎做的手杖。［20］撷（xié）：摘下，取下。［21］萍芷：香草。［22］贶（kuàng）：赠，赐。

今译

古代的圣贤，没有一刻忘记天下，只要有了忠臣、义士之心，虽然是最愚蠢的人也可以成为圣贤。有了圣贤之心，有了大智慧而成为忠臣、义士，这里面的道理是一样的。祠堂中有严子陵先生的遗像，戴着头巾，穿着深衣，垂着腰带，容貌雄伟漂亮，旁边配有谢翱的牌位，我于是拜了又拜，斟上清水、摆上蔬果献上，写了一首长歌，歌词说："呜呼，谢翱对严子陵先生啊，不仅仅是倾慕他品德的高尚，更因为羡慕严子陵先生能够见到汉室的复兴，而自己却见不到胡元被扫荡。那个王莽无道啊，汉家士兵亲手把他杀死在渐台之上，严子陵先生心满意足啦，自然可以在桐江的清波上逍遥荡漾。如果汉高祖统续中断的恨事已经复仇，自己又何必去出将入相？而谢翱的命苦哇，竟然成为亡国的士大夫而去世。神圣的大宋没有重兴的希望，老天爷绝掉了天下的希望。士人本来就有幸有不幸啊，幸运的是能够见到老朋友南面称王，留下自己的身体在山野之中，成为一个朝代士人气节的逐渐完备的酝酿；不幸的就靠着皇帝的临时埋葬之地，和野鹿一起被放逐到远方。为了中华而留下我们受之父母的皮肤头发啊，以此被遗民们所仰望。大家变换一个位置都会这样，大道相同而有所不避。活着歆慕严子陵先生不已，死了魂魄一定和他相依相伴，能够配享在一个祠堂里啊，使自古以来的遗民意气风发。大浪淘沙所以清澈见底，山上重重云雾显现出重峦叠嶂。两位先生品德高尚啊，好像东西钓台的相向。闻风没有不奋发而起的，谈论世道没有不能宽恕的。我的遭遇也和谢翱相同啊，长久地飘然远引在烟瘴之地。一早就哭陈子壮和张家玉啊，傍晚又哭陈邦彦而神情悲怆。那三位对于我来说，师生情谊当然不会浅于谢翱对待文丞相。登上大堂而徘徊啊，希望能够与严子陵先生并驾齐驱又显得不自量。如果能见到真人的再造之功啊，我情愿一辈子拄着隐士的拐杖。采摘香草用来做薄薄的祭奠，作了一首长歌相赠。希望神灵能够听到啊，哀痛我披头散发并为之发狂的情状！"

简析

顺治十八年（1661），屈大均为躲避清朝对明朝遗民暗通郑成功部队的追究，躲到浙江杭州等地。在这里，他游览了严子陵钓台。严子陵钓台是始建于东汉的古迹之一。严子陵拒绝光武帝刘秀之召，不要谏议大夫的官位，来此地隐居垂钓，从而闻名古今。屈大均拜访严子陵钓台，因为严子陵的身份是远离世俗的隐士，和他的遗民身份有几分相像。但是，屈大均拜祭严子陵祠堂，写下《书西台石》这篇散文的中心，却不是严子陵，而是曾经到钓台哭祭文天祥的宋遗民谢翱。全文大半部分的篇幅都留给了谢翱，描写谢翱如何“以竹如意击石”，悲唱《招魂》之歌，把自己的生平经历和谢翱一一比较，认同谢翱坚持气节，指出谢翱与严子陵的不同。严子陵是淡泊名利，远离官场，但是他毕竟看到了汉室复兴，看到了篡权的王莽被杀的结局；可是谢翱国破家亡，恢复无望，只能躲进山野，长歌当哭，怀念故国。屈大均和谢翱一样，在清朝统治日益巩固的时候，频频北上，联络抗清志士，屡败屡起，颇有知其不可为而为之的气势。他还把谢翱在《登西台恸哭记》中为文天祥招魂的两句歌词“魂朝往兮何极？莫归来兮关塞黑”扩展为50多句的长歌，洋洋洒洒地尽情抒发自己的亡国之痛，抒发对先辈陈子壮、张家玉、陈邦彦的崇敬和怀念之情，呼天抢地，令人不忍卒读。

一钱说

题旨

本文选自《翁山文外》。屈大均从一枚明朝万历铜钱和一枚永历铜钱写起，写出了遗民们精神上的寄托，引发了人们对明朝的无限怀念。

侯官[1]林茂之[2]先生有一万历钱，系臂五十余载，泰州吴野人[3]为赋《一钱行》以赠之。予亦有一钱，文曰“永历通宝”。其铜红，其字小篆，钱式特大，怀之三十有一年矣。岁己未[4]，客游陪京[5]，当暑，解衣裾[6]，黄冈杜于皇[7]见之太息，取少陵[8]“留得一钱看”之句，赋诗见赠。予为长篇以答，亦名之曰《一钱行》。嗟乎，茂之生于万历，其怀一万历钱也，不敢忘其所生之君父[9]也。予也长于永历，其怀一永历钱也，不敢忘其所长之君父也。生为春之仁[10]，长为夏之仁；茂之得春之仁，年九十余而终；予得夏之仁，年今四十有九矣，其能

永历通宝

如茂之，至于大耋[11]，或更至于期颐[12]，以为国之大佬，亦未可知。钱以黄锦囊贮之，黄丝系之，或在左肘，或在右肱[13]，愿与之同永其命。钱在则吾长在，吾长在则无所不在，所关者大，夫岂徒以为古物之可宝而已哉？

注释

［1］侯官：中国旧县名，历史上辖境大致为现今的福建省福州市区和闽侯县的一部分，长期隶属于福建福州府，与闽县分辖福州府治，形成一府两县的局面。 ［2］林茂之：林古度，字茂之，号那子，别号乳山道士，福建侯官人，明末清初著名诗人。诗文名重一时，但不求仕进，游学金陵，与曹学佺、王士桢等友好。明亡，以遗民自居，时人称为“东南硕魁”。顺治十六年（1659）春，屈大均北游，在南京和林古度等遗民结识，并于崇祯皇帝的忌日一起拜祭他。林古度晚年穷困，双目失明，享寿87岁而卒。 ［3］吴野人：吴嘉纪，字宾贤，号野人，泰州安丰场人（今江苏省东台市安丰镇），以盐场今乐府诗闻名于世。他生于盐民之家，儿时多病，是明末秀才，入清不仕，隐居泰州安丰场。工于诗，其诗语言简朴通俗，内容多反映百姓贫苦，颇有孟郊、贾岛的诗风，得到周亮工、王士祯赏识。 ［4］己未：康熙十八年（1679）。 ［5］陪京：南京，明成祖后称为陪京。 ［6］衣裾：衣襟。 ［7］杜于皇：杜浚，遗民诗人。原名诏先，字于皇，号茶村。少倜傥，为副贡生。不得志，乃刻意为诗。明亡，避地金陵，寓居鸡鸣山之右。茅屋数间，生活贫穷，然性廉洁自重，不轻易受人恩惠。死后，无以为葬。及陈鹏年知江宁府，始葬于蒋山北之梅花

邨。诗效法杜甫，尤长五律，风格浑厚。屈大均也是在南京结识杜浚的。［8］少陵：杜甫。他一生贫困，其诗《空囊》说："翠柏苦犹食，晨霞高可餐。世人共卤莽，吾道属艰难。不爨井晨冻，无衣床夜寒。囊空恐羞涩，留得一钱看。"［9］君父：天子。［10］春之仁：春天的仁爱。古人认为一年四季各有所司，春生、夏长、秋收、冬藏，所以把生称为春之仁。［11］大耋（dié）：老年人，高龄。［12］期颐：百岁之寿。人生以百年为极，故曰期；百岁之人生活起居须人养护，故曰颐。［13］肱（gōng）：胳膊由肘到肩的部分。

今译

侯官的林古度先生有一枚万历铜钱，系在手臂上50多年了，泰州的诗人吴嘉纪为此写了诗《一钱行赠林茂之》送给他。我也有一枚铜钱，上面铸着"永历通宝"四个字。铜钱的颜色偏红，字体是小篆，样式特别大，我怀藏它有31年了。康熙十八年，我游历陪京，当时是大热天，我解开衣襟，黄冈的诗人杜浚看到了，大声叹息，拿着杜甫《空囊》诗里的"留得一钱看"的句子，写了一首诗赠给我。我写了一首长诗回答他，也取名为《一钱行》。唉，林古度先生生在万历年间，他怀藏一枚万历铜钱，是因为不敢忘记他出生时候的皇帝。我呢，成长在永历年间，我怀藏一枚永历铜钱，是因为不敢忘记成长时代的皇帝。生是春的仁爱，成长是夏的仁爱，林古度得到了春的仁爱，活到了90多岁；我得到夏的仁爱，现在年龄49岁了，如果能像林古度，活到高龄，或者更加厉害，活到100岁，被人家当成国家的大佬，也说不定。我的钱用黄色的锦囊装着，用黄丝带系着，有时候系在左边的手肘，有时候系在右边的上臂，愿意和铜钱一起享受长命。铜钱在那么我就长在，我长在则无所不在，它所关系的事情很大，难道仅仅因为它是古物就可贵了吗？

简析

此文是康熙十八年（1679）所写。话题从林古度身上的一枚明朝万历年间的铜钱开始，从林古度的铜钱引到了自己身上的永历通宝，屈大均把中国古代诗歌里常用的赋比兴手法拿来写作散文了。林古度的铜钱引来吴嘉纪的《一钱行赠林茂之》，诗中说道：“先生春秋八十五，芒鞋重踏扬州路。故交但有丘茔存，白杨催尽留枯根。昔游倏过五十载，江山宛然人代改。满地干戈杜老贫，囊底徒余一钱在。桃花李花三月天，同君扶杖上渔船。杯深颜热城市远，却展空囊碧水前。酒人一见皆垂泪，乃是先朝万历钱。”而屈大均的永历通宝，让诗人杜浚联想起杜甫叹贫说穷的《空囊》诗里的“留得一钱看”的诗句，马上写了诗《一钱行》给屈大均，屈大均也回赠了一首同题的诗给杜浚。在遗民们身上系了几十年的明朝铜钱，就是一种象征，就是他们精神上的一种寄托。其实，钱只是一个道具而已，对于屈大均和他的遗民朋友来说，任何一件明朝的东西，都能激发起他们“思古之幽情”，引起他们对明朝的无限怀念。“夫岂徒以为古物之可宝而已哉”一句，就是篇末的点题。中国古代散文家强调的，文章应该“凤头、猪肚、豹尾”，即开头要漂亮，中间要厚实，结尾要有力，讲的就是这么一回事吧？

黄太史[1]文集序

题旨

本文选自《翁山文外》。这是一篇文论，作为散文家的屈大均在这篇文章中提出了自己的文论主张：顺其自然。

太史黄先生文集既成，求仆一言以为序。仆非知文者也，然尝爱先生论“文行其自然”之说。嗟夫，文之至者，莫妙于自然。自然之至者，不见其气，并不见其理，如日月之光。然光可见也，而其所以光不可见也。光，气也；理者，所以光者也。不见其所以光而理化，理化而其气与之俱化，是之谓天地至文。先生之能行其自然也，盖用力之久，穷极变化，故能曲折纵横，无不如其意，体与格百出而不穷。子瞻[2]所谓“行乎其所不得不行，止乎其所不得不止”[3]，先生盖优然[4]其有之矣。先生奉使典试，自黔[5]至粤，文益精到，酬应中有典有要，一以经术为归。视子瞻海外之文，出入佛老，未能中正纯粹者，相去有间，识者自当知之。

注释

［1］黄太史：黄斐，字菉园，浙江鄞县人。康熙九年（1670）

进士，授翰林院编修，康熙二十六年（1687）任广东乡试正考官，后累官至左副都御史。屈大均是在他到广东做考官时与他认识，并为他的文集写序的。翰林院编修是史官，故称太史。［2］子瞻：苏轼，字子瞻，号东坡居士，眉州眉山（今四川省眉山市）人，北宋著名文学家、书法家、画家。［3］行乎其所不得不行，止乎其所不得不止：强调作家写作应该顺其自然，这是苏轼创作思想中很重要的一条。［4］优然：安然。［5］黔：贵州。

今译

黄斐太史的文集已经编好了，请求我写一些话做序言。我不是一个懂得文章的人，但是过去就喜欢先生论文时说的“文章要行其自然”。唉，最好的文章没有比自然而然更好的了。最自然的文章，看不到它的文气，也看不到它的道理，好像是日月的光芒一样。当然，光是可以看得见的，但是它之所以会发光的原因是看不到的。光，就相当于文气；道理，就相当于之所以会发光的原因。看不见它之所以会发光的原因，那么道理也就和它一起改变了，道理改变了，那么文气也就和它一起改变了，这就叫作天地间最好的文章了。先生之所以能够行其自然，是因为在文章上用力已久，穷尽变化，所以能够曲折纵横，写作时没有什么不如意的，文体和法式百变不穷。苏轼所说的“行乎其所不得不行，止乎其所不得不止”，先生已经安然地做到了。先生奉命来广东主考，从贵州来到广东，文章越来越精彩老到，在文章应酬中合法则、有要点，全部以儒家的经典为归向。看一看苏轼被流放到海南以后写的文章，出入于佛学和道家，没有能够达到中正纯粹，和黄先生的文章一比，还是有差距的，有见识的人自然应该知道这个道理。

简析

屈大均不仅在诗坛上具有全国性的名声，在散文领域也有相当大的名气，所以不少达官贵人很在乎屈大均对自己作品的看法。这篇文章写于康熙二十六年，是应黄斐的请求而写的。作为一省的主考官，黄斐不惜降尊纡贵，请求一介平民屈大均给自己的文集写序，这本身就很有意思。屈大均在这篇文章中，表述了他的一个重要的散文理论：顺其自然。这个理论的明确提出者是苏轼，屈大均做了某种发展，就是提出：不遵循固有的规矩，表情达意，曲折纵横，要穷尽变化。这些原则说起来容易，在创作中真正做到就不容易了。至于文章结尾部分夸奖黄斐的文章比苏轼的还高一个档次，这是应酬文章的一般通病，大可不必当真。

秦楚之际游记序

题旨

本文选自《翁山文钞》。这是屈大均又一篇文论。在这篇文论中，屈大均推崇归有光平淡有节中见韵致、质朴而又不俚俗的文风，将古代散文的统续定义为司马迁传承至归有光，这与后来的桐城派的文论主张不谋而合。

薛子孝穆[1]，刻其《秦楚之际游记》，属予为之序。予观夫孝穆旧所为文，有《依归》一集，固已传于人口矣。即其新著又数十百篇，诸体皆备，不亟[2]以行世，独以游记镘诸梓[3]也。何居[4]？岂孝穆方游于天下，在游言游欤？孝穆之游，不止于秦楚之际，则有可感者欤？司马子长[5]有《秦楚之际月表》。际，交也。子长之际以时，孝穆之际以地。因其地而思其时欤，或取断章之义欤？予尝憾[6]子长足迹几遍天下，而未有游记，独其《河渠》一书，纵横条达[7]，言山川大势特详，亦游记之一编欤？孝穆之文以子长发其端，以震川[8]会其成。震川者，子长之嫡子孙也。孝穆以《依归》命集，盖以震川为归，不敢直溯[9]子长者，其犹不自满假[10]之意欤？

注释

［1］薛子孝穆：薛熙，字孝穆，号半园，江苏吴县人，布衣。青年时代就决心不参加科举考试，专力于古文，在明末清初著名的文学家陈瑚、汪琬门下学习。为文推崇归有光。曾仿《昭明文选》体例，编辑《明文在》。家居苏州时，四方名士经过多前往拜访，颇极一时觞咏之乐。江苏巡抚汤斌曾请他到自己的衙门中，参加编修《江南通志》。康熙三十三年（1694）五月，薛熙有岭南之游，屈大均与之相识。因为两人在散文创作和理论中志同道合，因此一见如故。后来屈大均的《翁山文钞》付梓，还请了薛熙作序并点评。 ［2］亟：急切。 ［3］锓诸梓：刻板印刷。书板多用梓木，故称。诸："之于"的合音。 ［4］何居：何故。居为助词。 ［5］司马子长：司马迁，字子长，西汉伟大的史学家、文学家、思想家，创作了中国第一部纪传体通史《史记》（原名《太史公书》），被公认为中国史书的典范。 ［6］憾：失望，心中感到不满足。 ［7］条达：条理通达。 ［8］震川：归有光，字熙甫，别号震川，江苏昆山人，明代散文家。嘉靖十九年（1540）举人，60岁才考中进士，任长兴知县、顺德通判、南京太仆寺丞，参与修撰《世宗实录》，后逝于南京。归有光与唐顺之、王慎中都崇尚内容翔实、文字朴实的唐宋古文，并称为"嘉靖三大家"。由于归有光在散文创作方面的极深造诣，在当时被称为"今之欧阳修"，后人称赞其散文为"明文第一"，著有《震川集》《三吴水利录》等。 ［9］溯：追求根源。 ［10］假：借用，利用。

今译

薛孝穆先生刻印了他的《秦楚之际游记》，吩咐我为他作序。我看过孝穆过去所作的文章，有一本《依归》的集子，原本就已经被人们口口相传了。现在他的新作又有几百篇，各种体裁都有，他不急着全部拿来公之于众，偏偏先拿游记来刻板印刷，这是什么原因呢？难道是孝穆正在游览天下，作为一个游览者就说游历吗？孝穆游历的地方，不只是秦楚之间，那么他是不是有什么可感触的呢？司马迁写过《秦楚之际月表》。际，就是相接的意思。司马迁的相接指的是时间，孝穆的相接指的是地域。是因为自己写的地域想起了司马迁的时间呢，还是想断章取义呢？我曾经不满司马迁足迹几乎遍天下，却没有游记，只有《史记》里的《河渠书》，纵横天下，条理通达，说山川的大势特别详尽，这也是一种游记吗？孝穆的文章从司马迁发端，到了归有光而集大成。归有光这个人，在文章上是司马迁的嫡派子孙。孝穆用《依归》给自己的文集命名，不敢直截了当地说他的文章的本源是司马迁，恐怕是他不满足于借用司马迁名头的意思吧？

今天下知学震川者，良有其人，汪钝翁[1]尤其杰出者也。汪钝翁与孝穆生同吴趋[2]之里，居同夫椒之山[3]，旦夕为文，相与讲论，盖已有年。予阅孝穆之文，谓其佳者不让[4]震川，往往淩[5]而上之。孝穆笑曰，钝翁固尝云尔。则知非予一己之谀言[6]也，然而知之者或寡矣。予闻钝翁谓其文“质而不俚[7]，澹而有致”，此震川之所同也。若夫波澜之阔，才力之劲，而言之短长，与声之高下，能一一不失其节者，孝穆又似胜之。噫，钝翁之言然，则知亦自以为不及矣。夫孝穆以震川为归，而辄能与之伯仲[8]，已属厚幸，而予与钝翁皆谓其有过焉。此实子长之幸，而非徒震川之幸也欤！孝穆来广州，与予一见如旧识，相得欢甚，独钝翁往[9]矣，其文之音声笑貌，于孝

穆乎见之；不惟钝翁，即震川文之音声笑貌，亦皆于孝穆乎见之；不惟二公之音声笑貌也，孝穆之文，盖真得子长之神理者。故予谓是记可接《河渠》一书，非谀言也。孝穆自秦楚之际来，粤亦楚之境，遂以名编。予观孝穆，盖天下之有心人也，感时悲愤之意，每于言外见之。噫，予亦何幸而晚岁得交于孝穆，而尽读其文，且以见其师友之渊源如此哉！

注释

［1］汪钝翁：汪琬，字苕文，号钝庵，晚号尧峰，长洲（今江苏苏州）人。清初官吏、学者、散文家，与侯方域、魏禧合称明末清初散文“三大家”。顺治十二年（1655）进士，康熙十八年（1679）考中博学鸿词科，曾任编修、户部主事、刑部郎中，著有《尧峰诗文钞》《钝翁前后类稿、续稿》。汪琬为人坦率无城府，光明磊落，立志自重，耿介有守。不喜仕进，唯嗜读书问学，发明经义，精研史学，昌言朴学。两次辞官回乡，晚年隐居太湖尧峰山，闭户撰述，不问世事，学者称“尧峰先生”。薛熙曾经向他学习散文写作。［2］吴趋：犹吴门，指吴地。［3］夫椒之山：今江苏省吴县西南太湖中之包山，又名洞庭西山。［4］让：闪避。［5］凌：超越。［6］谀言：奉承话。［7］俚：通俗，与文雅相对。［8］伯仲：弟兄排行的次序，比喻不相上下的人或事物。［9］往：这里指死亡。屈大均的序作于康熙三十三年（1694），而汪琬在此前的康熙三十年（1691）已经去世，故云“钝翁往矣”。

今译

现在天下知道在文章上学习归有光的，实在有许多人，汪琬是其中的杰出者。汪琬和孝穆共同生长在吴地，共同住在尧峰山下，早晚作文，一起讲论，已经有一些年头了。我看孝穆的文章，说写得好的不必避让归有光，往往还能超越他。孝穆笑着说，汪琬本来早已经这样说过了。这就知道不是我一个人的奉承话，不过懂得这一点的人很少。我听说汪琬讲孝穆的文章“质朴但又文雅，平淡但又有韵致”，这一点是和归有光相同的。至于孝穆文章的波澜壮阔，才力遒劲，而话的长短和声调的高低，能够一一不失去应有节奏的，孝穆又好像比归有光略胜一筹。唉，汪琬的话是这样，那就是他也知道自己比不上孝穆啦。孝穆以归有光为依归，而又总是能和归有光不相上下，已经是大幸运的事，而我和汪琬都认为他有超过归有光的地方。这实在是司马迁的幸运，而不仅仅是归有光的幸运啊！孝穆来广州，和我一相见就好像是旧相识，相得欢甚，只不过汪琬已经去世，他文章的音声笑貌，可以在孝穆的文章里见到；不只是汪琬，就算是归有光文章的音声笑貌，也都可以在孝穆的文章里见到；还不只是汪琬和归有光的音声笑貌，孝穆的文章，是真的得到了司马迁文章的精神理路的。所以我说孝穆这篇游记可以上接司马迁的《河渠书》，这不是奉承话。孝穆从秦楚交接的地方来，广东也在楚地的范围中，所以用秦楚来给自己的书起名。我看孝穆是天下的有心人，感伤时世的悲愤之意，常常在他语言之下见到。唉，我怎么这么幸运在晚年能够和孝穆相结交，读完了他的文章，还能看到他的师友的渊源是这样的啊！

简析

屈大均和薛熙的相识交往在康熙三十三年，即屈大均去世前的两年。

屈大均和薛熙一见如故，因为他们都是以遗民、隐士的身份活在世上，都淡薄功名利禄，而且都喜欢写作散文，在中国古代散文的承传关系上有着相似的理念。实话说，这篇序言在文笔上不算高明，写得颠三倒四，观点重复。尽管屈大均在序言中两次强调，他认为薛熙散文创作的成就已经超过了归有光，直接上接司马迁，还拉了清初著名的学者、散文家汪琬来作证自己的这一评价不是“谀言”，即不是奉承话。可事实摆在这里：薛熙在中国散文界内并不出名，更谈不上和归有光并驾齐驱，如果不是屈大均的这篇序言，甚至很多人都不知道，历史上曾经有过一个名叫薛熙的散文作家。

其实，这也不必大惊小怪，古代替人作序的大多数和作者是朋友，朋友之间，只能好话说尽，谁都不会在这种场合说煞风景的话。不过，我们之所以选这篇文章，是因为屈大均在这篇文章里提出了他的散文理论中的重要一环，即对中国古代散文传统传承关系的认识。在屈大均的眼中，司马迁是中国古代散文的正宗、老祖宗。归有光是古文正宗的传人、司马迁的嫡派子孙，其文也已成为衡量其他人的文章水平高低的标尺。当屈大均听薛熙说，汪琬对其文早就有过类似评价时，更为兴奋，大有英雄所见略同之快。汪琬说薛熙之文“质而不俚，澹而有致”，而屈大均则认为薛熙之文“波澜之阔，才力之劲，而言之短长，与声之高下，能一一不失其节者”，这也是很有意思的事情。其实，所谓平淡有节中见韵致、质朴而又不俚俗等，都是归有光的文风特点，汪琬、屈大均二人竟不约而同地移作对薛熙之文的评论，可见他们对归有光的创作方向和创作风格欣赏推崇到了什么程度。

屈大均的散文理论，除了在上面的《黄太史文集序》和这篇《秦楚之际游记序》中集中表述之外，还有写于康熙二十四年（1685）的《无闷堂文集序》和写作年代不详的《高大令文集序》。《无闷堂文集序》是应张远之邀写的。张远是诗人，福建侯官人，康熙三十八年（1699）以第一名考中举人，做过知县，屈大均也是在诗歌唱酬中和他认识的。在《无闷堂文集序》中，屈大均主要表达了赞成张远的“文以理为主”的主张。其实，是“文以气为主”还是“文以理为主”，是古代作家争论不休的话题。曹丕最早在《典论·论文》中主张“文以气为主”，以后，刘勰的《文心雕龙》继承这一说法，韩愈、苏轼等强调文章气势的作家发展了这个主张；而到了宋朝，理学家兴起，他们不认可“文以气为主”的主张，提出“文以载道”，道理道理，理直才能气壮。屈大均是儒家学说的忠实信徒，他主张“文以理为主”，贬抑“文人之文”，尊崇“儒者之文”，提出“理盛则言之短长与声之高下者皆宜”，这和桐城文派的先导钱澄之的“理者，气之源也。有真理而后有真气，而因之以有真词。舍理以为气，虚气也；舍理以为词，浮词也”相比，从思路到语气都十分接近，实际上是明清之际受过血与火洗礼的一代文人企图保持实学精神和忧国忧民信念的一种表达方式。

《高大令文集序》是为番禺县令高某人写的。高县令是屈大均故乡的父母官，而且为官十分廉洁，据说他离任的时候，“行囊枵如（空空如也），仅有文集数卷”。屈大均就以他的廉洁大做文章，“夫唯日读书故日神智，日神智故见道清澈而心无累，无累故能洁。夫人必洁而富贵莫淫，贫贱莫移，心清寡欲，以几于圣贤之道。……文必洁而后浮气敛、昏气除，情理以之而生，道学以之而明。 视夫佛老虚无之旨，诸子俶诡之词，六朝繁缛之体，犹之尘壒，不足以污其字句。故其文之驰骤迭宕， 呜咽悲慨，倏忽变化，一皆从洁而生，以之追子长、凌八家、继归王，胥是之故”。这段话前一半讲的是学问品行的要求，后一半则提出衡量文章的标准。屈大均用一个“洁”字，把学行与文章联系了起来，提出为人先于作文，认为只有思想纯正，文章才写得漂亮干净，这与桐城文派的元老方苞的雅洁说并无二致。尤其值得注意的是，屈大均在“文必洁”之后的说明中，将“情”的位置摆在理、道学之前，极为关切地对文章形态的起伏变化多方形容。另外，此文还对“司马迁—唐宋八大家—明唐宋派”这一文统做了简单说明，已隐约透露出屈大均对归有光的推许。这一切不仅表现了作为文学内行的屈大均对文的偏爱和侧重，更在许多方面与桐城文派不谋而合。

桐城文派是清代甚至是古代中国规模最大、持续时间最长的文学流派，从康熙年间形成之后，一直延续到清末，有几百位著名作家参与其中，包括被称为“桐城三祖”的方苞、刘大櫆、姚鼐，还有曾国藩、严复、林纾等，可谓人才济济。桐城文派担负了总结古代散文创作理论和推进散文文学化的大任，他们提出了“义法说”“雅洁说”“义理、考据、文章统一说”，“阳刚阴柔说”等理论，认为古文的正统是《左传》《史记》—唐宋八大家—明朝的唐宋派（尤其是归有光）。归有光最大的贡献，是在创作中力求将“情”与“理”打通，他虽然也讲“道”，但他追求的是“文与道称”，主张文、道二者不容偏废。方苞在《书归震川文集后》说：“其发于亲旧及人微而语无忌者，盖多近古之文。至事关天属，其尤善者，不俟修饰，而情辞并得，使览者恻然有隐，其气韵盖得之子长（司马迁），故能取法欧、曾，而少更其形貌耳。”姚鼐在《与陈硕士》中说“归震川能于不要紧之题，说不要紧之语，却自风韵疏淡，此乃是于太史公深有会处”，都是对归有光的高度肯定。林纾在《古文辞类纂》评语中评论归有光作品时说：“凡文人之有性情者，以文学感人，真有不能不动者。”钱锺书的父亲钱基博在《明代散文》中也觉得归有光的文章“此意境人人所有，此笔妙人人所无，而所以成震川之文，开韩、柳、欧、苏未辟之境”，他们众口一词地认为，归有光把古代散文从严肃枯燥的藩篱中解放出来，还原成有血有肉、情理兼具的文体。而屈大均的文学活动，远在桐城文派之前，桐城文派的主要文论主张在屈大均那里都可以见到苗头和端倪，由此可以看出屈大均的文学眼光是具有前瞻性的。

广东文选·自序及凡例

广东文选·自序

题旨

这是屈大均为亲自编选的《广东文选》所作的序言。屈大均热衷整理乡土文献，而且反对不合正统儒家思想的“异端邪说”，反对盲目崇古复古，反对诗文过分世俗化和个性化，强调诗文的社会功用。

夫子[1]称“述而不作”[2]，述之中有选存焉，若《书》《诗》是也。《书》始唐尧[3]，而五帝[4]以来，言不雅驯者勿道；《诗》始殷汤[5]，而白帝、皇娥[6]《涂山》之歌[7]，言而荒诞者勿道也。夫子之慎，其言如是。彼夫左氏之述《国语》，昭明之述《文选》，是皆夫子之志也哉。《书》《诗》如夫子一家之言，《国语》《文选》亦如一人之所作，以我范围[8]古人，不以古人范围我。夫子者，述者之圣；二子者，述者之明者也。大均不敏，窃尝取广东先哲之文，纂为《越语》，以附于左氏《越语》之后。既而思之，不如称为《广东文选》之善。盖予先有《广东文集》之役，自两汉至明，人各为集，大家数十，名家百余，凡为二百余集。譬之水焉，《文集》为牂牁大洋，而《文选》为一勺；譬之山焉，《文集》为罗浮二岳，而《文选》为一卷。使观者从一勺以求牂牁大洋，从一卷以求罗浮二岳；是一勺我牂牁大洋之所必须，一卷为罗浮二岳之所不可少。《文选》为《文集》之车右轮，相辅而行，而不可废一者也。嗟呼，广东者，吾之乡也。不能述吾之乡，不可以述天下。文在于吾乡，斯在于天下矣。惟能述而后能有文，文之存亡在述者之明，而不徒在作者之圣。吾所以为父母之邦尽心者，惟此一书，于先哲之文，如桑与梓[9]。存者为先哲显其日月光华，删者为先哲藏其珠玉瑕类，是吾之所以为恭敬也云尔。书成，合诏、令、疏、奏、序、记、传、论、碑、志之属与赋、颂、乐府、四五七言诸体，凡为四十卷，梓[10]而行之，以为《广东文集》之先声。

注释

［1］夫子：孔子。　［2］述而不作：只叙述和阐明前人的学说，自己不创作。述，阐述前人学说；作，创作。《论语·述而》：“述而不作，信而好古。”　［3］唐尧：帝喾之子，姓伊祁（亦作伊耆），名放勋。初封于陶，又封于唐，号陶唐氏。以子丹朱不肖，传位于舜。参阅《史记·五帝本纪》。　［4］五帝：上古时代中国传说中的五位部落首领，主要有三种说法：第一种说法指黄帝、颛顼、帝喾、尧、舜；第二种说法指太皞伏羲、炎帝、黄帝、少皞、颛顼；第三种说法指少皞、颛顼、帝喾、尧、舜。　［5］殷汤：商汤，帝喾之子契的十四世孙。夏朝末年帝桀

为君，残暴无道，殷汤灭掉了夏朝，把夏桀放逐到南巢，建立了中国历史上第二个奴隶制国家商朝，定都于亳，死后被谥为成汤。［6］皇娥：神话传说中的仙女，与白帝生下秋天之神、西方之神、月神少昊。［7］《涂山》之歌：涂山人在大禹娶妻前唱的歌，歌词是“绥绥白狐，九尾庞庞。成于家室，我都攸昌”。涂山，位于安徽省蚌埠市禹会区的山峰，相传大禹就在此劈山导淮，并娶涂山氏为妻（启的母亲）。［8］范围：界限，限制。［9］桑与梓：古代人们常在住宅旁栽种桑树和梓树。后人用桑梓比喻故乡。［10］梓：刊刻，印刷刻板。

今译

孔子自称“只叙述和阐明前人的学说，自己不创作”，但是他的叙述和阐明是有选择的，比如《尚书》《诗经》就是这样。《尚书》从大舜开始，而从五帝以来，语言文辞不优美典雅、过于粗俗的就不讲；《诗经》从商汤开始，而白帝、皇娥的《涂山》歌，语言荒诞也是他不讲的。孔子的语言就是如此谨慎。那个左丘明叙述《国语》，昭明太子叙述《文选》，都是谨从孔子的志向啊。《尚书》《诗经》就好像是孔子的一家之言，《国语》《文选》也好像是一个人所作，以我来限定古人，不让古人来限定我。孔子，是叙述者中的圣人；左丘明、昭明太子这两位先生，是叙述者中的明白人。我不才，私下里曾经拿广东先辈哲人的文章编为《越语》，附在左丘明的《越语》的后面。接着想一想，不如称作《广东文选》更好。因为我先前编辑过《广东文集》，从东西汉到明朝，每个作家的作品各编为一集，大家有几十个，名家有一百多位，总共有两百多集。用水来打比方，《文集》就好比是大江大海，《文选》就是一勺水；用山来打比方，《文集》就好比是罗山、浮山两座山，而《文选》就是一个山的一个角。让看书的人从一勺水探究大江大海，从山的一个角探究罗山与浮山，说明一勺水是大江大海所必需的，山的一个角是罗山与浮山所不可或缺的。《文选》是《文集》之车的右轮，两者相辅而行，不可偏废其中之一。唉，广东是我的故乡，不能叙述我的故乡，就不可以叙述天下。文章在我的故乡，那就是在天下了。只有能够叙述之后才能有文章，文章的存亡在于叙述者的明白与否，而不仅仅在于作者是否圣明。我能够用来为父母之邦尽心的，只有这部书，对先辈哲人的文章，就好像对我的故乡的热爱。保存下来的就是为先辈哲人显现他们的日月光华，删掉的就是为先辈哲人隐藏他们珠宝中的疵瑕，这就是我对他们表示恭敬的方式。书编好了，合起来有诏、令、疏、奏、序、记、传、论、碑、志之类和赋、颂、乐府、四五七言各体诗歌，总共有四十卷，刻印出书，作为《广东文集》的先声。

广东文选·凡例[1]

一　吾粤旧有《岭南文献》一书，督学[2]蕲阳张公邦翼[3]所纂；又有《岭南文献续集》一书，督学晋江杨公瞿崃[4]所纂。皆起自唐开元，至明万历年而止。今合二书为一，删者五之，增者五之，删其不文，增其文，起自汉文帝时，至明崇祯时而止，名曰《广东文选》。不仍称《岭南文献》者，盖以岭南非今代所命名，而是书主于文，不主于献也，其说则在《广东文集》自序中矣。

一　予所编纂《广东文集》，自汉至今，凡有二百余家，人为一集。集分诸体，卷首载其原序，卷末则载行状[5]、传志。但是书浩繁，未能尽刻，姑于诸集拔其十之二三，以见大概，不能连篇累牍，为先哲多所表章，予之所不得已也。

一　予所选止于文，盖以文而存其人，不以人而存其文。其文未能尽善，虽大贤不敢多录。《传》[6]云“言之不文，行之不远”。

一　是选以崇正学、辟异端[7]为要。凡佛老家言，于吾儒似是而非者，在所必黜。即白沙[8]、甘泉[9]、复所[10]集中，其假借禅言，若证悟顿渐之类，有伤典雅，亦皆删削勿存。务使百家辞旨，皆祖述[11]一圣[12]之言，纯粹中正，以为斯文之菽粟，绝学之梯航[13]。

一　为文当以唐宋大家为归，若何、李、王、李[14]之流，伪为秦汉，斯乃文章优孟[15]，非真作者。吾广先哲文体多出于正，可接大家之武[16]者，实繁其人，是选无遗美焉。

一　吾粤诗始曲江[17]，以正始元音[18]，先开风气。千余年以来，作者彬彬[19]，家三唐而汉魏，皆谨守曲江规矩，无敢以新声野体而伤大雅，与天下之为袁、徐，为钟、谭，为宋、元者俱变，[20]故推诗风之正者，吾粤为先。是选中正和平，咸归典则，于以正人心、维风俗，而培斯文元气，于是乎在。以此选一邦，即以此选天下无不可者。以《春秋》之谨严，为诗人之忠厚，不佞[21]窃有志焉。

注释

［1］凡例：书前关于本书体例的说明。 ［2］督学：明清时期提督学政的别称，又称学台、学政。 ［3］张公邦翼：湖北蕲州人。万历二十六年（1598）进士，官至广东提学副使。 ［4］杨公瞿崃：杨瞿崃，福建晋江人，字稚实，万历三十五年（1607）进士，官至广东提学副使。 ［5］行状：叙述死者世系、生平、生卒年月、籍贯、事迹的文章，常由死者门生故吏或亲友撰述，留作撰写墓志或史官立传的依据。也称行述、事略。 ［6］《传》：这里指《左传》。《左传·襄公二十年》曰："仲尼曰：'志有之，言以足志，文以足言。不言谁知其志？言而无文，行而不远。'" ［7］异端：社会主流思想和意识形态对异己思想、理论的称呼。在中国古代，占统治地位的儒家常将儒家学说之外的其他学说、学派统称为异端。 ［8］白沙：陈献章，字公甫，别号石斋，广东新会县（今广东省江门市新会区）白沙里人，故又称白沙先生，世称陈白沙。明代思想家、哲学家、教育家、书法家、诗人、古琴家。广东唯一一位从祀孔庙的大儒，是明代心学的奠基者，被后世称为"圣代真儒""岭南一人""岭学儒宗"。正统十三年（1448）进士，任翰林院检讨，回乡讲学终老。从陈献章倡导涵养心性、静养"端倪"之说开始，明代儒学实现了由理学向心学的转变，成为儒学发展史上的一个重要转折点。陈献章学说高扬"宇宙在我"的主体自我价值，突出个人在天地万物中的存在意义，对整个明朝文人精神的取向产生了深刻影响。 ［9］甘泉：湛若水，字元明，号甘泉，广东增城（今广州市增城区）人，明朝思想家、哲学家、教育家、书法家。明弘治五年（1492）考取举人后，赴新会县拜名儒陈献章为师，成为白沙学说的衣钵传人。弘治十八年（1505）中进士第二名，先后

被授为翰林院编修、侍读，南京国子监祭酒，后又历任南京礼部尚书、吏部尚书、兵部尚书。湛若水在继承陈献章学说的基础上，以“随处体认天理”为宗，提出“格物为体认天理”与“为学先须认仁，仁与天地万物为一体”的理念，创甘泉学派，终成理学一大门派，与王阳明的阳明学被时人并称为“王湛之学”。湛若水在全国各地创办书院近40所，弟子多达数千人，遍布大江南北，促进了明朝心学的发展与繁荣。湛若水在广东境内广设书院扶持后学，有力地推动了岭南文化的进程。 ［10］复所：杨起元，字贞复，别号复所，博罗泊头村人。15岁中秀才，隆庆元年（1567）乡试中解元，万历五年（1577）举进士，选庶吉士。拜泰州学派罗汝芳为师，9年后“大悟性命之宗”，后升任翰林院修撰。历任国子监司业、司经局洗马、国子监祭酒、南京礼部侍郎等。杨起元以理学著名，但“学不讳禅”，对道教书籍亦多所涉猎。屈大均不认可心学，所以把他们称作“异端”。 ［11］祖述：效法（遵循）前人的学说或行为。［12］一圣：以孔子为代表的儒家学说。 ［13］梯航：梯子与航船。 ［14］何、李、王、李：此处指明朝文坛的“前后七子”，由李梦阳、何景明、李攀龙、王世贞等为领袖，他们标榜“复古”，并且提出“文必秦汉，诗必盛唐”的口号。 ［15］文章优孟：比喻假装古人或模仿他人的文学家。优孟，荆州人，春秋时期楚国宫廷艺人，以优伶为业，名孟，故得名。从小善辩，擅长表演，常谈笑讽谏时事。 ［16］武：足迹。古人两脚各迈一次叫一步，一只脚向前迈一次叫半步。这里泛指脚步。 ［17］曲江：张九龄，字子寿，一名博物，谥文献。唐朝韶州曲江（今广东省韶关市）人，世称“张曲江”或“文献公”。唐朝开元年间名相，诗人。唐中宗景龙初年进士，始调校书郎。玄宗即位，迁右补阙。唐玄宗开元时历官中书侍郎、同中书门下平章事、中书令、同平章事，是唐朝有名的贤相。张九龄忠耿尽职，秉公守则，直言敢谏，选贤任能，不徇私枉法，不趋炎附势，敢与恶势力作斗争，为“开元之治”做出了积极贡献。他的五言古诗，诗风清淡，以素练质朴的语言，寄托深远的人生感慨，对扫除唐初所沿袭的六朝绮靡诗风，贡献尤大，有《曲江集》，誉为“岭南第一人”。［18］正始元音：正其始曰。《文选·毛诗序》曰：“《周南》《召南》，正始之道，王化之基。”刘良注：“正始之道，谓正王道之始也。”正始元音，指纯正的乐声。［19］彬彬：文雅。［20］袁、徐、钟、谭：公安派三袁（袁宗道、袁宏道、袁中道），徐渭，以及竟陵派的钟惺、谭元春，他们都是明朝后期的著名文学家。徐渭的文艺主张是，在艺术上绝不依傍他人，喜好独创一格，具有强烈的个性，风格豪迈而放逸，而且常常表现出对民间文学的爱好。徐渭得到公安派三袁的肯定和推崇。公安派也反对抄袭，主张通变，提出“独抒性灵，不拘格套”的口号，推崇民歌小说，提倡通俗文学。竟陵派重视创作中作家个人情性流露和体现，倡导“幽深孤峭”风格（文风求新求奇，不同凡响），对公安派文学理论做了延续和发展。［21］不佞（nìng）：谦辞，犹言不才。

今译

一　我们广东过去有《岭南文献》一书，是明朝督学湖北蕲阳的张邦翼主持编纂的，又有《岭南文献续集》一书，是明朝另一位督学福建晋江的杨瞿崃主持编纂的。两本书中入选的文献都是从唐朝开元年间起，到明朝万历年间结束。现在我把两本书合一，删减五成，增添五成，删除的都是没有文采的，增添的都是有文采的，选文从汉文帝时开始，到明朝的崇祯年间结束，集子的名字叫《广东文选》。不依旧称《岭南文献》的原因是，岭南不是现代所命名，而这本书主要的选文标准是文采，而不是为了恭敬庄严地送给某某人的，具体的说明已经在《广东文集》自序中了。

一　我编纂《广东文集》，自汉到现在，作者总共有两百余家，每人一集。集子中分各种文体，卷首登载它的原序，卷末就登载行状、传志。不过，这部书卷帙浩繁，不能全部刻印出来，姑且在各个集子里选择其十分之二三，用以看见集子的大概，不能连篇累牍，为先辈哲人多所表彰，这是我实在不得已啊。

一　我所选的止于文，是以文而存其人，不以人而存其文。其文未能尽善，虽然是大贤不敢多收录。《左传》引用孔子的话说“文章没有文采，就不能流传很远。”

一　这个文集以推崇正学、驳斥异端为首要任务。凡是佛家、道家的言论，对于我们儒家主张采取似是而非态度的，就一定废除取消。即使是陈献章、湛若水、杨起元这些广东文化名人的集子里，他们借着禅宗常用的话语，好像证、悟、顿、渐之类，有伤典雅，也都删除不存。务必使百家的言辞宗旨，都效法孔子的言论，纯粹中正，成为文章的精神食粮，达到圣人学说的梯子和航船。

一　作文章应该以唐宋大家为依归，好像明朝“前后七子”李梦阳、何景明、李攀龙、王世贞之流，装着学习秦汉古文，那真是文章优孟，不是真正的作者。我们广东先辈哲人的文章多出于正轨，可以赶得上大家脚步的，实在有很多人，这个选集不会把他们的美文遗漏。

一　我们广东的诗歌创作从张九龄开始，以纯正的声音开创了风气之先。一千多年来，作家文质彬彬，各家学习唐诗还有汉魏古诗，都谨慎地遵照张九龄的规矩，不敢用时髦之声和乡野的诗体而妨碍大雅，与天下那些学习公安派三袁、徐渭、钟惺、谭元春，与学习宋、元诗歌的人一起变化，所以如果推举诗风之正的诗人，我们广东数第一。这本选集的诗文中正和平，全都归向于法则、章法，用来端正人心、维护风俗，培养诗文的元气，在这里统统都可以找到。用它来代表一处乡邦是可以的，即使是用它来代表天下也是可以的。用《春秋》的谨严笔法来表现诗人的忠厚，不才如我私下里有这种志向。

简析

汪宗衍《屈翁山先生年谱》康熙二十五年（1686）有记载："刘茂溶（广州知府）、陈肇昌（广东学政）助先生纂修《广东文集》三百余卷，后以卷帙浩繁，拔其尤者为《广东文选》四十卷。"可知屈大均在这一年之前的几年时间里，以一己之力，搜罗广东自古以来的文化名人的别集，编辑为《广东文集》。后来因为《广东文集》分量太大，又从中精选，编成40卷的《广东文选》，在地方官员的资助下，刻印出版，为岭南文献的保存做出了巨大的贡献（可惜的是《广东文集》已佚）。据说，屈大均是在广州城南珠江义学西楼上编纂《广东文选》的，附近居住的人出于对屈大均的尊敬，将西楼称作"文选楼"。

这篇《广东文选·自序》，就是屈大均在该书刻印出版时写的。从这篇序言中，我们可以得知的有三条：第一，屈大均对于故乡岭南文化有着超乎想象的热忱。他以一己之力，兀兀穷年地努力，其原因在自序中说得很清楚："广东者，吾之乡也。不能述吾之乡，不可以述天下。文在于吾乡，斯在于天下矣"，"吾所以为父母之邦尽心者，惟此一书"，这种强烈而且自觉的岭南文化意识，值得我们后代敬仰。第二，屈大均认为，文章选家对文章传播所起到的作用，不亚于文章的作者，而且由于选家的眼光独特，能够去芜存菁，可以使得好文

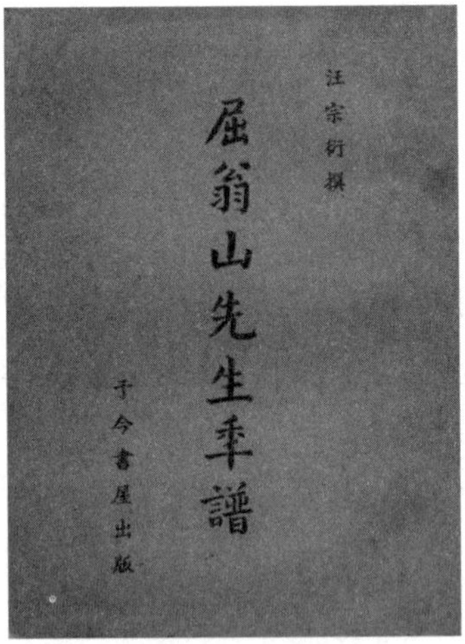

《屈翁山先生年谱》

章得到更多、更广泛的读者。第三，从文学思想上来看，屈大均是传统儒家文学观念的坚守者，他反对不合正统儒家思想的“异端邪说”，反对盲目崇古复古，反对诗文过分世俗化和个性化，强调诗文的社会功用，即所谓“中正和平，咸归典则，于以正人心、维风俗，而培斯文元气”，这对于今天的人民政府应该制定什么样的文艺、文化政策，不是毫无启迪意义的。

长乐[1]台遗址记

题旨

这是一篇与众不同的记文，选自《翁山文外》。屈大均在文中解读了赵佗和岭南的关系，肯定了南粤人敢为天下先的风气特点。

惠州长乐县西北一里，五华山下有长乐台遗址。相传汉封赵佗[2]南粤王，佗受命，筑朝汉台于番禺，复于龙川故治筑台，曰长乐，以示其与汉相休息[3]之意。盖至是而偏霸[4]一方，东西数千里，新造[5]者皆集，地远者以财役之，佗真可以自乐矣。当秦之亡，天下发难[6]，实始南粤。先是时，秦以振[7]男女三千人与徐福[8]，而百姓悲痛相思，欲为乱者十家而六；以女无夫家者万五千人与尉佗，而百姓离心瓦解，欲为乱者十家而七；盖徐福、尉佗皆秦之陈胜也。秦既亡，南粤之地亦定，汉不得而有之，倔强[9]一隅，为蛮夷[10]大长[11]以自雄[12]。以中国人而反，天性有所不恤[13]，何其忍[14]也？然佗实借粤人之力而惩[15]桀骏[16]之祸，因其好恶羁縻[17]之，不敢遽变剪发文身之俗。故弃冠带，椎结箕踞[18]，以媚粤人，且欲自外于汉，与北胡冒顿[19]相为角力也。佗于南粤盖有恩，故能得粤人之力而用之。粤人性勇悍尚义，梅销[20]用之以助汉，佗用之以据粤。而秦于是乎因之而亡矣。嗟乎，秦之亡以粤人首难，元亡亦然。粤人亡元之功，如朱光卿、钟大明[21]者，比韩福通[22]为大。光卿姓朱，而钟名大明，其元曰赤符，皆皇朝将兴之先兆。噫嘻，岂偶然哉！

注释

[1] 长乐：广东五华县，旧名长乐县，民国初改现名，现为梅州市辖县，东南与梅州市丰顺县、揭阳市揭西县、汕尾市陆河县交界，西南与河源市紫金县接壤，西北与河源市龙川县相连，东北与梅州市兴宁市毗邻。明清时期属惠州府管辖。秦汉南越王赵佗行宫长乐台旧址是省重点文物保护单位。 [2] 赵佗：秦朝将领，恒山郡真定县（今河北省正定县）人，秦始皇派任嚣和赵佗率军南下攻打岭南。秦末大乱时，赵佗割据岭南，建立南越国，自号“南越武王”“南越武帝”。后来在汉使陆贾的劝说下去帝号。赵佗在执政期间，实行“和辑百越”政策，促进了汉、越民族的融合，并把中原地区的先进文化带到了岭南，使南越得到了更好的发展。 [3] 休息：休养生息。 [4] 偏霸：割据一方，但雄心勃勃、不好惹的政权。 [5] 造：到。 [6] 发难：发动反抗或叛乱、起

赵佗长乐台遗址

义、起事。［7］振：发动。［8］徐福：字君房，是秦朝著名方士，道家名人，曾担任秦始皇的御医，出生于战国时期的齐国。徐福上书秦始皇，说海中有蓬莱、方丈、瀛洲三座仙山，有神仙居住。于是秦始皇派徐福率领童男童女数千人，以及装载预备的三年粮食、衣履、药品和耕具乘坐大船入海求仙，耗资巨大。但徐福率众出海数年，并未找到仙山。有说法是秦始皇三十七年（前210），徐福再度率众出海，来到“平原广泽”，他感到当地气候温暖、阳光明媚、人民友善，便停下来自立为王，教当地人农耕、捕鱼和沥纸的方法，此后再也没有返回中国。也有一种说法是徐福死于大海之中。［9］倔强：性格刚强不屈，坚持自己的想法和做法，不为外力所改变。按自己的脾气，不听别人的指导来做事。［10］蛮夷：亦作“蛮彝”。古代对四方边远地区少数民族的泛称，亦专指南方少数民族。［11］大长：首领。据《史记·南越列传》，这是赵佗对汉廷的自称。［12］自雄：自豪，自以为了不起。［13］不恤：不顾及，不忧虑，不顾惜。语出《尚书·汤誓》曰：“我后不恤我众。”［14］忍：狠心，残酷。［15］愆：苦于。［16］桀骏：西瓯部族军事首领，亦是继译吁宋之后的百越盟军首领。秦始皇派遣国尉屠睢率领秦军进入岭南，杀西瓯君译吁宋，但越人不肯投降。在新首领桀骏的带领下，进行艰苦的丛林战，并夜袭秦军，杀死秦军主帅屠睢，打败秦军，秦始皇才派出任嚣、赵佗率军再次进入岭南。［17］羁縻（jī mí）：笼络；束缚、控制。［18］椎结箕踞：古代南越一带人的风俗，髻如椎一样尖耸，坐姿臀部着地，两脚张开，两膝微曲，形状像箕。这是一种轻慢傲视对方的姿态，不合传统礼法。［19］冒顿：匈奴单于，姓挛鞮。秦二世元年（前209），冒顿杀父头曼自立，加强内部组织，建立军政制度，东灭东胡，西逐月支，并夺取楼兰、乌孙、呼揭及其旁二十六国，北服丁零，南服楼烦、白羊，并进占秦的河南（今河套一带），势力强大，西汉初年，常南下侵扰，对西汉王朝形成严重威胁。后复与汉和亲。 ［20］梅锠（xuān）：秦末起义军将领，刘邦所封长沙王吴芮的部将。 ［21］朱光卿、钟大明：元朝广东农民起义军首领，增城人。元顺帝至元三年（1337）正月，他们率众起义，占增城，建大金国，改元赤符。起义历时7个月，最终被镇压。［22］韩福通：应为韩山童、刘福通。韩山童，元末红巾军领袖，出生于赵州栾城（今河北省栾城县），结识了安徽阜阳人刘福通。元顺帝至正十一年（1351），元朝强征15万名民工修筑黄河堤坝。韩山童、刘福通认为时机已到，编造“石人一只眼，挑动黄河天下反”的民谣，四处传播；主张推翻元朝统治，在颍州颍上发动起义。后来韩山童不幸被俘被杀，其子韩林儿与刘福通继续反元斗争。

今译

惠州长乐县西北一里路，在五华山下有长乐台的遗址。相传汉封赵佗为南粤王，赵佗接受命令，在番禺筑了朝汉台，又在过去任龙川令的地方建筑高台，命名长乐台，以表示南粤国与汉朝互相休养生息的意思。从此赵佗割据一方，东西几千里，新到的都集合起来，住得偏远的就用金钱役使他们，赵佗真可以自找乐趣了。当秦朝灭亡时，天下发生起义，其实是从南粤开始的。早些时候，秦朝发动三千个青年男女给方士徐福，而老百姓悲痛思念亲人，十家人里就有六家想造反；秦朝又把一万五千个寡妇给了赵佗，于是老百姓离心瓦解，十家人里就有七家想造反，所以徐福、赵佗都是秦朝的陈胜。秦灭亡之后，南粤之地就也安定下来了，汉不能够占有南粤，赵佗就在南粤一隅之地不听汉朝的指挥，自称为蛮夷首领并为之感到自豪。他以中国人的身份反叛，不顾及天性，何其残忍啊？不过赵佗实在是借着粤人的力量却又苦于粤人反抗的灾祸，就顺应着粤人的喜好，采取怀柔控制的招数，不敢突然改变南粤断发文身的习俗。所以他自己也抛弃了中原的冠带，梳着尖尖的发髻，坐下来时两腿伸开，以入乡随俗的方式取媚于越人，而且想自行疏远汉朝，和北方匈奴的冒顿相互比试一下武力。赵佗对南越有恩，所以能够得到越人的力量而用之。越人勇猛强悍，崇尚义气，梅锠利用越人帮助汉朝，赵佗利用越人割据越地。而秦朝因此就灭亡了。唉，秦朝的灭亡因越人首先起义，元朝的灭亡也是这样。越人在灭亡元朝方面的功劳，如朱光卿、钟大明这些人，比韩山童、刘福通还要大。光卿姓朱，而钟名字叫大明，他们建立政权的年号叫赤符，都是皇朝将要兴起的先兆。哎呀，难道这是偶然的吗！

简析

《长乐台遗址记》是屈大均晚年所作，具体年份不详。秦始皇先后派出两支大军进攻并且占领岭南之后，在番禺（今广东省广州市）设立了南海郡治，以任嚣为郡尉统管一郡的政治、军事、监察，下辖番禺、龙川、博罗、四会4个县，赵佗一开始的身份是龙川令，这个龙川比今天的龙川县的辖区大得多，所以长乐台遗址在今天的五华县境内。一般的记文，都会写一下环境，叙述一下建筑的过往今来，然后再抒情议论。屈大均这篇记文的写法，和一般的记文不太一样，除了开头寥寥几笔写了长乐台遗址的方位和建造缘起之外，其他都是围绕赵佗与越人来写的，议论占了全文的大半篇幅。赵佗是秦朝的一个将领，来到岭南不久之后，秦末农民起义就爆发了，赵佗和秦朝末年席卷全国的大起义完全不搭界。这段历史，可以说司马迁早就在《史记·南越列传》中记录得清清楚楚了。可是屈大均在这里偏偏要做翻案文章，他认为岭南在中国历史上很重要，推翻秦朝的全国大起义是从广东开始的，推翻元朝的全国大起义也是从广东开始的，广东人的精神，就是“敢为天下先”。他的言外之意，其实仍然指向他生活的时代，尽管反清复明已经成了泡影，但是他还是希望广东人能够再一次创造奇迹。不能不说屈大均很会写文章，他把赵佗视作推翻秦朝的大起义的引领者，把名不见经传的广东农民起义领袖朱光卿、钟大明说成是元末农民大起义的先行者，显然有那么一点强词夺理，是一种片面的“真理”。可200多年以后清朝轰然坍塌的历史，证明屈大均的自信不是没有道理的。还有，从辛亥革命到改革开放、社会主义现代化国家建设，哪一个场合少得了勤劳实干、“敢为天下先”的广东人的身影？我们从屈大均对广东的极力维护中，也可以清楚地看出，屈大均对于身为岭南人的一贯自豪。

史传选

夏完淳传

题旨

这是屈大均为江南抗清烈士夏完淳所写的传记。夏完淳（1631—1647），松江府华亭县（今上海市松江区）人，祖籍浙江会稽。其父亲夏允彝，江南名士，清军攻陷南京后拒绝降清，自杀殉国。其老师陈子龙，抗清将领。夏完淳幼聪慧，“五岁知五经，七岁能诗文”，14岁从军抗清。顺治二年（1645），陈子龙与清军激战，战败自杀殉国。夏完淳继续从事抗清活动，后兵败被俘，不屈而死，年仅16岁。夏完淳因殉国前怒斥洪承畴一事，称名于世。有《南冠草》《狱中上母书》等诗文作品。本传是屈大均所著史传《皇明四朝成仁录》中的代表作。

夏完淳，字存古，华亭人，礼部郎中允彝[1]之子也。年十六，从其师陈子龙[2]起兵太湖。遵父遗命，尽以家财饷军，鲁监国[3]遥授编修[4]。

子龙战败，完淳走吴易[5]军为参谋。易败，复与吴胜兆[6]连谋反正。被执至留都[7]，叛臣洪承畴[8]欲宽释之，谬[9]曰：“童子何知？岂能称兵叛逆？误堕军中耳！归顺，当不失官。”完淳厉声曰：“吾尝闻洪亨九本朝人杰，松山、杏山[10]之战，血溅章渠，先皇帝震悼褒恤，感动华夷。吾尝慕其忠烈，年虽少，杀身报国，岂可以让之？”左右曰：“上坐者，即洪经略也。”完淳叱之曰：“亨九先生死王事已久，天下莫不闻之。曾经御祭七坛[11]，天子亲临，泪满龙颜，群臣呜咽。汝何等逆贼，敢伪托其名以污忠魂？”因跃起，奋骂不已。承畴无以应，唯色沮而已。时完淳妇翁职方主事钱旃[12]同在讯，气稍不振。完淳厉声曰：“当日者，公与督师陈公子龙及完淳三人同时歃血[13]，上启国主，为江南举义之倡，江南人莫不踊跃。今与公慷慨同死，以见陈公于地下，岂不亦奇伟大丈夫乎哉？”旃遂不屈，与完淳同死。完淳时年十八[14]。

注释

［1］允彝：夏允彝，字彝仲，号瑗公，松江华亭（今属上海市松江区）人，夏完淳之父，万历四十六年（1618）举人。崇祯初年，与同郡陈子龙、徐孚远等人结成“几社”。崇祯十年（1637）进士，任福建长乐县知县，能体恤民情，革除弊俗。崇祯十七年（1644），李自成攻陷北京，福王在南京监国，任命他为吏部考功司主事。顺治二年（1645），清军进攻江南，夏允彝与陈子龙等在江南起兵抗清，兵败后于同年九月十七日投水殉节，时年50岁，谥“忠节”。［2］陈子龙：字卧子，松江华亭人，明朝末年大臣、著名学者、抗清英雄，工部侍郎陈所闻之子。崇祯十年（1637）中进士，论功擢兵科给事中，南明弘光帝时任兵科给事中。清军攻陷南京后，集结武装，开展抗清活动，事败后投水殉国。［3］鲁监国：鲁王朱以海（1618—1662），字巨川，明太祖皇帝朱元璋第十个儿子朱檀的九世孙。清军攻破南京后，鲁王朱以海在浙江各地抗清的官员和将领的劝进下，以“监国”名义领导抗清。顺

治三年（1646）六月初一，清八旗骑兵突破钱塘江防线，鲁王军队溃败，绍兴失守。鲁王南奔，康熙元年（1662）病逝于金门。［4］编修：明、清翰林院官员，正七品。与修撰、检讨同称为史官。明、清翰林院编修由一甲二、三名进士及庶吉士留馆者担任。［5］吴昜（yáng）：南明抗清将领。昜一作易，字日生，号朔清，吴江（今属江苏省苏州市）人。崇祯十六年（1643）进士，坚持抗清，曾率兵三次占领吴江城，最后兵败被杀。［6］吴胜兆：明朝的武官，辽东人。清军入关后投降清朝，被任命为苏松提督。因为贪污、抢劫被人检举受到处罚。后与陈子龙相约起义兵反清复明，事泄被杀。［7］留都：南京。［8］洪承畴：字亨九，一字彦演。福建泉州南安英都人。万历四十四年（1616）进士，累官至陕西布政使参政，在明末农民起义的战事中屡立战功，升任陕西三边总督。崇祯年间转任蓟辽总督，松山、杏山之战兵败被俘，降清，深受清太宗皇太极重视。清军入关后，顺治帝对洪承畴很器重，提拔其为大学士，经略南方战事。洪承畴采取“以抚为主，以剿为辅”的策略，尽力避免生灵涂炭，以较少代价平定了江南。［9］谬：本来是差误的意思，这里作“故意”解。［10］松山、杏山：地名，在辽宁，是锦州和宁远之间的军事据点，是明朝防御清军“宁锦防线”的主要连接点。洪承畴于此率领13万明军与清军交战，明军失败后，东北全境为清军占领。［11］七坛：七座高台。［12］钱旃：字彦林，浙江嘉善人，夏完淳的岳父。崇祯六年（1633）乡试中举。首倡“应社”，又入“复社”，与张溥、陈子龙等人交往甚密。清军南下，举兵抗清，兵败被杀。［13］歃（shà）血：指古代举行盟会时，微饮牲血，或含于口中，或涂于口旁，以示信守誓言的诚意的行为。出自《史记·平原君虞卿列传》。［14］时年十八：此时夏完淳刚满16岁，这里是按古人的方法计算年龄的。

今译

夏完淳，字存古，华亭人，礼部郎中夏允彝的儿子。16岁时就跟从他的老师陈子龙在太湖起兵抗清。他遵从父亲的遗命，把家财全部拿来充当军饷，鲁监国授予他翰林院编修的职务。

陈子龙战败之后，夏完淳到吴昜的部队里当了参谋。吴昜失败后，他又和吴胜兆联系准备反正。（密谋败露后）夏完淳被捕送到南京，叛臣洪承畴想宽大释放了他，故意说："小孩子知道什么？他怎么能起兵反叛呢？一定是误落到叛军中的！归顺清朝的话，应该能当上一个官的。"完淳声音严厉地说："我曾经听说洪承畴是本朝的人中豪杰，他在松山、杏山战役中牺牲，血溅章渠，崇祯皇帝震惊悼念、褒奖抚恤，感动了华夏蛮夷。我歆慕他的忠烈，我的年纪虽然小，杀身报国，难道可以比他差吗？"洪承畴的侍从说："上面坐着的人，就是洪承畴经略啊。"夏完淳喝叱他道："洪承畴先生死于王事已经很久了，天下没有人不听闻。（明朝）曾经建筑七座祭坛，崇祯皇帝亲临祭祀，泪流满面，大臣们都呜咽。你是什么逆贼，竟敢假托他的名字而污蔑忠烈之魂？"接着跳了起来，大骂不止。洪承畴无以回应，只有面色沮丧而已。当时夏完淳的岳父职方主事钱旃一起被审讯，气势稍稍有一点不振作。夏完淳严厉地说："当日你和督师陈子龙及我三个人同时歃血，上报国主，为江南民众倡导起义，江南人没有不踊跃参与的。现在我和你一起慷慨赴死，而与陈子龙公相见于地下，难道不也是奇伟大丈夫吗？"钱旃于是不再屈服，与夏完淳一起赴死。夏完淳当时才18岁。

简析

这是屈大均《皇明四朝成仁录》中的一篇史传。《皇明四朝成仁录》

是屈大均编写的一本史传，主要内容是记载明代崇祯朝和南明弘光、隆武、永历三朝为国捐躯的烈士，共计800多人。这800多人，或是因镇压李自成、张献忠农民起义军而身故的官员，或是为抗击清军而牺牲的将士。一方面，屈大均从传统士大夫忠君爱国的立场出发，斥责李自成、张献忠等农民起义军为流贼，记载并赞扬了在镇压农民起义军的过程中死去的明朝官吏，凸显了屈大均的忠君报国思想。另一方面，屈大均又是一位具有气节的志士，他反对清廷的残暴罪行，热情歌颂了在抗击清军南下时死难的将士和百姓，反映了屈大均的进步思想。他写这些人物的目的在卷八《广东州县起义传》后的评论中说得很清楚："我粤忠义之士，一盛于宋，再盛于明，事虽不成，亦足以折强敌之气而伸华夏之威。……事不必成，功不必就，而已可传不朽矣！是故凡起兵者得死其所，我皆著之于篇。"正是怀着这样明确的创作目的，屈大均多方搜求明末死难之士的事迹传闻，并且不局限于一般正史中所载的王侯将相，对于那些虽然社会地位低下、但具有忠贞气节的平民百姓，屈大均也在《皇明四朝成仁录》中一一录出，并加以热情歌颂，反映了屈大均进步的思想。据汪宗衍的《屈翁山先生年谱》所载，屈大均在30岁之前就已经开始动笔撰写《皇明四朝成仁录》了，临终之前仍然笔耕不辍。屈大均还在《临危诗》中感叹"所恨《成仁》书，未曾终撰述"，深以没有把所有殉国的烈士记载完毕为憾。可见屈大均是以记录时代为己任的人。

夏完淳是著名的抗清英雄，他牺牲时才16岁，按现在的说法，只是一个大孩子。他为了抵御清军，义无反顾地投入战场和敌人厮杀。在冷兵器时代，无论力气，还是武艺，他都不见得比其他战士更为优胜。所以在这篇传记中，屈大均选择了夏完淳怒斥洪承畴这一细节来重点描写。洪承畴曾经深得崇祯皇帝宠信，被封为蓟辽总督，率领明军到东北与清军作战。结果是兵败被俘，崇祯皇帝以为洪承畴战死沙场，以最高规格祭祀他。不料饱读四书五经的洪承畴没有杀身成仁，反而投降了，还统帅清军南下，平定江南。夏完淳其实早就知道，那个高高在上的审判官就是洪承畴，他故意不点破，不直接痛斥洪承畴为叛徒，而是赞扬“洪承畴”杀身报国，忠义节烈，怒骂洪承畴冒名顶替，不知廉耻。洪承畴被骂，却无由反驳，满面羞愧。这真是精彩的一幕！对洪承畴这个历史人物的评价，史学界还有争议，赞扬和批判的都有。不过有两个事实我们不能不正视：一是，洪承畴从小接受儒家正统思想的教育，不会不懂什么是忠孝节义。他投降清朝，“为王前驱”，连他的母亲都为之羞愧。洪承畴后来衣锦还乡时，他的母亲拒绝让他入门。二是，乾隆皇帝在清朝统治趋于稳定时，下令史官编撰《贰臣传》。所谓贰臣，就是变节之臣，他们没有遵循“忠臣不事二主”的理念，改朝换代时投奔了新朝。洪承畴尽管为清王朝立下赫赫战功，但是仍然被列入《贰臣传》。乾隆皇帝的意思很清楚：你们应天顺时，投降清朝，为巩固清朝统治出了力，但是，你们毕竟“大节有亏”，在清朝皇帝坐稳了宝座的时候，这种行为就不值得仿效。连主子都鄙夷变节投诚的奴才，那还有什么话可说？夏完淳在天崩地坼的时代，明知道反抗不会有什么效果，但仍然坚持反抗到生命的最后一刻。这种“知其不可为而为之”的精神，实际上也是我们中华民族性格的底色，它激励着一代又一代的志士仁人，为理想信念、为民族的自立自强而终生奋斗！

陈邦彦传

题旨

这是屈大均为恩师陈邦彦写的传记。陈邦彦是抗清英雄，传记中字里行间充满了崇敬悲愤之情。本传是屈大均所作史传《皇明四朝成仁录》的代表作。

陈邦彦，字会份，顺德人。所居锦岩[1]，学者称“岩野先生”。每岁，及门[2]恒数百人。性喜任事，识见通敏，穿穴[3]古今。每郡邑有大议，当事必造请咨断而行。国变[4]，走南都[5]，上《中兴政要》三十二策，不报[6]。

襄皇帝[7]立，大学士苏观生[8]疏荐，并进邦彦所上书。上嘉叹[9]，授监纪推官[10]，寻举隆武元年乡试。二年，升兵部职方司主事[11]，奉命监狼粤兵[12]出庾关[13]。赣州围急，观生督师往援，驻南安[14]数月。邦彦数为画策，不听；请偏师独战，不许；郁郁久

陈邦彦像

之。赣陷，车驾至上杭，军溃。观生闻变还广州，曰："国未有主。"邦彦曰："国乱先内，国危先外。今东丧三闽，西绝湖湘，北沦章贡[15]，国家分土十五，独两粤存耳！扫境内以属阁下，及其危而弃之，谓天下何！"曰："然则奈何？"曰："敌今全力在闽，势且西侵，阁下南归勿驻，而以重兵走惠、潮，因漳、泉未溃以控扼[16]之，犹可自立。若必以拥立为功，谋议之间动淹[17]时日，则敌越韩江之险，难与守矣！两粤存亡系于东向，迟则亡，速则存。夫亦忧疆圉[18]之不固，何患无主？北门之事，请留一军以委[19]邦彦。"不听，遂与俱还。

注释

［1］锦岩：地名，在顺德大良镇北。　［2］及门：正式登门拜师受业的学生。　［3］穿穴：犹钻研。　［4］国变：指北京陷落，崇祯皇帝自缢。　［5］南都：南京。崇祯皇帝自杀后，同年五月福王朱由崧被拥立于南京，改元"弘光"，建立南明弘光政权。　［6］不报：不批复，不答复。　［7］襄皇帝：即南明隆武帝朱聿键，明太祖朱元璋九世孙，原为唐王。弘光帝被俘后，他于1645年在福州继位，建元隆武。一年后被俘自杀，庙号绍宗，谥号襄皇帝。　［8］苏观生：广东东莞人，弘光时官至户部主事。清军南下，避兵至杭州，与郑鸿逵等人奉隆武帝（初袭唐王）入闽。隆武帝即位，拜苏观生为大学士。隆武帝死后又在广州拥立隆武帝的弟弟朱聿𨮁，不久清军攻破广州，苏观生自杀。　［9］嘉叹：赞叹。　［10］监纪推官：官名，掌管风纪和刑事案件审理。

［11］兵部职方司主事：官名。兵部职方司为兵部四司之一，主管地图、军制、操练、征讨等事。［12］狼粤兵：粤地士兵勇猛不怕死，打仗有章法，似狼，故称狼兵。［13］庾（yú）关：即梅关，坐落在距南雄市约30公里的梅岭顶部，两峰夹峙，如同一道城门将广东、江西隔开。因为在大庾岭上，故称庾关。［14］南安：府名，元顺帝至正二十五年（1365）置，府治大庾（今江西省大余县），领大庾、南康（今江西省赣州市南康区）、上犹（今江西省上犹县）三县。［15］章贡：地名，江西省赣州市的主城区。［16］控扼：控制。［17］淹：滞，久留。［18］疆圉：边境、边界。［19］委：任，派，把事交给人办。

今译

陈邦彦，字会份，顺德人。他居住在锦岩，所以学者又称他为“岩野先生”。每一年，正式登门拜师受业的学生总是有几百人。他的性格喜欢担当大事，识见通达敏捷，钻研古今。郡城里每次议论大事，掌权的官员一定会登门请他咨询决断后才施行。北京陷落后，陈邦彦跑到南京，向朝廷上《中兴政要》三十二条，朝廷没有答复他。

南明隆武帝登基后，大学士苏观生上疏推荐陈邦彦，并把陈邦彦的《中兴政要》再次奉上。隆武帝十分赞叹，任命陈邦彦为监纪推官。不久后，陈邦彦在隆武元年的乡试中中了举。顺治三年（1646），陈邦彦升任兵部职方司主事，奉命监督两广的狼兵出梅关。赣州被围告急，苏观生亲自监督部队前往救援，驻南安几个月。陈邦彦屡次为他出谋划策，苏观生都不听；请求率领一支部队在主力军翼侧独自战斗，苏观生还是不允许；陈邦彦郁闷了很久。江西沦陷后，隆武皇帝的车驾到了上杭，部队溃散，隆武帝被俘。苏观生听到变故后想回广州，他说：“现在国家没有皇帝了。”陈邦彦说：“国家动乱了要先安定内部，国家危亡了要先对付外敌。现在我们东面丢失了福建，西面和湖南断绝了联系，北面又沦失了江西赣州的章贡，国家从太祖开始分封十五个藩王，现在只有两粤还存在啦！国家把全国境内都托付给阁下，你在国家危亡时却要抛弃它，怎么对天下说！”苏观生问道：“那怎么办呢？”陈邦彦回答说：“清军现在全力攻打福建，看他们的态势是向西侵犯，阁下向南回归不要驻停，而把重兵调往惠州、潮州，乘着漳州、泉州还没有崩溃，控制这些地方，还可以自立。如果一定要以拥立新皇帝为功劳，那么谋划议论之间动辄要很多时间，假如清军越过韩江天险，就难以守备啦！两粤的存亡系于东边方向，迟缓就会灭亡，快速就能生存。现在担心的是边境不牢固，干吗要担心国家没有新皇帝？守备南安北门的事，请留一支部队交给我来办吧。”苏观生不听，陈邦彦就和他一起回了广州。

九月，永明王[1]监国，乃遣邦彦奉笺[2]劝进，且请回銮。既行，襄皇帝弟唐王至广州，观生拥而立之，改元绍武。邦彦不知也，西至梧，上启，方候令旨，夜分召对。王御龙舟，太妃垂帘，平粤伯丁魁楚[3]侍。王曰：“闻唐王得至广州，甚喜，然孤既监国矣，辅臣苏先生既具启入朝矣，彼胡为者？”邦彦对曰：“此或闽中之旧称，而小民传讹乎？”魁楚曰：“已即真[4]矣！”王曰：“今非战则和，二者安出？”邦彦对曰：“我弱彼强，以战则非敌；我直彼曲，以和则非名。当今之计，独宜速返肇庆，正大位以属人心，缮兵固险以观其变耳！”王曰：“善。”明日，擢兵科给事中，奉敕宣喻。时十一月九日也。

十八日，王即真肇庆，诏以明年丁亥为永历元年。

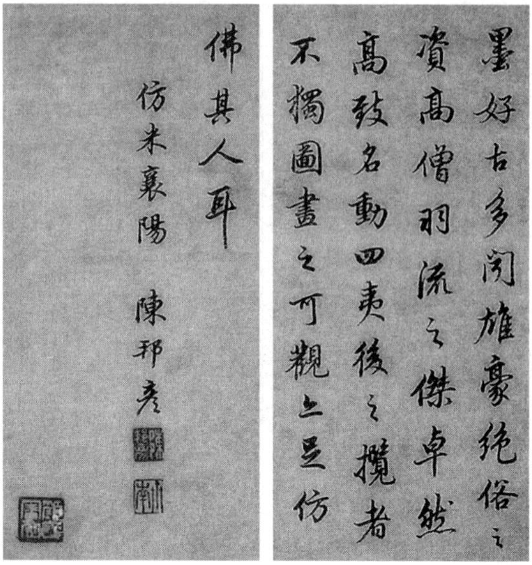

陈邦彦书法作品

邦彦东还未至，观生奏以为刑部都给事中。邦彦弗入，乃使其副职方主事刘大壮奉敕，而遣书晓譬[5]观生，观生不听。十二月，敌将李成栋[6]、佟养甲[7]果自闽攻潮、惠，克之，轻骑袭陷广州，唐王被执，观生自经死。

元年正月，上在柳州。成栋尽锐西寇，破肇庆，直犯桂林。邦彦既受团练之诏，走甘竹滩[8]说大盗余龙等，使乘广州空虚袭之。二月，龙率舟数百，入自虎门，遇敌战舰百余艘，焚之，歼其水兵，遂进攻广州，四日不能下，引还。成栋闻报，解桂林之围而东。桂林由是得完，三宫[9]赖以无恐，义师牵制之力也。于是，邦彦起兵高明山中，使生员马应房以舟师先攻顺德，约大学士陈子壮起南海，侍郎张家玉起东莞，参政黄公辅[10]起新会，互为犄角。四月，邦彦出攻高明，围之。御史麦而炫[11]、主事区怀炅[12]、举人谭相国等皆毁家以从，军声大振。养甲使骑捕邦彦家，获一妾二子，而以书招之，邦彦不从，乃杀其二子。

七月，将攻广州，先约卫指挥[13]杨可观、杨景晔[14]为内应，而说花山盗三千人伪降，得守东门。于是，与陈子壮会师九江，约从径道[15]攻广州西南，而邦彦从海道攻其东，且邀[16]成栋归路，期以七日薄[17]城，城中人三鼓皆发。约既定，邦彦引舟而东。子壮忽以五日薄城，一鼓夺西郭炮台，火器飚[18]发，焚一角楼[19]。敌大惧，严捕细作[20]，而内应谋泄，景晔、可观并被执死。

注释

[1] 永明王：即朱由榔。顺治三年（1646）八月，清军攻取汀州，隆武帝朱聿键被俘。南明大臣共推朱由榔为监国，十一月即位于肇庆，建元永历。 [2] 笺：文体名，书札、奏记一类，也就是下文的“启”。 [3] 丁魁楚：字中翘，号光三，河南永城人，明末大臣，万历四十四年（1616）进士，官至户部侍郎。明亡后，丁魁楚与瞿式耜、吕大器等拥立桂王朱由榔在广东肇庆称帝。清军南下后，丁魁楚以300余艘船载黄金20万两、白银240余万两投降清将李成栋，李成栋假意答应给他两广总督的职位，诱杀了丁魁楚。 [4] 即真：谓由摄政或监国而正式即皇帝位。 [5] 晓譬：晓喻。 [6] 李成栋：字廷桢，号虎子，宁夏人，明末清初武将。早年参加农民起义，后随高杰降明，累官至总兵，守徐州。顺治二年（1645）率部降清，从清军攻江南、福建、广东。因清廷仅授之以广东提督，且受两广总督佟养甲节制，大为失望。适逢金声桓、王得仁在南昌反

清，乃起兵响应，迎永历帝于肇庆，出兵攻信丰、南安、赣州。顺治六年（1649），清军进围信丰，战败溺死。［7］佟养甲：清初两广总督。曾参与进攻南明弘光政权、占领南京之战。随后，他被清廷任命为主帅，与明朝降将李成栋一起进军福建，摧毁南明隆武朝。顺治三年（1646）冬，佟养甲与李成栋奇袭广州得手，消灭了南明绍武朝。佟养甲被清廷任命为两广总督，李成栋为他麾下的提督。李成栋反正后佟养甲被杀。［8］甘竹滩：地名，在佛山。位于龙江左滩，因甘竹溪流经此地，故有此称。昔日此处"滩石奇耸，声如雷霆，江水、海潮互为吞吐，邑之巨观。"［9］三宫：指天子、太后、皇后。［10］黄公辅：字振玺，新会杜阮镇人，明朝官员。明亡，黄公辅与王兴起兵新会抗清，后被困，宁死不屈，于顺治十六年（1659）与王兴等自焚于新宁（今台山）汶村。著有《北燕岩集》。［11］麦而炫：字章暗，高明（今广东省高鹤西北）人，由进士历上海、安肃知县。唐王时，任御史，据守高明，清军破城，被俘至广州，不降被杀。著有《康山集》。［12］区怀炅：高明人，明熹宗天启副榜。少负气节，与麦而炫同被害。［13］卫指挥：即卫指挥佥事，武官名。［14］杨可观、杨景晔：均为被迫降清的前明军官。［15］径道：便道，小路。［16］邀：阻留，拦击。［17］薄：迫近。［18］飚（biāo）：暴风，这里形容声势大，速度快，指突然。［19］角楼：城墙四角的城楼，有军事瞭望之用。［20］细作：密探，间谍。

今译

九月，永明王就任监国，苏观生就派遣陈邦彦拿着奏表劝永明王正式即位，并且请求他乘着皇帝的车驾回来。陈邦彦出发后，隆武皇帝的弟弟唐王逃到广州，苏观生马上拥立唐王即位，改元绍武。陈邦彦还不知道，向西到了梧州，奉上奏章，正在等候旨意，半夜永明王突然召见他奏对。永明王坐在龙舟上，皇太妃垂帘旁听奏对，平粤伯丁魁楚在一边侍立。永明王说："听说唐王到了广州，我很高兴，不过我既然已经监国了，辅臣苏先生已经准备奏章入朝了，唐王他现在想干什么？"陈邦彦回答说："这或者是在福建时的旧称呼，而平民百姓以讹传讹吧？"丁魁楚在旁边说："他已经正式即位了！"永明王说："现在我和唐王不是打仗就是和谈，这两条路怎么选？"陈邦彦回答说："现在我们弱小而他们强大，要打起来我们不是对手，不过从道理上我们正当他们理亏，如果和谈就名不正言不顺。从现在的处境考虑，应该只有快速返回肇庆，即位来安定人心，修整武器、巩固险要工事，静观其变！"永明王说："好。"第二天，陈邦彦被提拔为兵科给事中，奉永明王旨意向唐王宣喻。那一天是十一月九日。

十八日，永明王在肇庆即位，下诏以第二年丁亥年为永历元年。

陈邦彦向东回广州还没有到达，苏观生奏请唐王任命他为刑部都给事中。陈邦彦不进广州城，就派他的副手职方主事刘大壮拿着永历皇帝的诏书回去，自己还写信告诉苏观生永历皇帝继位的消息，苏观生不听。十二月，敌将李成栋、佟养甲果然从福建进攻潮州、惠州，攻克两地之后，派轻骑兵袭击攻陷广州，唐王被俘，苏观生上吊自杀而死。

顺治四年（1647）正月，永历皇帝在柳州。李成栋出动全部精锐向西进犯，攻破肇庆，直逼桂林。陈邦彦已经接受训练团练的诏书，跑去甘竹滩说服大盗余龙等人，让他们乘着广州空虚搞一次袭击。二月，余龙率领几百条船开进虎门，遇到清军的100多艘战舰，就放火烧了敌船，歼灭了清军的水兵，接着进攻广州，四天还不能攻下，就撤退了。李成栋收到急报，解除桂林的围攻而向东撤退，桂林因此得以保全，天子、太后、皇后三宫因此没有受到惊吓，靠的都是陈邦彦策划的义师牵制之力啊。此后，陈邦彦起兵高明的山中，派秀才马应房带领水军先攻顺德，约大学士陈子壮起兵南海，侍郎张家玉起兵东莞，参政黄公辅起兵新会，互为犄角、遥相呼应。四月，陈邦彦率军进攻高明县城，并包围了县城。御史麦而炫、主事区怀炅、举人谭相国等都毁家纾难，义军名声大振。佟养甲派骑兵去陈邦彦家抓人，抓获陈邦彦的一妾二子，然后写信招降他，陈邦彦不从，佟养甲就杀害了他的两个儿子。

七月，陈邦彦将要进攻广州，先约卫指挥杨可观、杨景晔为内应，还说服了花山盗三千人诈降，并被派去守卫广州东门。这个时候，陈邦彦与陈子壮会师于九江，约定陈子壮从小路进攻广州的西南面，陈邦彦从海道攻击广州的东面，并拦截李成栋的归路，相约第七日迫近广州城墙，城中的内应在三鼓时一起举事。已经约定一切，陈邦彦就带着船队向东而去。陈子壮忽然在第五日迫近广州城，一鼓时夺取了西城的炮台，火器突然击发，烧着了一个角楼。清军十分恐慌，紧急地抓捕明军的内应，陈邦彦的内应计谋泄露，杨景晔、杨可观都被捕处死。

成栋方战家玉于新安[1]，得报遽[2]返。邦彦先报子壮曰："今夕成栋至，必遭吾火，惧其余舟奔突[3]，请严阵待之。青旗而朱斿[4]者，我师也。"报至，子壮不即传令。七日昧爽[5]，成栋至番珠，火舟发，邦彦引军旁击，焚其斗舰数十，斩首千余，擒孟辉、张一鸿、杨聪等。成栋走，邦彦乘风追之，平明[6]，迫子壮军。子壮军不知，望帆樯蔽空而上，以为尽敌也，阵动，成栋因击之，遂溃。邦彦亦退攻三水，复之，斩其知县陈亿；战于胥江[7]，胜之；战于新会，又胜之。分师高明，而炫等接应，复之，降其知县徐嘉植，斩首五百。分指挥白尝燦等攻清远，复之，斩其副使于华玉、知县张兆斗。

敌攻清远，邦彦往救，婴城[8]固守，被围十日。敌为地道达城，火发城崩。邦彦率死士巷战，项被三刃，走待诏朱学熙[9]园中。学熙先自经死，邦彦题诗于壁曰："恋阙孤怀尽，悬丝一命微。负伤如未觉，无泪不须挥。鱼吮艰贞血，水为赙襚衣[10]。只应魂气在，长绕玉阶[11]飞。"题毕赴池，骑引之而出。邦彦笑曰："我陈兵科也。"至广州，不屈。问何言，自状生平一纸及题壁三诗而已。入狱，五日不食，赋诗自若。临磔[12]作歌，有"天造[13]兮多艰，时哉不我与！我后[14]兮何之？我躬兮独苦"之语，西向受刃，颜色不变，年四十有五。九月二十八日也。

自邦彦死，义兵始衰，敌得以全力向子壮、家玉二军。后十二日，增城之战而家玉死；越一月，高明之战而子壮亦死矣。

初，邦彦兵起，作书与家玉曰："成不成天也，敌不敌势也，姑置勿计。方今天步艰难，王师风鹤，若得牵制突骑，使数月勿西，则浔[15]、梧[16]必有备，是我致力于东而收功于西也。"其志如此。

明年，成栋归正。邦彦长子恭尹伏阙请恤。诏视子壮、家玉例，赠兵部尚书，荫[17]恭尹锦衣卫佥事，世袭。赐祭葬特祠。方议谥，以广州再陷而寝。

邦彦博极群书，著有《雪声堂集》《南上草》。其《留丹录》则军中所作，辞旨哀痛，尤足怆人。

注释

[1] 新安：地名，在今东莞市长安镇。 [2] 遽：马上，立刻。 [3] 奔突：横冲直撞地奔驰。 [4] 旒（liú）：古代旌旗上悬垂的飘带。 [5] 昧爽：拂晓，黎明。 [6] 平明：天刚亮的时候。 [7] 胥江：江名，在今三水芦苞。 [8] 婴城：谓环城而守。 [9] 朱学熙：字叔子，清远人，明秀才，陈邦彦学生。永历初，授翰林待诏。陈邦彦与李成栋鏖战，互有胜负。朱学熙乘机抓清知县杀之，在清远城迎接陈邦彦，陈邦彦入城死守。兵食不足，朱学熙想尽办法保障供应。城破，朱学熙自缢而死。著有《南越》《广艾》及诗赋等集。 [10] 賻襚衣：死人穿的衣服。 [11] 玉阶：皇帝宫殿的台阶。 [12] 磔（zhé）：古代酷刑，把人犯活活割裂肢体。 [13] 天造：天之创始。 [14] 后：君主、帝王。 [15] 浔：浔江，水名，在广西东部，即西江中游桂平县至梧州市段的别称。 [16] 梧：广西梧州。 [17] 荫：封建时代子孙因先辈有功劳而得到的封赏。

今译

李成栋正在新安和张家玉作战，听到义军迫近广州的消息，马上返回广州。陈邦彦先向陈子壮通报说："今天晚上李成栋的部队来了一定会遭到我的火攻，我担心他剩余的船只会横冲直撞地逃跑，请你严阵以待。看到青色的飘舞着红色飘带的军旗，就是我的部队了。"情报到了陈子壮那里，他没有马上传达下去。七日拂晓，李成栋的部队乘船到了番禺附近的珠江江面。陈邦彦的火船冲出来，他带着部队从旁边攻击，烧毁了李成栋的几十艘战船，杀了几千个清兵，抓获了孟辉、张一鸿、杨聪等清兵军官。李成栋撤退，陈邦彦乘风追击，天刚亮时，李成栋逃到陈子壮部队附近。陈子壮的部队不明情况，看到江面军舰上的军旗蔽空而来，以为都是清军，军阵骚动起来，李成栋趁机进攻，陈子壮的部队就溃散了。陈邦彦也后退进攻三水，攻克了三水，杀掉清朝知县陈亿；在胥江上与清军交战，取得胜利；在新会又战胜清兵。陈邦彦分兵高明，麦而炫等人接应，攻克高明县城，清朝知县徐嘉植投降，杀敌五百人。分指挥白尝燦等人进攻清远，攻克了清远，斩杀清朝的副使于华玉、知县张兆斗。

清军攻击清远，陈邦彦前去救援，环城固守，被围十天。清军挖地道到城墙下，火药爆炸，城墙崩毁。陈邦彦率领英勇拼杀、悍不畏死的精锐将士巷战，脖子被砍了三刀，跑到待诏朱学熙花园中。朱学熙已上吊自杀而死，陈邦彦在墙壁上题诗说："怀恋宫阙我孤高的情怀已尽，我微小的生命已经悬于一线。负伤了好像没有感觉，没有眼泪用不着挥洒。池塘里的鱼吮吸我的坚贞之血，池塘的水就是我的裹尸布。应该只有我的英魂还在永久地绕着皇帝宫殿的台阶飞舞。"题完后跳水自杀，敌骑把他从水池中拉出来。陈邦彦笑着说："我就是陈兵科啊。"到了广州，陈邦彦还是不屈服。清兵问他还有什么话要说，他就在一张纸上写下了自己的生平及题壁的三首诗。入狱之后，陈邦彦绝食五天，神情自若地写诗。在刑场上马上要被处以割裂肢体的酷刑时，陈邦彦还唱了一首歌，有"老天爷降下这么多艰难，好时势啊不给我！我的君王啊去了哪里？我的身子啊独受痛苦"的歌词，他面向永历皇帝所在的西方受刑，面色不变，当时才45岁。那一天是九月二十八日。

陈邦彦死后，义兵开始衰落，清军得以全力进攻陈子壮、张家玉二军。此后十二日，增城之战中张家玉死；过了一个月，高明之战中陈子壮也死了。

刚开始的时候，陈邦彦起兵，写信给张家玉说："起兵成功不成功是天意，打不打得过要看时势，这些姑且放下不要去想。现在国运艰难，王师风声鹤唳，如果我们能够牵制清军的突骑，使他们几个月之内不要向西进攻，那么在浔江、梧州的永历皇帝一定有所准备，那就是我们致力于东面而在西面收到功效了。”他的志向就是如此。

第二年，李成栋反正。陈邦彦长子陈恭尹匍匐在永历皇帝皇宫下请求对陈邦彦给予抚恤。永历皇帝下旨，比同陈子壮、张家玉的例子，赠陈邦彦兵部尚书头衔，封陈恭尹为锦衣卫佥事，世袭。赐祭葬特祠。正在商议谥号的时候，因为广州再次被清军攻陷而停止了。

陈邦彦博览群书，著有《雪声堂集》《南上草》。他的《留丹录》则是在军中所作，辞意哀痛，尤其悲伤动人。

简析

陈邦彦是屈大均的老师，少年屈大均曾跟着陈邦彦学习多方面的知识和本领，还与陈邦彦的长子陈恭尹结为终生好友。后来，陈邦彦在高明起兵抗清的时候，屈大均还在陈邦彦的手下领着一支部队作战。陈邦彦被俘不屈、英勇就义后，又是屈大均冒着危险为恩师收尸、办理后事。因此，屈大均为陈邦彦作传时，倾注了满腔的敬慕悲愤之情。在屈大均笔下，首先，陈邦彦具有远见卓识。弘光朝时他以一个秀才的身份上疏朝廷，提出建议；隆武朝他多次向大学士苏观生提出作战方略，希望苏观生不要老是注意拥立皇帝而忘记对付清军；在永历政权和绍武政权几乎同室操戈的时候，他又多方调停，希望南明君臣一致对外。其次，陈邦彦具有百折不挠的意志。清军南下，声势浩大，许多明朝的大臣、将军都纷纷动摇甚至投降清军，陈邦彦却从不言败，坚持屡败屡战。清朝官员抓捕了陈邦彦的妻儿威逼陈邦彦停止反抗，陈邦彦却毫不动摇，哪怕儿子被杀也不妥协。为了拖住西进的清军，使他们不至于对永历皇帝产生威胁，陈邦彦在广东对清军发动一次又一次进攻，直到最后兵败被俘尽忠。最后，陈邦彦熟读兵书，谙熟兵法，在战场上面对强敌指挥若定，计谋百出。相比之下，和陈邦彦同为“岭南三大忠”的陈子壮，虽然曾经位高权重，但是在军事上还停留在纸上谈兵的水平，在指挥部队上就远远不如陈邦彦了。比如，在进攻广州时，陈子壮没有按照事先约定的时间发动进攻，致使内应暴露；在阻击李成栋部队的时候，陈子壮又没有及时把陈邦彦发来的情报通知部队，结果在李成栋的部队被陈邦彦击败逃窜时，陈子壮的部下反而还因为误会而溃散。

在《陈邦彦传》中，屈大均还披露了南明君臣不顾大局、争名夺利的事实：大学士苏观生拥立一个又一个皇帝，甚至朝秦暮楚，为的就是巩固自己的权势；永历政权和绍武政权甚至为了争夺皇位不惜兵戎相见。这些人都为屈大均所鄙视。或许，屈大均在为牺牲的志士仁人撰写传记的同时，也在不断地思索南明覆亡的原因，所以他敢于直面现实，突破了“为尊者讳，为贤者讳，为亲者讳”的封建史学原则，写出了真实的历史和真实的人物。后来，清朝康熙时期官修的《明史·陈邦彦传》，基本上就是按照屈大均的传记提供的素材而写成的。

陈邦彦书法作品

笔记选

广东新语·自序

题旨

这是屈大均为其笔记《广东新语》所作的序言。《广东新语》内容十分庞杂，天文地理、经济物产、人物风俗、文学艺术、神话传说故事，无所不包，内容丰富，记载翔实，所以有“广东百科全书”之称。

《广东新语》一书，何为而作也。屈子曰：予尝游于四方，闳览博物之君子，多就予而问焉。予举广东十郡所见所闻，平昔识之于己者，悉与之语。语既多，茫无端绪，因诠次[1]之而成书也。或曰：“子所言止于父母之邦，不过一乡一国，其语为小。”予曰：“不然。今夫言天者，言其昭昭[2]，而其无穷见矣。言地者，言其一撮土，而其广厚见矣。言山言水者，言其一卷石，言其一勺，而其广大与不测见矣。夫无穷不在无穷，而在昭昭；广厚不在广厚，而在一撮土；广大不在广大，而在一卷石；不测不在不测，而在一勺。”故曰：语小，天下莫能破焉。夫道无小大，大而天下，小而一乡一国，有不语，语则无小不大。然而何以“新”为名也？曰：吾闻之，君子知新，吾于《广东通志》[3]，略其旧而新是详，旧十三而新十七，故曰《新语》。《国语》为《春秋》外传，《世说》为《晋书》外史，是书则广东之外志也。不出乎广东之内，而有以见夫广东之外。虽广东之外志，而广大精微，可以范围[4]天下而不过。知言之君子，必不徒以为可补《交广春秋》[5]与《南裔异物志》[6]之阙[7]也。书成，自《天语》至于《怪语》，凡为二十八卷，中间未尽雅驯[8]，则嗜奇尚异之失，予之过也。番禺屈大均翁山撰。

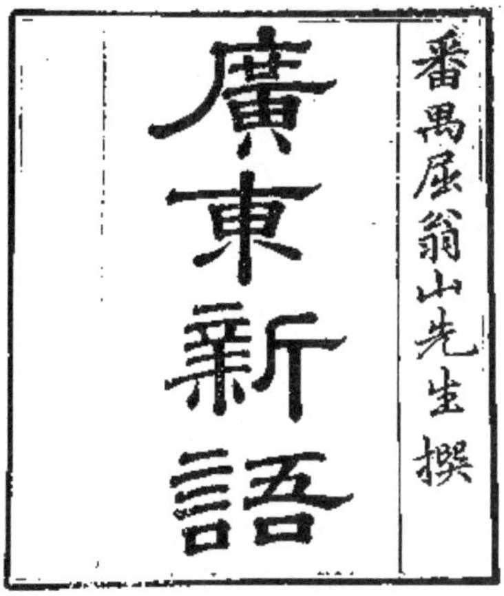

《广东新语》

注释

[1]诠次：选择和编次。 [2]昭昭：指明亮、光明。语出《楚辞·九歌·云中君》：“烂昭昭兮未央。” [3]《广东通志》：明朝郭棐创作的一本记载广东地方的通志。书中记录了广东省内的事件、气候、风俗、水利、人物、艺术文化等。 [4]范围：使纳入轨范。 [5]《交广春秋》：西晋王范所作的地方志，是介绍两广地区的历史、文化等方面的资料，原书已轶，但是其中不少材料已被《水经注》引用和保留。 [6]《南裔异物志》：东汉杨孚所作的地区性的物产专著。该书详细记载了古代岭南物产及风俗，系统记载了汉代岭南动物、植物的种类及生长情况，以及它们在经济开发方面的应用，是一本不可多得的珍贵史料。 [7]阙：残缺。 [8]雅驯：指文辞优美，典雅不俗。

今译

《广东新语》一书为什么而写的呢？屈先生说：我曾经游历四方，饱读博物的君子很多都向我询问一些东西。我举了广东十郡的所见所闻，平时自己所记得的，统统都和他们说了。话讲得多了，茫无头绪，所以就选择并编排写成一本书。有的人说："你讲的只是你故乡的东西，不过是一乡一国，那个话题太小了。"我说："不然。现在说天的，都是说它的光明，而天的无穷无尽就表现出来了。说地的，只要讲它的一撮土，而地的广厚就表现出来了。说山说水的，只要讲山上的一块石头，讲江海里的一勺水，而它们的广大与不测就表现出来了。天的无穷无尽不在于无穷无尽，而在于它的光明；地的广厚不在于广厚，而在于一撮土；山的广大不在于广大，而在于一块石头；江海的不测不在于不测，而在于一勺水。"所以说：话虽然小，天下没有人能够破除它。道没有小大，大就说到天下，小就说到一乡一国；有不说话的，说起话来就无所谓大小。那么这本书为什么用"新"来命名呢？我说：我听说过，君子知新，我对于《广东通志》所记，略旧而详新，旧的十分之三而新的十分之七，所以叫《新语》。《国语》是《春秋》的外传，《世说新语》是《晋书》的外史，这本书就是广东的外志了。不出于广东之内，而可以见到广东之外。虽然是广东的外志，但它的广大和精微，可以说是概括天下而不过分。懂得说话的君子，一定不会认为这本书只是补足了《交广春秋》与《南裔异物志》的缺憾而已。书写成了，从《天语》到《怪语》，总共二十八卷，中间没有完全做到文辞优美、典雅不俗，那就是我嗜好奇特、推崇怪异的过失，这是我的过错。番禺屈大均翁山撰写。

简析

作为一名学者，屈大均十分关注广东地方文献、地方资料的收集和整理工作。他的《广东新语》就是一部记录广东地方资料的笔记文。笔记文是古代一种随笔记录的文体，包括史料笔记、考据笔记和笔记小说，渊源可以远溯至东汉。唐朝笔记已多，到宋朝又有发展。宋代史学昌盛，所以宋朝的笔记文以史料笔记一类最为发达，且内容较为切实，不乏第一手材料。随着商业的发达和都市的繁荣，宋朝出现了专门记叙都市生活与风俗习惯的笔记，材料有的采自地方志和其他杂书，有的出于作者的见闻。笔记文往往记事与考辨间杂，《广东新语》就是这样。

《广东新语》总共有28卷，即《天语》《地语》《山语》《水语》《石语》《神语》《人语》《女语》《事语》《学语》《文语》《诗语》《艺语》《食语》《货语》《器语》《宫语》《舟语》《坟语》《禽语》《兽语》《鳞语》《介语》《虫语》《木语》《香语》《草语》《怪语》。每卷记述一类事物，分为若干篇。该书卷一至卷五为天、地、山、水、石五语，分别记载广东的气候、地形山貌、湖泊泉池、名胜古迹和诸山石质优劣。卷六至卷九为神、人、女、事四语，分别记广东民间传说和神话、历代名人、孝女烈妇、民间风俗等。卷十至卷十三为学、文、诗、艺四语，记广东理学名人、诗文大家及其著作、书画印章等。卷十四至卷十六为食、货、器三语，记稻麦豆茶油盐、金银铜铁珠玉和刀剑、钟鼓、战车等。卷十七至卷十九为宫、舟、坟三语，记广东台馆祠庙园林、船舶战舰、陵墓冢塔等。卷二十至卷二十四为禽、兽、鳞、介、虫五语，记广东各种动物杂类。卷二十五至卷二十七为木、香、草三语，记广东花木、香料、花草等。卷二十八为怪语，记神怪报应。凡广东的天文地理、经济物产、人物风俗、文学艺术、传说故事，无所不包，内容丰富，记载翔实，所以有“广东百科全书”之称。其实，《广东新语》的意义还不仅局限于广东。屈大均身处明清之交，目睹百姓饱受战乱之苦，流离失所，他本人又是富有民族思想和民主精神的诗人、学者，且数次北上，到过大半个中国，所以心胸目光不仅仅局限于广东，而是有着全中国的视野。《广东新语》在记述议论之中特别重视经济和民生，反映社会矛盾，揭露统治者的苛政，屈大均在《广东新语·自序》中就十分自负地说："是书……不出乎广东之内，而有以见夫广东之外。虽广东之外志，而广大精微，可以范围天下而不过。"这是在提醒读者，他的《广东新语》不是一本普通的笔记和地方志。从某种意义上来说，把《广东新语》作为一本中国在明清之际的经济史、思想史、文化史来阅读，也是可以的。可以说，屈大均的《广东新语》是一本典型的"小题大做"的专著。屈大均的友人潘耒在为《广东新语》写的序中说作者："考方舆，披志乘，验之以身经，征之以目睹，久而成《新语》一书。其察物也精以核，其谈义也博而辨，其陈词也婉而多风。思古伤今、维风正俗之意，时时见于言表。游览者可以观土风，仕宦者可以知民隐，作史者可以征故实，摛词者可以资华润"，兼具过去的岭南笔记之美，当不是过誉之词。

《广东新语》内容庞杂，条目众多，不是一时一地所作。从自序中"予尝游于四方，闳览博物之君子，多就予而问焉。予举广东十郡所见所闻，平昔识之于己者，悉与之语"的陈述可知，应该在屈大均数次北上的时候就已经开始《广东新语》的写作了。汪宗衍《屈翁山先生年谱》谓，《广东新语》是康熙二十六年（1687）刻印的，那么，按照写序文的惯例，屈大均的这篇序也应该写成于这一年的前后。从自序中看，屈大均对于自己这本书的"广东"和"新"的特点，是十分自信的。

厓门

题旨

本文选自《广东新语》。厓门因南宋末年的厓门海战而出名，屈大均抨击元军统帅张弘范，其实是在借古讽今，讥刺为虎作伥的为清朝效力的汉奸。

厓门，在新会南，与汤瓶山对峙若天阙[1]，故曰厓门。自广州视之，厓门西而虎门东。西为西江之所出，东为东、北二江之所出。盖天所以分三江之势，而为南海之咽喉者也。宋末陆丞相[2]、张太傅[3]，以为天险可据，奉幼帝居之。连黄鹄、白鹞[4]诸舰万余，而沉铁碇于江。时穷势尽，卒致君臣同溺，从之者十余万人。波涛之下，有神华[5]在焉。山北有一奇石，书"镇国大将军张弘範[6]灭宋于此"十二字。御史徐瑁[7]恶之，命削去，改书"宋丞相陆秀夫死于此"九字。白沙先生谓"当书'宋丞相陆秀夫负帝沉此石下'"，瑁不能从。光禄郭棐[8]谓："如白沙者，则君臣忠节胥[9]备，其有关于世教更大。"而予则欲书"大宋君臣正命[10]于此"，凡八字，未知有当于书法[11]否。

注释

［1］天阙：皇宫门前左右两边相对的高建筑物，中间是道路。［2］陆丞相：南宋末年的丞相陆秀夫，字君实，别号东江，楚州盐城长建里（今江苏省建湖县建阳镇）人。抗元名臣，与文天祥、张世杰并称为“宋末三杰”。厓山之战兵败，背着宋帝赴海而死。时年44岁。 ［3］张太傅：南宋末年的枢密副使张世杰，涿州范阳（今河北省涿州市）人。宋末抗元名将。他与陆秀夫率军在厓门对出的海面上，和元军进行最后一场较量，兵败后陆秀夫自杀，张世杰突围后遇大风落海而死，南宋残部覆没。［4］黄鹄（hú）、白鹞（yào）：鸟名，这里指军舰。 ［5］神华：神明。 ［6］张弘範：元军将领，字仲畴，易州定兴县（今河北省保定市定兴县）人。曾参加襄阳之战，后跟随元帅伯颜南下攻打南宋，是忽必烈灭宋之战的主要指挥者，厓山战役时的元军统帅，击败南宋将领文天祥与张世杰，深受元世祖忽必烈的器重。［7］徐瑁（mào）：明宪宗时进士，曾巡按广东，有政声。［8］郭棐（fěi）：广东南海人，心学家湛若水的学生，曾经任光禄寺卿。 ［9］胥（xū）：都，全。 ［10］正命：儒家以顺应于天道、得其天年而死为得“正命”，与“非命”相对。 ［11］书法：古代史官修史，对材料处理、史事评论、人物褒贬，各有原则、体例，叫作“书法”。

今译

厓门，在新会的南边，和汤瓶山两相对峙，好像皇宫前面的天阙一样，所以叫厓门。从广州看去，厓门在西面而虎门在东面。西面的厓门是西江的出海口，东面的虎门是东江、北江的出海口。大概是上天用来分开三江的形势，而让它们成为南海的咽喉。宋代末年，陆秀夫丞相、张世杰太傅认为厓门是天险可以依傍，奉宋帝赵昺驻扎在这里。他们把各种战舰一万多艘连接起来，在江面上缒下铁锚。但是时势穷尽，最后导致君臣一起淹死，跟随他们跳海的部下有十几万人。在大海的波涛之下，有神明在那里。厓门山的北面有一块奇石，上面写着“镇国大将军张弘範灭宋于此”十二个字。明代的广东巡按御史徐瑁很讨厌这些字，命令手下把它凿掉，改写了“宋丞相陆秀夫死于此”九个字。陈献章先生说，应该写“宋丞相陆秀夫负帝沉此石下”，徐瑁不能听从。光禄寺卿郭棐说，如果像陈献章先生主张的那样写，那么君臣的忠节就都完备了，那样对教化世界的作用会更大。而我则想写“大宋君臣正命于此”，总共八个字，不知道是不是符合史官修史的原则体例。

简析

厓门在新会，是珠江入海口之一，本来不是太出名，它的出名，是从厓门之战开始的。1278年，南宋的丞相陆秀夫、枢密副使张世杰带着宋帝赵昺，率领宋军和追击前来的元军进行了最后一场战斗。宋军失败，陆秀夫背着宋帝赵昺跳海自杀，张世杰遭遇海上大风被淹死，十几万宋军或者战死，或者跟随宋帝赵昺跳海自杀，这真是宋代历史上悲壮惨烈的一幕！屈大均无意评说元朝消灭宋朝的是非利钝，这也是不容易得出统一结论的问题。屈大均把目光集中在厓门附近的一块石刻上。张弘範是厓门之战元军的统帅，是汉族人。他的父亲张柔是河北定兴的豪绅，早在元王朝没有正式建立之前，就归降了蒙古人。张弘範顺理成章成为元军将领，在元军灭宋的战事中立下许多战功。他曾经在广东海丰击败宋军，俘虏了抗元英雄文天祥。在厓门之战前，他还企图让文天祥写信招降张世杰，文天祥说："我不能保卫父母，还教别人叛离父母，难道可以这样吗？"因张弘範多次强迫索要书信，于是，文天祥写了《过零丁洋》诗给张弘範。诗中大义凛然地表示："人生自古谁无死，留取丹心照汗青。"张弘範灭宋，当然是他的职责，可是让人不齿的是，他在这里刻石立碑，标榜功业，这就显得寡廉鲜耻了。据说当年有人恶作剧地在张弘範石刻的"镇国大将军张弘範灭宋于此"的前面，加了一个"宋"字，石刻便成了令人哭笑不得的"宋镇国大将军张弘範灭宋于此"，讽刺这位得意忘形的大将军。屈大均在这里之所以抓住这件事大做文章，实际上是借古讽今。明末清初，许多明朝的官吏将领投降了清朝，反过来攻打明军。顺治康熙时，两次进攻广州的清军统帅李成栋、尚可喜，就是投降清朝的原明军将领。屈大均借写广东地理的机会，敲打一下这些人。

河南

题旨

本文选自《广东新语》。本文解释了广州“河南”地名的由来，令人读后兴味盎然。

广州南岸有大洲[1]，周回五六十里，江水四环，名河南。人以为在珠江之南，故曰河南，非也。汉章帝时，南海有杨孚者，举贤良[2]，对策[3]上第[4]，拜议郎[5]。其家在珠江南，常[6]移洛阳松柏宅前，隆冬蜚[7]雪盈树，人皆异之，因目其所居曰河南，河南之得名自孚始。岭南天暖无雪，而孚之松柏独有雪。气之所召，无间远迩[8]，雪其为松柏来耶？为孚来耶？予诗曰：“能将北雪为南雪，为有苍苍[9]自洛来。松柏至今虽已尽，花田尝见雪花开。”花田者，河南有三十二村，旧多素馨[10]，花时弥望[11]如雪，故云。

孚字孝元，其宅在河南下渡头村。越本无雪，至是乃降于孚所种洛阳五鬣松[12]上，可谓异矣。唐许浑诗：“河畔雪飞杨子宅，海边花发粤王台。”有张琼者，尝掘地种菱[13]，得一砖云“杨孝元宅”，琼异之，因号“南雪”。

注释

［1］大洲：大岛。 ［2］举贤良：汉武帝时曾下诏，命令荐举贤能、良善、刚直、敢于直言进谏的人，后来成为汉朝提拔人才的制度。 ［3］对策：指古时就政事、经义等设问，由应试者对答。自汉起作为取士考试的一种形式。 ［4］上第：上等，第一。 ［5］议郎：官名。西汉置，掌顾问应对，参与议政，指陈得失。东汉时官秩提高，并得参与朝政。 ［6］常：通“尝”，曾经。 ［7］蜚：通“飞”。 ［8］远迩：远近。 ［9］苍苍：灰白色，头发灰白，指杨孚。 ［10］素馨：素馨花，灌木，叶对生，花芳香，花期8~10月。花芳香而美丽，常栽培供观赏。 ［11］弥望：满望。 ［12］五鬣（liè）松：又称五粒松，华山松每枝松穗为五股，“鬣”与“粒”音近，故云。 ［13］蒌（lóu）：今名蒌蒿，多年生草本，植株具香气，多生于低海拔地区之河岸边与沼泽地带，可在水中生长，或见于森林中、山坡和道路旁。

今译

广州南岸有一个大岛，周边五六十里，江水四面环绕，名叫河南。人人都以为它在珠江之南，所以叫作河南，这是不对的。在东汉章帝时，南海有一个名叫杨孚的人，在朝廷的举贤良的考试中，考了第一名，官拜议郎。他家在珠江之南，他曾经把河南洛阳的松柏移植到住宅前面，寒冬时突然飞雪满树，人人都觉得奇怪，所以把他住的地方看成是河南，河南的得名是从杨孚开始的。岭南天气暖和，不会下雪，而杨孚家的松柏偏偏有雪。大自然地气的召唤，不问远近，雪是被松柏召唤来的呢？还是被曾经到过河南洛阳的杨孚召唤来的呢？我曾经做过一首诗说：“能把北方的雪搬来南方，因为白发苍苍的杨孚从洛阳回来。松柏到现在虽然已经没有了，花田里曾经见过雪花开放。”花田这个地方，是因为河南有三十二个村子，过去种了很多素馨花，花开时满眼望去好像雪花一样，所以就叫花田了。

杨孚，字孝元，他家在河南下渡头村。广东本来不下雪，这个时候落到杨孚种的五鬣松上，可说是奇异的事了。唐朝诗人许浑的诗里说：“雪花飞扬在河边杨先生的住宅里，大海边上的花开在越王台。”有一个叫张琼的人，曾经在河南挖地种植蒌蒿，挖到一块砖上面刻着“杨孝元家”几个字，张琼感到很奇怪，就自号“南雪”了。

简析

众所周知，广州人分别称呼珠江南岸（海珠区，不包括同是珠江南岸的原芳村区和番禺区）和珠江北岸为河南、河北。河北一直是广州市的中心区，河南则是边缘区，所以广州过去一直有一句老话：“宁要河北一张床，不要河南一间房。”现在的广州交通方便，河南的繁华程度也慢慢可以同河北相比了，老话就不一定可信了。话又说回来，如果问起河南为什么叫河南，可能绝大部分广州人都会说：“当然因为那块地方在河的南边啦！”谁都不曾料到，这个想当然的答案，在300多年前就已经被屈大均纠正过了。

他说，河南的得名，源于岭南第一位在史书上留下名字的政治家和学者杨孚。杨孚是东汉时南海郡番禺县漱珠岗下渡头村人（今广州市海珠区赤岗街道下渡村人）。他早年致力于攻读经史，钻研颇深。汉章帝建初二年（77），他参加朝廷的“贤良对策”，以第一名的成绩入选，官拜议郎，成为参与议政的皇帝近臣。杨孚以直言敢谏而著称，屡屡向皇帝提出自己对政事的意见。他极力主张恢复和加强以孝治天下的国策，汉和帝采纳了杨孚的进言，下诏恢复和加强旧礼制。杨孚还是一位学者，他的著作

《异物志》是我国第一部地区性的物产专著。书中对岭南的风物进行系统整理，称得上岭南文化的开拓者。屈大均说杨孚从河南移植了几颗松柏到广州，结果从来不下雪的广州也下起雪来，杨孚住宅前面的松柏的枝干上积满雪花。他还推测，这是杨孚把河南的地气带到了广州的缘故。屈大均时代还没有科学的气象记录，他只是根据自己的人生经历，判断广州从前一直没有下过雪，是杨孚之后才看见飞雪的，这当然是靠不住的。从1949年后的气象记录来看，1967年12月29日，从化、花都均出现雨夹雪；1971年1月30日，广州花都下霰（冰粒）；1983年1月22日，广州从化下霰；2016年1月23日晚间，广州市区下霰，第二天上午到中午广州城区下起了真正的雪。在1949年后的60多年里，广州就先后有5次下雪的记录，之前的几千年当然不可能没有下过雪。不过，屈大均没有人云亦云地解释广州河南得名的原因，说明他还是一位坚持独立思考的学者。屈大均从小接受传统教育，“小学”（文字、音韵、训诂）是绕不过去的。

《说文解字》对“河”的解释就是“黄河”，“从水，可声”；对“江”的解释就是“长江”，“从水，工声”。中国字大部分是形声字，形声字的义旁主要揭示字义从属的范畴，声旁揭示字的读音。清代文字学家王筠《文字蒙求》进一步解释，黄河水声“可可”，不及长江水声“工工”响亮，因为北方水系水流量小，不及南方水系水流量大，水流冲击河床两边河岸的声音自然不如南方的江河了。所以北方的水流多以“河”命名，如淮河、海河、无定河、滹沱河、桑干河、辽河……南方水流多以“江”命名，如金沙江、嘉陵江、澜沧江、怒江、珠江、湘江、闽江……照这样的称呼惯例，广州河南在珠江的南边，应该叫江南，而不是河南。屈大均正是从“河南”这一称呼的不合常理出发，才从民间传说中找到了“河南”的来由，这种严谨的考据，完全是合乎事实的。屈大均的考据，指出“河南”之名，已经有1900多年的历史了，真是了不起！那时候与广州城区隔江相望的荒凉之地，居然有了“河南”的地名，这是多么的不可思议。还有，屈大均对杨孚事迹的追溯和记录，也指明了岭南文化的源远流长，更值得老广们自豪。

西场

题旨

本文选自《广东新语》。广州“西场”这一地名两千年没有变过，是广州这座千年古城历史最好的说明。

陆贾[1]初至南越，筑城于番禺[2]西浒[3]以待佗，名曰陆贾城。其遗基在郊西十里，地名西场，一曰西候津亭。出城凡[4]度石长桥一、短桥二，乃[5]至。予之生实在其地，所居前对龟峰，后枕花田；白鹅潭吞吐其西，白云山盘迴其东。泉甘林茂，有荔枝湾、花坞、藕塘之饶[6]，盖贾之所经营[7]者也。其汤沐[8]在锦石之山[9]，其魂魄或尝游此。予尝欲以宅地作贾祠，私俎豆[10]之。

注释

［1］陆贾：西汉高祖、文帝时的大臣。曾先后两次出使南粤，劝说南越王赵佗归附汉朝。　［2］番禺：秦始皇三十三年（前214），秦始皇派任嚣、赵佗率军南下，平定岭南。任嚣平定岭南后，出任南海郡尉并在南海郡番禺县境内建城作为郡治，因此地处于番山和禺山之间，故起名为“番禺城”，

史称“任嚣城”，也就是最早的广州城。范围在今天的仓边路以西，也就是儿童公园（广州南越国宫署遗址）、广州市文化局、广东省财政厅一带。［3］浒：水边。［4］凡：共。［5］乃：才。［6］饶：富足。［7］经营：建筑，营造。［7］汤沐：沐浴。古代诸侯朝见天子，须先斋戒沐浴。［9］锦石之山：《广东新语·山语·锦石山》载“山在德庆州西。汉大夫陆贾使南越，从桂岭取道至此。施锦步障以登。尝祷山灵：若佗降，常以锦为报”。［10］俎（zǔ）豆：这里是祭祀的意思。

今译

陆贾刚刚到南越的时候，在番禺城西面的水边建了一座城等待赵佗，这座城就叫作陆贾城，那里的地名叫西场，又叫西候津亭。出广州城共经过石造的一座长桥，二座短桥，才到达陆贾城。我就出生在这个地方，我住的地方前面对着龟峰，后面靠着花田；白鹅潭里的珠江水在西面进进出出，白云山在东面盘踞萦回。山泉甘甜，林木茂盛，有荔枝湾、花坞、藕塘的富饶，这就是陆贾曾经建筑营造的地方。他当年沐浴的地方在锦石山上，他的灵魂大概曾经在这里游玩过。我曾经想在自己的宅地上起一座陆贾祠堂，私下祭祀他。

简析

这也是屈大均《广东新语·地语》中的一篇。西场现在已经在广州的城区里，但是在屈大均生活的时代，西场还在广州城的西郊。屈大均对西场有着特别亲切的感觉，因为他就出生在西场，从小生活在西场，熟悉这里的一切。他九岁时所写的平生第一首诗《浮丘谣》，就是记载童年时听到的传说故事的。在这篇笔记中，他对西场周围的所有东西，包括历史、交通、环境等，都如数家珍，娓娓道来。他要让读者知道，广州的历史有多么悠长，广州的许多东西比如地名千年以来一直都没有变，广州的过去和现在是紧紧相连的。屈大均不愧为清初著名的散文大家，他主张从明朝的唐宋派入手学习散文，上追韩愈、柳宗元，直到先秦两汉的《左传》《史记》，这一主张直接启发了后来风靡全国的散文流派桐城派的三祖。屈大均的散文以文字简洁而内容丰赡为特点，请看他在这里对西场环境的描写："前对龟峰，后枕花田；白鹅潭吞吐其西，白云山盘迴其东。泉甘林茂，有荔枝湾、花坞、藕塘之饶，盖贾之所经营者也"，明快而富于文采，能让读者浮想联翩。这样的语句，不是熟练驾驭汉语言文字的人，是写不出来的。

珠玑巷

题旨

《珠玑巷》与《珠玑巷名》均选自《广东新语》。广东南雄的珠玑巷，是老广的先祖从中原南下途中的中转站，屈大均的这两篇文章，考证了珠玑巷的来历，步步伸延，文风严谨。

吾广故家望族，其先多从南雄珠玑巷而来。盖祥符[1]有珠玑巷，宋南渡时诸朝臣从驾入岭，至止南雄。不忘枌榆[2]所自，亦号其地为珠玑巷，如汉之新丰，以志[3]故乡之思也。

注释

[1] 祥符：地名。现为河南省开封市辖区，古称祥符县，自秦置县以来，已有2000多年的历史。 [2] 枌榆：本来都是树的名字。汉高祖故乡是江苏丰县，丰县有一个里社名枌榆社，西汉建立后，高祖刘邦为了免除父亲思乡之苦，仿照家乡丰县城格局在皇宫附近建了“新丰城”，在新丰城内重建了枌榆社。见《西京杂记》卷二。后借指帝乡或皇宫。 [3] 志：记得。

今译

我们广东的世家大族，祖先多数是从南雄珠玑巷来的。河南开封的祥符县有一条珠玑巷，宋朝中原沦陷而君臣南渡时，各位大臣跟从皇帝的车驾进入岭南，到达南雄。他们不忘故乡，也把他们在南雄居住的地方叫作珠玑巷，就好像是西汉在长安建造新丰城一样，表示牢记对故乡的思念。

珠[1]玑[2]巷名

珠玑巷得名，始于唐张昌。昌之先，为南雄敬宗巷孝义门人。其始祖辙，生子兴，七世同居。敬宗宝历元年，朝闻其孝义，赐予珠玑绦环[3]以旌[4]之，避敬宗庙讳，因改所居为珠玑巷。予沙亭始祖迪功郎[5]讳禹勤，初从珠玑巷而至。族谱云：南屈珠玑实始迁。

注释

［1］珠：珍珠。　［2］玑：不圆的珠子。　［3］珠玑绦环：用丝线穿成的珍珠链子。绦：用丝线编成的带子。　［4］旌：表彰。［5］迪功郎：古代官职名，始见于宋朝。

今译

珠玑巷的名字始于唐朝的张昌。张昌的祖先，是南雄敬宗巷孝义门的人。这一族的始祖张辙，生了儿子张兴，一族七代人住在一起。唐敬宗宝历元年（825），朝廷知道了这家人的孝义，赐给他们丝线穿成的珍珠链子以表彰他们，为避讳唐敬宗的庙号，就把敬宗巷改名为珠玑巷。我的沙亭始祖迪功郎屈禹勤，刚开始的时候就是从珠玑巷迁来的。族谱上记载着：南方的屈家一族，就是从珠玑巷迁来的。

简析

这两篇都出自《广东新语·地语》。在两篇之间，还相隔了十几个条目。前一条记载珠玑巷得名于宋朝，后一条记载珠玑巷得名于更早的唐朝。从珠玑巷得名时间的先后，再加上书中这样的编排次序可以推断，屈大均是先发现了宋朝的线索，后来又发现唐朝的线索，并在《广东新语》中加以补正的。

老广对珠玑巷都不会陌生，因为其地理位置，它成为很大一部分广东人的祖先从北方迁居来广东的中转站。为了躲避战乱，先民们千里跋涉，风尘仆仆，来到位于南岭南麓的南雄歇歇脚，然后又从这里出发南下，分散到珠三角平原的村村寨寨，再向南到东南亚等地，甚至到欧美去居住生活。珠玑巷作为一个具有1000多年历史的古巷，作为珠江三角洲一带主要族姓的祖居，也是汉族广府民系由中原向岭南迁徙的重要中转站。这一段民族史的发掘考证，最早就是从屈大均的《广东新语》开始的。如果说，在中国历史上三次大的移民潮是闯关东、走西口和下南洋的话，那么前两次只是先民在中国范围内因为生活无着，不得不背井离乡，去外地讨生活，而下南洋却是走出国门，以中国人的敢拼执着精神面对世界。中国从来就是和世界相通相连的。

还要补充说明的是，珠玑巷的兴衰是与唐玄宗时张九龄主持下开挖的梅关古道密切相关的。当时，回到岭南的张九龄奉唐玄宗的命令开凿了大庾岭梅关，把一条崎岖难行的山径开通为能通车马的大道。从那时起，梅关道就沟通了长江与珠江两大水系，使南北交通顿时通畅，成为岭南最重要的通道。而在梅关道左近的珠玑巷也夹道成镇，成为南来北往旅客的歇息地，既而上升为大庾道上最重要的驿站。从盛唐开元而始，尤其是明清时期，南来北往路过珠玑巷的商旅、挑夫“日有数千”，直到清末粤汉铁路修筑之前，这条路连着珠玑巷兴旺了1000多年。

珠玑巷有三街四巷，即珠玑街、棋盘街、马仔街，以及洙泗巷、黄茅巷、铁炉巷、腊巷。现有姓氏为何、谢、曾、黄、钟、赖、刘、陈、郭、周、董、雷、戴、张、杨、欧阳、李、王、熊等19姓，其中雷姓是畲族，其余诸姓均为汉族。

这一段历史，老广们，啊不，全国的人们都应该知道。

端州[1]山水

题旨

本文选自《广东新语》。端州（肇庆）是屈大均与南明联系在一起的第一个契合点，所以他对肇庆山水的描写，笔下特别含情。

何磻[2]云：自广州过三水县而西，山石奇险，峡江屈曲；高岭之上，小峰万迭。闻斧声丁丁，仰而瞩之，乃辨樵子之与尺树，俨在云岚开合间。长纤泝流，人百其力，舟行迟迟，看山良足也。过峡三十里至烟萝山，山半有东江亭。此为高峡口，牂牁[3]西来，束以入峡，故名。泉甘石润最可玩。至端州北门，望有茂林飞阁为宝月台[4]，老树参霄，日景[5]微漏。北窗正对七星岩，南临牂牁，江光明灭，盖为郡城烟火所蔽。台下百顷洿池[6]，时雨平堤，芰荷[7]数里。坐久凉生，非复炎境。二里为七星岩，端州之山近而易登者，无若七星岩。平地自起小峦，白石如雪。一名玉屏[8]，雨之所淋，黑若点漆。树自石壁挺出，根无所著，而冬夏深翠自固。虽名七星，然大小不齐，约八九峦，高者百仞。北海李邕[9]镌记石壁，风雨剥落，犹可辨识。有洞有泉，却暑避喧，允为佳胜。

注释

［1］端州：即肇庆。隋开皇九年（589）置端州，为州治所在地。北宋徽宗继位前曾经被封为端王，他继位后将端州升为肇庆府。［2］何磻（bō）：江苏江都（今江苏省扬州市江都区）人，其父秀才何攀龙为扬州抗清英雄史可法的部下、抗清死节烈士，在扬州与清军巷战牺牲时年21岁。何磻为遗腹子，为寡母抚养成人。康熙二十七年（1688）何磻到番禺拜访屈大均，屈大均为其守节的母亲作《何母彭孺人墓表》。后来屈大均还和何磻合作《四书補注兼考》十九卷，屈大均的《翁山文外》刻印时，还请何磻作序。［3］牂牁：古代郡名，在今贵州境内。［4］宝月台：台名，在肇庆。康熙《肇庆府志》记载："县北百步为宝月台。平地突起，望之如台。宋朝包拯建星岩书院其上，岁久圮废。"［5］日景：日影。［6］洿池：污池。［7］芰（jì）荷：菱角荷花。［8］玉屏：七星岩主体由阆风岩、玉屏岩、石室岩、天柱岩、蟾蜍岩、仙掌岩、阿坡岩（又称禾婆岩）七座石灰岩山峰组成，如北斗七星般撒落在碧波如镜的近600公顷湖面上。［9］李邕：李邕字泰和，鄂州江夏（今湖北省武汉市江夏区）人，唐朝大臣、书法家。曾任北海太守，史称"李北海"。作为行书碑文大家，书法风格奇伟倜傥，李后主称赞"李邕得右将军之气而失于体格"。《宣和书谱》载"李邕精于翰墨，行草之名尤著。初学王右军行法，既得其妙，乃复摆脱旧习，笔力一新"。传世碑刻有《麓山寺碑》《李思训碑》等。

今译

何磻说：从广州出发过三水县向西而行，看到山上的怪石凶险，峡谷中西江弯曲；高岭的上面，小的山峰层层叠叠。听到斧头砍树的声音丁丁地响，抬头望去，才能够分辨高山上樵夫小小的身形和几乎只有尺把高的树，在云气雾气的开合之间像一幅图画。纤夫拉着长长的纤绳逆流而上，用尽了百倍的力气，小船也只是慢慢地前行，看山景实在是有足够的时间。过了峡谷行30里就到了烟萝山，半山腰有一座东江亭。这里是高峡的峡口，西江从西面流来，江水被两岸束缚着冲进峡口，因此而得名。山上泉水甘甜，石块润泽，最可玩赏。到端州的北门，望见茂密的树林中有一座屋檐飞翘的阁楼，那是宝月台，宝月台周边古老高大的树木直插云霄，浓密的树叶中只有微弱的阳光穿射下来。宝月台的北窗正对着七星岩，南临西江，江波的反光明明暗暗，都被郡城里升起来的烟火遮蔽了。台下是足有100顷的浑浊的池塘，正当雨季，江水满溢和江堤齐平，池塘里的菱角荷花蔓延了几里路那么长。在这里坐久了遍体都有凉意，不像是炎热的季节。再过二里路就是七星岩了，端州的山近而容易攀登的，没有哪里比得上七星岩的了。平地上自然拱起小山包，山上白色的石头好像雪一样。有一座山峰叫作玉屏岩，雨水浇淋下来，在白色的石头上，雨水点点滴滴地形成的黑色好像是一点点的漆。树木从石壁中挺身生长出，树根都好像没有地方扎下，但是树木无论冬天还是夏天都是一片苍翠，长得很牢固。这里虽然叫作七星岩，但是大小不齐的山峰大约有八九个，高的有80多丈。唐朝北海的李邕在这里写了一篇记文镌刻在石壁上，千年风雨侵蚀，岩石脱落，多少还可以辨识。山上有洞穴有泉流，可以去暑气避喧嚣，实在是好风景。

简析

屈大均不再远足之后，在广东境内还是经常跑动的。他有一大家子人要养，而封建时代文士的出路无非两条：当官或者教书。屈大均不愿意在政治上和清政府合作，他的性格又不适宜当塾师，只好去找富贵人家的朋友打打秋风了。十几年来，屈大均在广东境内跑的最多的地方是粤西，对肇庆可以说熟得不能再熟。在《广东新语·山语》中，就有好几篇写到肇庆的山水，比如《两三峡》《斧柯山》《顶湖山》《七星岩》等，不过，写的最概括、最好的，还是这篇《端州山水》。

这篇记文一开始就是"何磻云"，何磻是屈大均晚年才结识的一位朋友，比屈大均小了十几岁。何磻是抗清烈士的遗腹子，江苏人，远道而来拜访屈大均，在一番交谈之后，屈大均发现何磻在思想观念上和自己十分契合，不禁多了几分亲切之情。何磻第一次从江苏来广东，看惯了江南小桥流水、风情细腻的风光之后，游览广东秀丽之中饱含粗犷之美的山水，处处感到新鲜，回来之后就讲给屈大均听。屈大均根据何磻的讲述，写下了这篇记文，并收进了《广东新语》，作为他们之间亲密交往的纪念。

这篇记文篇幅不长，两百来字，简练隽永；用字讲究，文中使用大量骈句，比如"山石奇险，峡江屈曲""老树参霄，日景微漏""时雨平堤，芰荷数里""雨之所淋，黑若点漆"，不由得让人想起六朝时候空灵的山水小品。作者的笔触，犹如一把摄影枪，随着记述，一组组镜头由远而近地在读者面前徐徐展开，美不胜收：广州—三水—烟萝山—东江亭—端州北门—宝月台—七星岩，最后定格在镌刻着李邕碑文的玉屏山上。文章中，叙述、描写一气呵成，充分展现了屈大均老到的艺术功力。

有人曾经怀疑，这一则记文不是屈大均的手笔，而是何磻所写，屈大均把它原封不动地收进了《广东新语》中，这种怀疑是没有根据的。看记文开头的"何磻云"三个字就会明白，屈大均是听了何磻的一番讲述之后，一下子触动了自己对肇庆山水的记忆，下面的谋篇布局、安排文字，全部都是屈大均的功劳。屈大均才不屑于干出把后生晚辈的文字占为己有的事情。我们可以用一个浅显的比方来说明这件事的首尾：这就像一个大厨，用采购来的各种食材，炮制出了一席色香味俱全的佳肴。食客在品尝之余，首先想到和赞叹的，应该是厨师的厨艺，而不会先去询问食材是从哪里采购来的。其中的道理应该是一样的。

看了这篇记文，不禁佩服起古人游山玩水的方式来。今天去肇庆旅游的人们，一定会坐车直奔七星岩，接着徜徉在湖光山色之中，以为这就是旅游的全部快乐了。而古人却是坐着小船，慢慢地从西江溯流而上，欣赏完西江两岸的重峦叠嶂和激流飞湍的峡口之后，再登上宝月台，从江面潋滟的水波、池塘里蔓延弥望的荷花菱角看起，再远眺七星岩，接着走近玉屏岩，细看洁白如雪的山石，以及山石上黑漆漆的雨点留下的痕迹，在石缝中顽强生长的苍翠醒目的绿树，最后才是细细玩味李邕的碑刻。这才是“停下步、慢慢看”的审美方式。游山玩水，古人比我们懂得多啦！

惠州西湖

题旨

本文选自《广东新语》。这篇《惠州西湖》只有叙述，没有展开描写，写得不像是游记，而像一篇说明文，因为好景色都被苏轼写完了。

罗浮介广、惠之间，为二州所瞻[1]。今行者歌云："下不见罗浮是广州，上不见罗浮是惠州。"其厚阯[2]盘回[3]数百里，支走通衢[4]将并海，复奋起为揭岭[5]。其势逆趋而上，蜿蜒不断。至惠则攒峦叠巘，如扆[6]如屏，为一城之拥蔽[7]。其灵秀皆潴[8]于西湖。而惠环城皆水，龙川、淡水会为江，而萦于左；槎溪、濂泉汇为湖，而漾于右。[9]右则密迩[10]罗浮，为朱明之水[11]所归，于是湖遂为罗浮之有，而曰罗浮西湖。罗浮上有神湖、瑶池与海通，下有西湖与江通，以其在惠州西，故曰西湖。又以惠有丰山，自疆西迤逦而止于湖，而湖中之利弗禁，鱼、鳖、菱、荷、莼菜之属，施于民者普[12]，故曰丰湖。湖回环二十余里，分里外湖，为三堤间之，水颇高，注江如建瓴[13]，特三堤以为蓄泄，故堤岁必修筑。三堤各长里许，有桥六，曲曲相通，中有漱玉滩、点翠洲、明月湾及大小岛屿。每当烟雨之际，乍有乍无，远近望之，有海上神山之势。吾粤故有三西湖，一在潮，一在雷，而以惠西湖为胜，子瞻以为不让钱唐明圣湖[14]云。

注释

［1］瞻：往上或往前看。 ［2］厚阯：深厚的基址。［3］盘回：盘旋回绕。 ［4］通衢：四通八达的道路。 ［5］揭岭：即揭阳岭。揭：通楬，标志的意思。秦时由番禺经增城、博罗、龙川进入岭南东部，必须翻越几个山嶂，以鸿图嶂为标志的莲花山脉这段高山峻岭，便取名为楬岭，并把它作为龙川和揭阳的分界。因山北为阴，山南为阳，所以取楬岭之南的后置县名为“揭阳县”。［6］扆（yǐ）：屏风。 ［7］拥蔽：遮掩。 ［8］潴（zhū）：水积聚。 ［9］龙川、淡水、槎溪、濂泉：均为惠州的小河流。江：指东江。 ［10］密迩：贴近，靠近。 ［11］朱明之水：道教十大洞天的第七洞天，即“朱明辉真之洞天”，在广东罗浮山。苏轼《次韵正辅同游白水山》中有：“朱明洞里得灵草，翩然放杖凌苍霞。” ［12］普：遍。 ［13］建瓴：指“建瓴水”，谓如汇雨之凹瓦上的雨水，形容居高临下、难以阻挡的形势。 ［14］明圣湖：古湖名，一名金牛湖，即今浙江杭州西湖。刘道真《钱塘记》有：“明圣湖在县南。父老相传：湖中有金牛，古尝有见其映宝云泉，照耀流精，神化莫测，遂以明圣为名。”

今译

罗浮山介于广州、惠州之间，是二州的人都可以远望到的。现在行者的歌唱道："下不见罗浮是广州，上不见罗浮是惠州。"罗浮山厚实的基址盘旋回绕几百里，支脉四通八达一直蔓延到海滨，又突起成为揭岭。山势反过来节节上升，蜿蜒不断。到了惠州就重峦叠嶂，好像一架大屏风，成为惠州城的遮掩。山的灵秀之气都汇集于西湖。而惠州环城都是水，龙川、淡水汇入东江，萦绕在左面；槎溪、濂泉汇聚为西湖，荡漾在右边。右面靠近罗浮山，罗浮山上的水流都流入西湖，于是西湖就为罗浮山所有了，所以又叫作罗浮西湖。罗浮山上有神湖、瑶池，与大海相通；下有西湖与东江相通，因为湖在惠州的西面，所以叫作西湖。又因为惠州有丰山，从惠州西面的疆界曲折绵延到西湖而止，而湖中的收益没有人禁止，鱼、鳖、菱、荷、莼菜之类，全让老百姓捞捕采摘，所以又叫作丰湖。西湖回环二十多里，分里湖、外湖，人们建造了三条堤坝把它们间隔开。西湖的水位比较高，湖水注入东江居高临下、难以阻挡，靠着三条堤坝来蓄水泄洪，所以堤坝每年必须修筑。三条堤坝各长一里多，有六座桥，曲折相通，中间还有漱玉滩、点翠洲、明月湾，以及大大小小的岛屿。每当雨雾迷蒙的时候，乍有乍无，不论从远处还是近处望西湖，都有海上神山的姿态。我们广东一直有三个西湖，（另外两个）一个在潮州，一个在雷州，而以惠州的西湖为最美，苏轼就认为，惠州西湖不亚于杭州的西湖。

简析

惠州也是屈大均晚年经常到访的地方，因为他的好朋友王煐在惠州做了六年知府。王煐和屈大均的结识缘起于以诗会友，王煐还为王隼编选的《岭南三大家诗选》（即屈大均、梁佩兰、陈恭尹三人的诗选）作序，并为之刊行。到了惠州，西湖是必去的地方，那里风光秀丽，还有不少苏东坡留下的遗迹。这篇记文主要介绍惠州西湖周边的环境形势，对于西湖的景色，着笔反而不多。其实，惠州西湖有高榜山、泗洲塔、东坡园、苏堤、丰渚园、丰湖书院、点翠洲等景点，宋朝的广东人余靖对惠州西湖有过“重山复岭，隐映岩谷，长溪带蟠，湖光相照”的盛誉，这里湖光山色，的确处处胜景。屈大均之所以不铺开详写，大概是因为苏轼早就对惠州西湖有过许多出色的描写。据说，唐朝诗人李白曾经登上黄鹤楼，远眺近看，不禁诗兴大发，准备写一首诗抒发一下自己的感受。可是这个时候，李白突然看到黄鹤楼上有崔颢的题诗，遂掷笔说道：“眼前有景道不得，崔颢题诗在上头。”屈大均在面对惠州西湖胜景时，大概颇有类似李白的感叹吧。

刘三妹

题旨

本文选自《广东新语》。20世纪60年代风靡一时的音乐艺术片《刘三姐》中述说的故事，在屈大均的笔下就有记载。他认为刘三姐是一个来往于两广之间的民间歌手。

新兴[1]女子有刘三妹者，相传为始造歌之人。生唐中宗年间，年十二，淹[2]通经史，善为歌，千里内闻歌名而来者，或一日，或二三日，卒不能酬和[3]而去。三妹解音律，游戏得道，尝往来两粤溪峒[4]间。诸蛮种类最繁，所过之处，咸解其言语，遇某种人，即依某种声音作歌，与之唱和，某种人奉之为式。尝与白鹤乡一少年登山而歌，粤民及傜、僮诸种人围而观之，男女数十百层，咸以为仙。七日夜歌声不绝，俱化为石。土人因祀之于阳春锦石岩。岩高三十丈许，林木丛蔚，老樟千章蔽其半。岩口有石磴，苔花绣蚀若鸟迹书。一石状如曲几，可容卧一人，黑润有光，三妹之遗迹也。月夕辄闻笙鹤[5]之音，岁丰熟，则仿佛有人登岩顶而歌。三妹今称“歌仙”。凡作歌者，毋论齐民[6]与狼[7]、傜、僮人、山子[8]等类，歌成，必先供一本祝者藏之，求歌者就而录焉，不得携出，渐积遂至数箧。兵后，今荡然矣。

注释

［1］新兴：广东云浮下属的县，六祖慧能的故乡。 ［2］淹：广。 ［3］酬和：应和，呼应。 ［4］溪峒（dòng）：溪洞。［5］笙鹤：刘向《列仙传》载，“周灵王太子晋（王子乔），好吹笙，作凤鸣，游伊洛间，道士浮丘公接上嵩山，三十余年后乘白鹤驻缑氏山顶，举手谢时人仙去”。后以“笙鹤”指仙人乘骑之仙鹤。［6］齐民：平民，这里指汉族人。 ［7］狼：指凶狠未开化的人。［8］山子：山居之人。

今译

广东新兴有一个女子叫刘三妹，相传是最早创作山歌的人。她生在唐中宗年间，12岁就广泛地精通经书历史，擅长创作山歌，千里之内听闻她的歌名而来和歌的人，有的一日，有的二三日，最后都因不能应和她的山歌而离去。三妹懂得音律，在游戏中得道，曾经往来于两广的小溪山洞间。这里少数民族种类最多，她所经过的地方的言语，她都能通晓，遇到某种人，就按照某种声音作歌，和他们唱和，那种人就把刘三妹的山歌奉为范式。刘三妹曾经和白鹤乡的一个少年登山而唱，汉族和傜族、壮族等各族的人都围着观看，男男女女有几十上百层，都认为他们是仙人。他们唱了七天七夜，歌声不绝，最后都化身为石头。土人就在阳春锦石岩祭祀他们。锦石岩高约30丈，林木茂盛，有上千棵老樟树把锦石岩的一半都遮蔽了。岩口有石砌的台阶，台阶上青苔斑驳好像是上古的鸟迹文字。有一块石头形状好像弯曲的小桌，可容一人躺卧，黑润有光，据说是刘三妹遗留下来的。每逢月夜就会听到仙人乘骑之仙鹤吹笙的乐音，遇到年岁丰收，仿佛就会有人登上岩顶放歌。刘三妹现在被称为“歌仙”，凡是创作山歌的，无论是汉族还是狼族、傜族、僮族、山居的人，歌写成之后，一定要先供奉一本向刘三妹祷告，之后把歌本藏在锦石岩，有人寻找山歌歌词的就来这里抄录，不可以把歌本拿走，渐渐地歌本就堆积到几箱子了。兵乱之后，歌本已经全部散失掉了。

简析

刘三姐是历史传说中的民间歌手，自从1960年长春电影制片厂的音乐艺术片《刘三姐》上映之后，刘三姐可谓家喻户晓，而且她被认定为广西人。

不过，仔细推敲刘三姐的身世身份，还是有不少疑点的。最早记录刘三姐的典籍是南宋王象之的《舆地纪胜》：“三妹山。刘三妹，春州（今广东省阳春市）人，坐于岩石之上，故名。”屈大均则认为刘三妹是广东新兴人，但是不知道为什么广东土著在阳春的锦石岩祭祀她。与屈大均相识的王士祯在《池北偶谈·卷十六·粤风续九》中记：“相传唐神龙中，有刘三妹者，居贵县之水南村。善歌，与邕州白鹤秀才登西山高台，为三日歌。秀才歌《芝房》之曲，三妹答以《紫凤》之歌；秀才复歌《桐生南岳》，三妹以《蝶飞秋草》和之；秀才忽作变调曰《朗陵花》，词甚哀切，三妹歌《南山白石》，益悲激，若不任其声者。观者皆唏嘘，复和歌，竟七日夜。两人皆化为石，在七星岩上，下有七星塘，至今风月清夜犹仿佛闻歌声焉。同年睢阳吴冉渠淇为寻州推官，采录其歌为《粤风续九》，虽侏离之音，时与乐府《子夜读曲》相近。”这里认为她是广西贵县人。道光时的《肇庆府志》说刘三妹是广东新兴人，而道光《庆运府志》则认为她是广西宜山人，道光《罗城县志》说她是罗城下里人，那里还有她故居的遗址，那村刘姓的族谱中还有记载。1958年《刘三姐彩调剧》创作组经过深入民间采风，认定刘三姐是罗城人，这也是音乐艺术片

《刘三姐》所依据的材料。

至于刘三姐的民族出身，有人说是汉族，但更多人说她是壮族、仫佬族，还有人说她的父辈是流寓广西贵县少数民族地区的汉族人。各方面的主张都有依据，争论不休。感兴趣的读者可以自己去查阅《刘三姐研究资料集》一书。

关于刘三姐的来历，屈大均和王士祯都认为她是唐中宗时候的民间歌手，是个真实的历史人物。但是有的学者认为“刘三姐传说之产生，乃后人根据当地流行之唱歌风俗，加以想象所造成者”，也就是说，先有歌俗，后人为了解释这种风俗的形成，便虚构了一个名叫刘三姐的歌仙。还有些学者认为刘三姐是古代的一位女巫，她唱的主要是巫歌。不过，20世纪80年代以后，随着民间文学普查的深入，广东的民间文学工作者发现，在广东湛江、茂名、阳江、清远、肇庆、梅州等地，尤其是粤西地区，只要是歌俗盛行之地，到处都有丰富的“刘三妹传说”，其故事类型与广西的“刘三姐传说”几乎一模一样。这似乎说明了，刘三姐是两广共有的历史传说人物。屈大均的《刘三妹》就说，她“尝往来两粤溪峒间”，是个流浪民间的歌手。

尉佗[1]书

题旨

本文选自《广东新语》。本文回顾西汉初年汉朝与南越国的一段冲突，表彰汉文帝和赵佗的政治智慧，推重了好文章的巨大价值。

南越文章，以尉佗为始。所上汉文帝[2]书，辞甚醇雅[3]。其中国人代为之耶？抑[4]出于南越人之手耶？文帝曰：“朕高皇帝侧室之子也，以王侯吏不释之故，不得不立也。”佗亦曰：“老夫故粤吏也，妄窃帝号，聊以自娱也。”盖文帝有舜禹有天下不与[5]之心，佗亦有文王事殷之德[6]。君臣之间，以至诚感应，如响[7]与声，信[8]一时之盛事也。论者以文帝赐佗书，纯作家人父子语，不用欺，亦不示恩，所谓以德服人。然亦佗明哲[9]炳于机先[10]，故能变逆为顺，以相安于无事耳。噫，文之不可以已也如是哉！予撰《广东文选》以佗始，佗孙胡[11]次之。重其文，亦重其智也。

注释

[1] 尉佗：即南越王赵佗。秦始皇二十九年（前218），赵佗

奉秦始皇命令征岭南，略定南越后，任为南海郡龙川令。秦二世时，南海尉任嚣临终托付赵佗，暂代南海尉。秦亡后，赵佗出兵桂林郡、象郡，自立为南越王， 实行“和揖百越”的民族平等政策，采取一系列措施发展当地经济文化。汉高祖十一年（前196）下诏赞誉尉佗的政绩，封其为南越王，并派大夫陆贾出使招抚。尉佗接受诏封，奉汉称臣。吕后主政时，对南越国实行货物禁运，赵佗三次上书均无效，遂于汉高后五年（前183）愤然独立，自号南越武帝。汉文帝元年（前 179），文帝下诏修葺赵佗先人的坟墓，岁时奉祀，接见赵佗故乡的亲属，封官厚赐，还亲书《赐尉佗书》，派陆贾持书赴南越国。赵佗遂取消帝号，写了《上文帝书》，表示臣服汉室、治理南越的心迹。赵佗卒于汉武帝建元四年（前137）。赵佗治越期间，为开发岭南、维护多民族国家统一做出了贡献。见《史记·南越列传》。［2］汉文帝：即刘恒，汉高祖刘邦第四子，母薄姬。汉高祖封刘恒为代王，刘恒为人宽容平和，在政治上保持低调。汉高祖死后，吕后专权，她的娘家人诸吕掌握朝廷军政大权。汉高后八年（前180），吕后死，太尉周勃、丞相陈平等大臣把诸吕一网打尽，为了避免今后再出现太后专权，就迎立了母家没有背景的代王刘恒入京为帝，是为汉文帝。汉文帝即位后，励精图治，兴修水利，废除肉刑；他生活简朴，不讲排场，使汉朝进入强盛安定的时期。当时百姓富裕，天下小康。汉文帝与其子汉景帝统治时期被合称为“文景之治”。 ［3］醇雅：淳厚雅正。 ［4］抑：还是。 ［5］有天下不与：语出《论语·泰伯》“巍巍乎，舜禹之有天下也，而不与焉！”指舜禹不以居大位为乐。［6］文王事殷之德：殷即商朝。周文王在力量不够大的时候，一直对商纣王称臣。 ［7］响：回音。 ［8］信：真的，实在是。［9］明哲：明智、通达事理。 ［10］炳于机先：指预先察知事情的发展、征兆。 ［11］佗孙胡：即赵眜，史料多作赵胡，赵佗之孙，赵仲始之子，南越国第二任君主，赵佗去世后，赵昧继承王位。赵昧去世后，谥号文王，葬于今广州市解放北路象岗山，其坟墓即著名的“南越王墓”。赵昧死后，由其子赵婴齐继位。

今译

南越的文章，以赵佗的文章为初始。他的上汉文帝书，言辞十分醇厚雅正。是中原人代他写的呢？还是出于南越人的手笔呢？汉文帝说：“我是高祖皇帝妃子薄姬生下的儿子，因为王侯和大臣不放过我的缘故，不得不做了皇帝。”赵佗也说：“老夫是原来越地的官员，狂妄地自称南越武帝，姑且用以自我娱乐一下。”汉文帝有舜禹登上大位而不以为乐的胸襟，赵佗也有周文王奉侍商朝的品德。君臣之间，以至诚互相感化响应，就好像声音与回响一样不可分割，实在是一时的盛事啊。有评论者说，文帝赐佗书纯粹是一家人父亲与儿子之间的话语，不用欺诈，也不示以恩惠，就是所谓的以德服人。然而赵佗也是通达事理、有预先察知事情征兆的本领，所以能够变逆反为顺应，因此汉朝和南越国相安无事。唉，文章不可以轻忽，到了如此地步了！我编撰《广东文选》以赵佗开始，把赵佗的孙子赵胡的文章放在第二，就是既看重他们的文章，也看重他们的智慧啊。

简析

这篇记文出于《广东新语·文语》。赵佗割据岭南，是秦末风云变幻的形势造成的。后来，赵佗与汉朝关系的好好坏坏，也与当政者处理失当，特别是专权的吕后心胸狭窄、不懂得审时度势有密切的关系。南越国和汉朝关系的彻底缓和，一是宽容和平的汉文帝不恃强凌弱，派出使者，带给赵佗一封信，自谦地表示继位的不得已，不希望因为自己的原因给中原和岭南的老百姓平静的生活造成不便；二是赵佗的行为也可圈可点，用“聊以自娱”的玩笑，开解了自己称帝、对抗中央政权的尴尬。于是双方化干戈为玉帛，握手言和。屈大均在回顾这段历史的时候，侧重点不仅仅是表彰汉文帝和赵佗的政治智慧，更是推重好文章的巨大价值。两篇好的文章，居然能够改变历史的进程；人的品德智慧，也是通过文章得以表现的。在这篇记文的字里行间，都可以看出屈大均身为文学家的自豪与得意。

曲江[1]诗

题旨

本文选自《广东新语》。本文介绍了唐朝政治家、诗人张九龄的为政和为人，以及他的诗歌的影响。

东粤[2]诗盛于张曲江公。公为有唐人物第一，诗亦冠绝一时。玄宗尝称文场元帅，谓公所作，自有唐名公皆弗如，朕终身师之，不得其一二云。而公为人虚公乐善[3]，亦往往推重诗人。为荆州[4]时，辟[5]孟浩然置幕府，又尝寄罗衣一事[6]与太白[7]。故太白有《答公寄罗衣》及《五月五日见赠》诗，而王摩诘[8]有“终身思旧恩”之句，浩然则有陪公游宴诸篇。三子者，皆唐诗人第一流，他人鲜知罗致[9]，独公与之相得[10]。使玄宗终行公之道，不为小人谗间[11]，则公之推诚荐引，以为国家经纶之用者，又岂惟诗人而已哉！剑阁蒙尘[12]，始潸然[13]追念，噫嘻！

张九龄像

亦已晚矣。少陵[14]云“受谏无今日，临危忆古人”，盖谓公也。丘文庄[15]言：“自公生后，五岭以南，山川烨烨[16]有光气。”信哉！

注释

[1] 曲江：指唐朝开元年间名相，诗人张九龄。张九龄字子寿，一名博物，谥文献。韶州曲江（今广东省韶关市）人，世称“张曲江”或“文献公”。 [2] 东粤：广东。 [3] 虚公乐善：公正无私，乐于做好事。 [4] 为荆州：张九龄因为直言得罪唐玄宗，被贬为荆州长史。 [5] 辟：授予官职 。 [6] 一事：一件。 [7] 太白：李白。 [8] 王摩诘：王维，唐朝河东蒲州（今山西运城）人，祖籍山西祁县，唐朝著名诗人、画家，字摩诘，号摩诘居士。 [9] 罗致：延聘、搜罗招致。 [10] 相得：互相投合，相处得很好。 [11] 谗间：用谗言离间他人。 [12] 剑阁蒙尘：指唐玄宗天宝年间，安史之乱爆发，唐玄宗逃往四川的事。剑阁：剑阁县，位于四川盆地北缘，地处川、陕、甘三省交界处，守剑门天险。 [13] 潸然：流泪的样子。 [14] 少陵：杜甫。 [15] 丘文庄：丘浚，广东琼山府城下田村（今海南省海口市琼山区金花村）人。明朝政治家和思想家。明代宗景泰五年（1454）进士，授翰林院编修，累官至礼部右侍郎，加太子太保，兼文渊阁大学士。死后，被追封为太傅左柱国，谥号“文庄”。他做官后长期从事文字工作，曾参与修《英宗实录》《宪宗实录》《续通鉴纲目》等书，也注意经世致用之学，“尤熟国家典故，以经济自负”。 [16] 烨烨：明亮、灿烂、鲜明。

今译

广东的诗歌从张九龄开始兴盛。张九龄在唐朝人物中排第一，他的诗歌也冠绝一时。唐玄宗曾经称道他为文场元帅，说唐朝以来的名家所作的诗歌都不如张九龄所作的，我终身把他当老师，也学不到他的十之一二。而张九龄为人公正无私乐于做好事，也往往推重诗人。他做荆州长使时，就把孟浩然请到幕府任职，又曾经寄一件丝绸衣服给李白。所以李白有《答公寄罗衣》及《五月五日见赠》诗，而王维也有“终身思旧恩”的诗句，孟浩然则有陪张九龄游玩欢宴的各篇诗歌。这三位诗人，都是唐代诗人中的第一流人物，其他人很少了解并搜罗招致他们，只有张九龄和他们互相投合，相处得很好。如果唐玄宗始终推行张九龄的治国之道，不被小人如李林甫之流用谗言离间，那么张九龄的诚心引荐、用作治理国家的人才，又哪里会只是诗人呢！唐玄宗到了安史之乱起后跑到四川，才流泪追念张九龄的好处，唉唉！也已经太晚了。杜甫的诗句有“受谏无今日，临危忆古人”，讲的就是张九龄啊。明朝的丘浚也说，从张九龄出生后，五岭以南，山河也都灿烂了，有了光鲜之气。这可是真的啊！

简析

张九龄是岭南出去比较早的一位政治家兼诗人，是古代广东人的骄傲。张九龄早慧，7岁时就学会了写文章。张九龄24岁时在唐中宗景龙初年（707）考上了进士，玄宗即位后，升任右补阙。唐玄宗开元时，张九龄历官中书侍郎、同中书门下平章事、中书令。张九龄是唐朝有名的贤相，他举止优雅，风度不凡。自张九龄去世后，唐玄宗对被宰相推荐的人才，总要问上一句“风度得如九龄否？”作为一位政治家，张九龄忠心耿耿，为官尽职，秉公守则，直言敢谏，选贤任能，不徇私枉法，不趋炎附势，敢与恶势力作斗争，为“开元之治”做出了积极贡献。张九龄还十分注意奖励提拔人才，特别是诗人中的人才，不惜折节下交。因此，张九龄一直被当时和后世人所崇敬、仰慕。

作为诗人，张九龄的五言古诗很有特色。他的诗风清淡，以素练质朴的语言，寄托深远的人生感慨，对扫除唐初沿袭的六朝绮靡诗风贡献尤大，所以被誉为“岭南第一人”。唐朝时，岭南尚在开化之中，张九龄的诗歌创作成就，对岭南诗派的开创、形成和发展壮大起了启迪作用。在后起广东诗人，如宋朝余靖、元末南园五子、明朝南园后五子、明末清初的岭南三大家以至清朝的黎简、宋湘的诗歌中，都可以有形无形地见到张九龄的影响。可以说，岭南诗派的独特风貌的端倪是从张九龄开始形成的。屈大均在论及岭南诗歌的两大流派时曾说：“粤人以诗为诗，自曲江始；以道为诗，自白沙（陈献章）始。”这是很中肯的评价。

平心而论，以今天读者的眼光来看，张九龄的诗歌在整个唐朝算不上是第一流的。所以，屈大均对张九龄的成就，主要还是注目于他的为人和为政。除了条目“曲江诗”和文中的“诗亦冠绝一时”的介绍之外，全文主要讲张九龄的“为人虚公乐善”“推重诗人”，讲他与盛唐第一流诗人孟浩然、王维、李白的情谊，讲他身后包括唐玄宗、杜甫在内的后人对他的怀念，表现对张九龄后半生不幸遭遇的深深惋惜。本文文字精练，感情内敛，却能给读者深刻印象。

茶素[1]

题旨

本文选自《广东新语》。文中介绍了广州的风味小吃，这些小吃很多保留到今天，让人读了感到分外亲切。

广州之俗，岁终以烈火爆开糯谷，名曰炮谷，以为煎堆心馅。煎堆者，以糯粉为大小圆，入油煎之，以祀先及馈亲友者也。又以糯饭盘结[2]诸花，入油煎之，名曰米花。以糯米粉杂白糖沙，入猪脂煮之，名沙壅。以糯粳相杂炒成粉，置方圆印中敲击之，使坚如铁石，名曰白饼。残腊[3]时，家家打饼声与捣衣[4]相似，甚可听。又有黄饼、鸡春[5]饼、酥蜜饼之属。富者以饼多为尚，至寒食、清明，犹出以饷客。平常妇女相馈问，则以油糍、膏环、薄脆[6]——油糍、膏环以面，薄脆以粉，皆所谓茶素也。端午为粽，以柊叶[7]裹者曰灰粽、肉粽；置苏木[8]条其中为红心，以竹叶裹者曰竹筒粽；三角者曰角子粽；水浸数月，剥而煎食甚香。重阳为糕，冬至为米糍曰冬丸。平常则作粉果，以白米浸至半月，入白粳饭其中，乃舂为粉，以猪脂润之，鲜明而薄以为外，荼蘼露[9]、竹胎[10]、肉粒、鹅膏满其中以为内，则与茶素相杂而行者也，一名粉角。又有以椰子、

以芝麻、以豆糠为餈[11]者，以蕨、以葛、以菱、以茨菇、以甘薯为粉者，皆谓之饨食。

注释

［1］茶素：素茶点。　［2］盘结：旋绕，盘绕。　［3］残腊：农历年底。　［4］捣衣：古代洗衣时用木杵在砧上捶击衣服，使之干净。　［5］鸡春：即鸡膥（cūn）。广东白话“膥”就是蛋。［6］油糤、膏环、薄脆：均为食品名。油糤：油粽。膏环：以米面粉和水搓成细条，组之成束，入油炸而成。也称粔籹、寒具。薄脆：北京地区著名的地方传统小吃之一。油炸，既薄又脆，但薄而不碎，脆而不艮，香酥可口。　［7］柊（zhōng）叶：一种植物的叶子。屈大均《广东新语·木语·柊叶》说：“有柊叶者，状如芭蕉叶，湿时以裹角黍，干以包苴物，封缸口。盖南方地性热，物易腐败，唯柊叶藏之可持久，即入土千年不坏。……《广州竹枝词》云：‘五月街头人卖叶，卷成片片似芭蕉。’谓柊叶也。”　［8］苏木：小乔木，以木质坚实、色红黄者为佳。用于行血祛瘀，消肿止痛。　［9］荼蘼（tú mí）露：《广东新语·木语·荼蘼露》有“广人多种荼蘼，动以亩计。……以甑蒸之取露，或取其瓣拌糖霜，暴之兼旬，以为粉果心馅。”　［10］竹胎：又名竹荪、竹笙、竹参，是寄生在枯竹根部的一种隐花菌类，常见并可供食用。　［11］餈：即糍，一种用糯米做成的食品。

今译

广州的风俗，年底用猛火爆开糯谷，叫作炮谷，用来做煎堆的馅。

煎堆，是用糯米粉做成大小圆球，放在油里煎炸而成的，是用来祭祀祖先以及馈赠亲友的。又以糯米饭盘绕各种花瓣，放在油里煎炸，叫作米花。以糯米粉杂白砂糖，放在猪油里煮，叫作沙壅。用糯米、粳米相杂炒成粉，放在方圆的饼印中敲击，让米粉坚硬如铁石，叫作白饼。年底时，家家户户打饼的声音和捣衣的声音相似，很好听。又有黄饼、鸡蛋饼、酥蜜饼之类。有钱的人家以多打饼为贵，到了寒食节、清明节，还拿出来给客人吃。平常妇女相互馈赠问候，就用油粽、膏环、薄脆——油粣、膏环用面来做，薄脆用粉来做，都是所谓素茶点。端午包粽子，用柊叶裹的叫灰粽、肉粽；放置苏木条在粽子中间染出红心，再用竹叶裹的叫竹筒粽；三角形的叫角子粽；放在水里浸泡几个月，剥来煎着吃很香。重阳节做糕，冬至做的米糍叫作冬丸。平常就做粉果，以白米浸泡半个月，把白粳米饭放进白米中间，一起舂为粉，以猪油和粉，薄薄的十分光鲜做外皮，荼蘼露、竹胎、肉粒、鹅油放满在中间做馅，就与素茶点间杂着吃的，又叫作粉角。又有用椰子、用芝麻、用豆糠做糍的，用蕨、用葛、用菱、用茨菇、用甘薯做粉的，都叫作饨食了。

简析

屈大均介绍了广州的风俗，各种各样的应节小吃：煎堆、米花、沙壅、粽子、糕、糍粑、粉果，看了之后，让人不禁在食欲大动的同时，感叹现在广州的传统小吃和几百年前屈大均生活时代的，似乎并没有太大的差别。尤其是“白饼”，现在叫炒米饼。50多年前笔者在增城插队当知青时，每到农历新年前，乡下的家家户户都要打炒米饼。就是用糯米、粳米相杂炒熟，用石磨磨成炒米粉，再用农村自榨片糖化成的糖浆和好，放在方方圆圆的饼印中以小木锤敲击，做成炒米饼。通常是紧邻的几家，安排好全家大小一起出动，到某一家中去打饼，第二天轮到第二家，然后是第三家、第四家……每到晚上，几家老少团坐在长条木案的两侧，举着饼锤"乒乒乓乓"地敲击着，看着粉团在饼印中慢慢变成一个个圆圆的炒米饼。这时候，如果从外面走向村子，就会听到在敲击饼印"托托"的声响中，夹杂着人们的欢声笑语，而这些打饼的声音和打饼的人们的欢声笑语，承载着多少对未来的憧憬和希望啊！炒米饼打好之后，还要放在大锅里用谷糠慢慢焙干，真正达到屈大均形容的"坚如铁石"之后，就是放进米缸里储存了。屈大均说当时"富者以饼多为尚"，可我记得当时家家户户都打几缸饼，那可是20世纪70年代早期，以富为耻的时代。农民家的炒米饼，一直要吃到清明插秧的时节。看到大家到达田头，在开工之前，都从衣袋里掏出炒米饼"吱吱嘎嘎"地大嚼，就会觉得十分有趣。现在农村里这种家家户户打饼的习俗似乎已经没有了，商店里虽然也有炒米饼出售，不过那都是机磨机制的，饼质松松散散的，根本不是"坚如铁石"的原貌了，没有一点嚼头。年味，好像也没有过去那么浓了。

舟楫[1]为食[2]

题旨

本文选自《广东新语》。文章通过对广东物产丰富，生活成本低廉，但却又揾食艰难的状况的描写，揭示了屈大均对生活艰难的疍家人的同情，对敲骨吸髓的土豪和官府的抗议。

广为水国，人多以舟楫为食。益都[3]孙氏云：南海素封[4]之家，水陆两登。贫者浮家江海，岁入估人舟算缗[5]。中妇卖鱼，荡桨至客舟前，倏忽[6]以十数。弱龄男女崽，身手便利，即张罗竿首[7]，画钓泥中，鳖、蟹、蜃[8]、蛤之入，日给有余，不须衣食父母。又舟人妇子，一手把舵筒，一手煮鱼，橐[9]中儿女在背上，日垂垂如负瓜瓠[10]。扳罾[11]摇橹，披[12]竹纵绳，儿女苦襁褓，索乳哭啼，恒不遑[13]哺。地气多燠[14]，既省絮衣之半，跣足[15]波涛不履袜，或男女同屐，男子冬夏只一裤一襦[16]，妇人量[17]三岁益一布裙，如是则女恒余布。地唯粳稻，土厚获多，人日计米一升，加以鱼、蚌、乌菱、蕉、橘、薯、芋，减炊米十可二三，如是则男有余粟，故古称饶富居甲[18]焉。按吾广多杂食物，而水居尤易为生。顾禾虫之埠，蚬[19]之塘，皆为强有力者所夺，以渔课[20]为名，而分划东西江以据之，贫者不得沾丐[21]余润焉。蛋人之蚬篸虾篮，虽毫末皆有所主。海利虽饶，取于人不能取于天也。

广州凡食物所聚，皆命曰栏。贩者从栏中买取，乃以鬻[22]诸城内外。栏之称唯两粤有之，粤东之栏以居物，粤西之栏以居人，居物者以果栏为上，果蓏[23]之实，四时间百品芬甘，少干多湿，可爱也。

注释

[1]舟楫：指船。 [2]为食：揾食，谋生。 [3]益都：中国旧县名，是现今山东省青州市的旧称。 [4]素封：无官爵封邑而富比封君的人。《史记·货殖列传》中有："今有无秩禄之奉，爵邑之入，而乐与之比者，命曰'素封'。" [5]算缗（mín）：指算缗线，汉武帝时对商人、手工业者、高利贷者和车船所有者征的税。 [6]倏（shū）忽：指很快地，忽而间。出自《战国策·楚策四》："（黄雀）昼游乎茂树，夕调乎酸咸，倏忽之间，坠于公子之手。" [7]竿首：竹竿顶端。 [8]蜃（shèn）：蛤蜊。 [9]橐（tuó）：一种口袋。 [10]瓜瓠（hù）：泛指瓜类作物。 [11]罾（zēng）：古代一种用木棍或竹竿做支架的方形渔网。 [12]披：劈开，裂开。 [13]不遑：没有时间，来不及。 [14]燠（yù）：暖，热。 [15]跣足：赤脚，光着脚。 [16]襦：短衣，短袄。 [17]量：估计，揣测。 [18]居甲：占第一。 [19]蚬：《广东新语·介语》"比黄蚬而大，闻雷而生，故文从雷。" [20]渔课：旧时官府向渔人征收的渔税。明顾元庆《夷白

斋诗话》："倾见王仲深诗云：'青山无处避征徭，十载书囊到处挑。欲买钓船湖上隐，近来渔课又难饶。'" ［21］沾丐：谓给人以利益。《新唐书·文艺传上·杜甫传赞》记载："它人不足，甫乃厌余，残膏剩馥，沾丐后人多矣。" ［22］鬻：卖。 ［23］果蓏（luǒ）：瓜果的总称。

今译

广东是水乡，人多以舟船艇谋生。益都孙氏说：南海无官无位的富贵人家，在水面和陆地上都有住处。穷人只能在船艇上漂浮为家，每年按人和船的数目收税。中年妇女卖鱼，划着桨到客船前面，很快就会聚拢几十条船。幼年男女手脚便利，就在竹竿顶端张网，在泥滩里下钓，鳖、蟹、蛤蜊的收获，每天自给有余，吃饭穿衣都不用靠父母。船上的妇人，一手操控船舵，一手煮鱼，把儿女用背带背在后背上，每天襁褓低垂好像树上瓜果累垂。她们扳上渔网摇着船桨，破开竹子操纵缆绳，儿女在襁褓中很辛苦，哭着叫着想要吃奶，她们总是没有时间哺乳。广东地气很热，已经省下一半的棉花和布，在船上赤脚不用穿着鞋袜，有时候男女都穿着木屐，男人在冬天夏天只要穿一条裤子、一件短衣，女人估计三年才添一条布裙，这样女人总是能够省下布匹。地里长出来的只有粳稻，地土丰厚收获的稻谷很多，以每人每天吃米一升计，加上吃一些鱼、蚌、乌菱、香蕉、橘子、番薯、芋头，可以减少煮饭的米十分之二三，这样男人就有余粮了，所以，广东自古以来就称丰饶富足，全国居第一名。我们广东食物既多又杂，在水上居住尤其容易谋生。不过生长水稻和小动物的水边，盛产蛤蜊大蚬的水塘，都被强有力的人所夺取，他们以收渔税为名，将东、西江划分以割据，穷人不能分到丝毫利益。疍家人装蚬和虾的竹篮，即使是一分一毫都有人操控。海上的利益虽然丰饶，却只能从强有力的人手中分一点点，而不能取自于大自然。

广州凡食物聚拢的地方，都叫作栏。小贩从栏中买了东西，才拿来卖去城里城外。栏的称呼只有广东、广西才有，广东的栏拿来放东西，广西的栏用来住人。放东西的以果栏等级最高，各类瓜果，一年四季品类繁多，又香又甜，干果少而鲜果多，十分可爱。

简析

本记文出于《广东新语·食语》。广东人形象地把谋生叫作“揾食”，谋生不易叫作“揾食艰难”。其实，广东地处亚热带，土壤肥沃、河涌密布，无论是陆地上，还是在江湖中，物产丰富，动植物繁衍极快，要揾一宿两餐是很容易的。而这篇《舟楫为食》，却为读者绘画出一幅水上疍家艰难生活的画面。女的要把舵、煮饭，男的要打鱼、交税。虽然孩子很早就学会了钓鱼挖蚬，自给自足，不用靠父母养活，可是更小的在襁褓中的孩子，还是需要抚养，但母亲忙于劳作，连喂奶的时间都没有，任由襁褓里的婴儿在背上哭哭啼啼。广东天气炎热，一年四季都不寒冷，水产丰富，可以节约粮食；衣着简单，水上人家连鞋袜都省了，生活成本本应该极低，但是疍家人仍然“揾食艰难”，原因就是陆上水边都已经被土豪劣绅霸占，疍家人要打鱼摸蚬，还得向他们交税进贡，除此之外，还要给官府交税，他们的生活怎么能不艰难呢？！

这篇记文的字里行间都饱含着屈大均对生活艰难的疍家人的同情，对敲骨吸髓的土豪和官府的抗议。在中国2000多年的封建社会历史中，不少有良知的文士，对生活在社会底层的劳苦大众充满了同情怜悯，并把他们的同情怜悯写进自己的作品里。比如唐朝的李绅《悯农》诗：“春种一粒粟，秋收万颗子。四海无闲田，农夫犹饿死。”白居易的《卖炭翁》诗：“卖炭翁，伐薪烧炭南山中。满面尘灰烟火色，两鬓苍苍十指黑。卖炭得钱何所营？身上衣裳口中食。可怜身上衣正单，心忧炭贱愿天寒。”杜荀鹤的《山中寡妇》诗：“夫因兵死守蓬茅，麻苎衣衫鬓发焦。桑柘废来犹纳税，田园荒后尚征苗。时挑野菜和根煮，旋斫生柴带叶烧。任是深山更深处，也应无计避征徭。”范成大的诗《四时田园杂兴》：“采菱辛苦废犁锄，血指流丹鬼质枯。无力买田聊种水，近来湖面亦收租！”张俞的诗《蚕妇》：“昨日入城市，归来泪满巾。遍身罗绮者，不是养蚕人。”明朝的小说家施耐庵在《水浒传》里借着小说人物白胜的口唱道：“赤日炎炎似火烧，野田禾稻半枯焦。农夫心内如汤煮，公子王孙把扇摇！”屈大均的《舟楫为食》，可以和历史上这一大批有良知的文人学士们相提并论。正是在中国历史上有了这么一批批眼睛向下看的文人学士，正是他们的悲天悯人的情怀，才为这暗无天日的封建社会抹上了一丝亮色。

这里还要说的是，散文在语言信息量的承载上比诗歌更大，可以涵盖的内容更多。屈大均在这篇记文中，采取了先扬后抑的写法。他先写广东水乡的物产众多、富足丰饶，写在岭南谋生的简单容易，然后笔锋一转，描写疍家人的“揾食艰难”，最后点出“海利虽饶，取于人不能取于天也”，让读者在思想上震惊之余，又对社会现象进行了深入思考。

任嚣[1]墓

题旨

本文选自《广东新语》，记载了秦朝将领任嚣的远见和胸襟。他以安抚施恩、保境安民之策，使南粤在秦汉之际维持了安定和睦的局面，为后来南越国融入中原文化的圈子奠定了基础。

任嚣墓，在南海县西北二里，墓上旧有庙，今亡。镇海楼[2]左，但有三君祠一区[3]，祀嚣及赵佗、陆贾耳。当始皇时，南海尉屠睢[4]以苛法钳制粤人，粤人不服，乘秦人疲惰，潜出奇兵攻之，遂破五军。嚣至，抚绥[5]有道，不敢以秦虎狼之威，复加荒裔[6]，于是民夷[7]稍稍安辑[8]。当是时，秦北有蒙恬，威詟[9]漠庭[10]；南有任嚣，恩洽[11]扬越[12]，而始皇乃得以自安。其后项、刘[13]并起，豪杰纷争，莫知所向。而甘公[14]乃教张耳曰："汉王之入关也，五星聚东井。东井者，秦分也，先至必霸。"自甘公此说一倡，而天下皆归心汉矣。嚣亦善识天文，能知五星余气及越门为南方偏霸[15]之象，卒教尉佗成其业。故张耳之归汉也以甘公，而富贵数世；尉佗之自立也以任嚣，而享国五传，是皆以天文决之。

注释

镇海楼

［1］任嚣：秦朝将领。秦始皇二十五年（前222）屠睢、赵佗率兵攻打岭南失利。后秦始皇派任嚣、赵佗再次率军入岭南，于秦始皇三十三年（前214）平定岭南。任嚣任南海郡尉，节制南海、象郡、桂林三郡，故称“东南一尉”。他以番禺（今广州）为郡治，在今仓边路附近修筑番禺城，史称“任嚣城”，此为广州之始。六年后，正值中原战乱之时，任嚣突然病重，与赵佗共商割据岭南以避战乱。再过了两年，任嚣听说秦朝灭亡，病情加重，遂委任赵佗代理南海郡郡尉，并于同年病逝，葬于番禺。［2］镇海楼：又名望海楼，因当时珠海河道甚宽，故舍“望江”而用“望海”，又因楼高5层，故又俗称“五层楼”。位于广州越秀山小蟠龙冈上，是广州市标志性建筑之一，广东省级文物保护单位。楼前碑廊有历代碑刻，右侧陈列有12门古炮。明朝洪武十三年（1380），永嘉侯朱亮祖扩建广州城时，把北城墙扩展到越秀山上，同时在山上修筑了一座五层楼以壮观瞻。镇海楼曾五毁五建，现建筑为钢筋混凝土结构，是1928年重修时由木构架改建成的。1929年，它成为广州市市立博物馆。1950年改名广州博物馆，其内分朝代陈列广州城2000多年发展的文物史料。2013年3月，镇海楼被列为第七批全国重点文物保护单位。［3］区：座。

［4］屠睢：秦朝武将。秦始皇二十四年（前223），屠睢被拜为国尉，领50万大军出征岭南。屠睢大肆屠杀岭南土著，引起他们的激烈反抗，屠睢被射杀，他和赵佗率领的大军因水土不服以及后勤给养不便，几乎全军覆没。［5］抚绥：安抚，安定。［6］荒裔：指边远地区。班固《封燕然山铭》："铄王师兮征荒裔，剿凶虐兮截海外。"［7］民夷：犹民众。古代用于称呼少数民族民众。《后汉书·刘虞传》："虞初举孝廉，稍迁幽州刺史，民夷感其德化。"［8］安辑：安定，使安定。［9］威詟（zhé）：亦作"威慑"，以声势或威力使之恐惧屈服。［10］漠庭：沙漠，漠北。［11］恩洽：恩情谐和。［12］扬越：汉族先民之一，是百越众支系下的一支部落，即居于扬州地域的越人部落。位于长江中下游一带、江淮之间、岭南地区（含湖南、江西、安徽、福建、广东、广西、越南北部）。［13］项、刘：指项羽、刘邦。［14］甘公：名德，星象家。张耳早年为信陵君门客，授外黄县令，后参加陈胜起义，担任校尉。项羽分封诸侯时，张耳被封为常山王，受到陈馀攻击，想投奔项羽。甘公劝说张耳，汉王入关，五星聚东井，楚虽强，后必属汉。张耳遂归顺汉王刘邦，参加楚汉之争，后来受封为赵王。见《史记·张耳陈馀列传》。［15］偏霸：割据一方。

今译

任嚣的坟墓在南海县西北二里，过去墓上有庙，现在没有了。现在镇海楼的左面，只有一座三君祠，用来祭祀任嚣以及赵佗、陆贾罢了。秦始皇的时候，南海尉屠睢用严刑苛法来钳制粤人，粤人不服帖，乘着秦军疲劳懒惰，偷偷地派出奇兵攻击秦兵，就攻破了秦国的大军。任嚣来了之后，安抚有方，不敢用秦国的虎狼之威，再加到边远的岭南，于是岭南的民众稍稍安定下来。这个时候，秦国北有蒙恬，威慑漠北；南有任嚣，恩情谐和于扬越，因而秦始皇才能安心下来。其后项羽、刘邦一起举义，豪杰纷争，没有人知道应该跟从哪一个。而甘公就教张耳说：汉王刘邦入关，五星聚于东井。东井，就是秦国的分野，先到秦地的人一定能成为霸主。从甘公这一说法唱响之后，天下就都归心于汉了。任嚣也擅长看天文，能知道五星的余气以及南越是南方割据的形势，最后教赵佗成就了南越王的事业。所以张耳归汉是因为甘公，而富贵几代人；赵佗自立是因为任嚣，而享国五代：这都是以星象来决定自己的行动啊。

简析

这篇记文出自《广东新语·坟语》。《坟语》是《广东新语》中很有意思的一卷，记录了广东各地有名的坟茔，其中既有王侯将相以及社会名人的坟墓，包括大禹弟弟的象墓，赵佗墓，五代十国时期南汉高祖刘龑的康陵（在番禺小谷围岛上。广州在2004年建造大学城时发现已经被多次盗挖的刘龑的康陵，进行了考古勘探和抢救发掘，现已建为南汉二陵博物馆和遗址公园），宋端宗的永福陵和他母亲的杨太后陵，广州光孝寺佛殿后六祖慧能的发塔等，也有平民画家李子长的墓、沙亭屈氏家族的山场以及不知姓名的孝子孝女的墓。屈大均记死者，是为了给生者树立榜样。比如本记文所写的任嚣，本为秦国的将领，率军进入岭南后，吸取屠睢严刑滥杀、激起民众反抗的深刻教训，采取安抚施恩之策，所以岭南很快就安定了下来。此后，在秦末天下大乱的时候，任嚣手中握有几十万大军，如果他挥师北上勤王的话，项羽、刘邦的义军可能会遇到很大的麻烦，鹿死谁手，还是一个未知数。可任嚣看清了天下大势，不愿意为延续暴秦的统治卖命，反而在岭南割据、安定百姓，使岭南免受战火之劫。尤其难得的是任嚣病重时，没有像宗法制度下的其他政治家那样，持有“肥水不流外人田”的观念，把权柄传给自己的子孙，而是把岭南托付给自己的副将、具有卓越政治才能和军事才干的赵佗，嘱咐他保境安民，护一方平安。后来七八十年的历史说明，任嚣是托付对了人。岭南在赵佗的治理下，不断安定并渐渐融入中原文化的圈子，到汉武帝时，水到渠成地成为汉朝的一部分。屈大均记载任嚣是有一定意义的。当然，屈大均以天文、星象来解释任嚣的一系列举动，有迷信的成分，那是不足为训的。

鸭

题旨

本文选自《广东新语》。文中描写了农民养鸭，吃掉蟛蜞、保护禾苗的事情，揭示了农村的种种不公和农民生活的困苦。

广州濒海之田，多产蟛蜞[1]，岁食谷芽为农害，惟鸭能食之。鸭在田间，春夏食蟛蜞，秋食遗稻，易以肥大，故乡落[2]间多畜鸭。畜鸭有埠[3]，埠有主，以民有恒产者为之。凡鸭食人田稻，责之埠主，埠主责之畜鸭民，按名以偿，无有敢为暴[4]者。秋获时，鸭价甚贱，佃户纳租，必以鸭副之。然皆海鸭，滋味腥不美。美者山鸭，故南雄烟鸭特重，次则从化所产。

注释

［1］蟛蜞（péng qí）：蟛蜞是淡水产小型蟹类，亦称“蟛蜞”“相手蟹”。穴居近海地区江河泽的泥岸中。喜食腐殖质，也用螯足钳断稻叶吸取液汁。钻洞能力很强，行走速度快。［2］乡落：乡间村落。［3］埠：停船的码头，古亦作“步”。［4］为暴：做坏事。

今译

广州近海的水田，多产蟛蜞，蟛蜞每年都吃禾苗，成为农业危害，只有鸭子能够吃蟛蜞。鸭子在水田中，春天和夏天吃蟛蜞，秋天吃水田里收割后遗留下来的稻穗，容易肥大，所以乡下村落间多养鸭子。养鸭子有码头，码头的主人都是家里有一定物业的人。凡是鸭子吃了水田里的稻子，稻田主人就会质问码头的主人，码头的主人就会质问养鸭子的农民，按姓名来赔偿，没有人敢做坏事。秋收的时候，鸭子的价格很便宜，佃农交地租的时候，一定会顺便送上鸭子。不过都是海鸭，滋味腥膻不好吃。好吃的是山鸭，所以南雄的烟鸭特别贵重，其次就是从化出产的鸭子。

简析

有过农村生活经历的人都知道，种植水稻时主要的农害，一是蟛蜞，二是白翼仔（三化螟虫）。蟛蜞专门吃刚莳下不久的禾苗，白翼仔则在水稻扬花之前钻进水稻的禾心中，被咬的水稻就开不了花，结出的稻穗就不能灌浆，徒有其表，俗称“白旗”。对白翼仔可以灯光诱捕、农药喷杀；而蟛蜞的天敌，就是鸭子。农民经常在水田里放养鸭子，鸭子成群结队地在稻田里呷水而过，稻田里的蟛蜞就成了鸭子嘴里的美食，鸭子也因此吃得肥肥胖胖，成为农民口中的美食，真可谓一举两得。不过，屈大均在这篇记文里，并不是单纯描写农民养鸭子，而是告诉读者农村里的种种不公。无权无势的农民养鸭子要依傍“埠头”，在稻田里放养鸭子时，如果一不小心让鸭子吃了人家稻田里的稻穗，就得给田主赔偿损失，还要接受埠头的质问。每年佃农交地租时，除了交上地租，还得顺便给田主奉上几只自己辛辛苦苦养大的鸭子，要不然，地主一旦不高兴了，抽佃不租给自己田了，一家老小就真没有活路了。虽然当时没有战乱，而且风调雨顺，农民的生活还是不好过，朝不保夕。屈大均给读者描绘的就是这样一幅农村景象。

禾虫

题旨

本文选自《广东新语》。禾虫曾经是广东民间的美味。屈大均从禾虫的产生和捕捞说起，建议当政者平抑豪门，照顾贫穷百姓的生计。

夏暑雨，禾中蒸郁[1]而生虫，或稻根腐而生虫。稻根色黄，禾虫者，稻根所化，故色黄。大者如箸[2]许，长至丈，节节有口。生青，熟红黄。霜降前禾熟则虫亦熟。以初一二及十五六，乘大潮断节而出，浮游田上。网取之，得醋则白浆自出。以白米泔[3]滤过，蒸为膏，甘美益人，盖得稻之精华者也。其腌为脯作醯酱[4]，则贫者之食也。

禾虫，状如蚕，长一二寸，无种类。夏秋间，早晚稻将熟，禾虫自稻根出。潮涨浸田，因乘入海，日夜浮沉，浮则水面皆紫。采者以巨口狭尾之网系于杙[5]，逆流迎之，网尻[6]有囊，囊重则倾泻于舟。杙之所，在江两岸，其名曰埠[7]。埠有主，争者辄讼，与罾门[8]白蚬堂[9]，皆土豪所私以为利者也。论者谓：国家渔课[10]，达于山谷溪涧之水，芥为之舟，课亦不免，故皆敷[11]于里甲[12]。然渔业有浮、实：乘潮掇取[13]，若棹艇[14]往来，浮业也；缯门[15]、禾虫皋之类，实业也。广州边海诸邑，其渔而实业者，尽入豪宗[16]，利役贫民，而不佐公家之赋，所在皆然。鸭皋起于洪武、永乐间，其图具在，虽非渔业，以之抵课有四善焉：免逋负一，去蝨贼[17]二，抑兼并三，弭[18]暴乱四矣。禾虫皋、白蚬堂亦然。当事者尚亦留心于此。

注释

[1]蒸郁：谓热气郁勃上升。 [2]箸（zhù）：筷子。[3]白米泔：淘米水。 [4]醯（xī）酱：醋和酱。亦指酱醋拌和的调料。 [5]杙（yì）：小木桩。 [6]尻（kāo）：原意是屁股，脊骨的末端。这里指尾部。 [7]皋：土山。[8]罾（zēng）门：捞罾是渔具，形制四方，宽三丈六尺，用船施放，鱼来才下罾，并用石赶鱼入罾；沉罾，长十余丈，口大尾小，尾旁有一穴，让水母等水生物出去。在水上浮两根木头以支持罾口，又置二木于水中，系于罾口的木头上，称为罾门。沉罾口宽三丈六尺，朝向上流，潮水缓则罾口合，潮水涨则罾口张，这样进来的鱼就很多。 [9]白蚬堂：不详，从上下文推断，应该为一宗族组织。 [10]渔课：官府向渔人征收的渔税。[11]敷：布置。 [12]里甲：里甲是明州县统治的基层单位，后转为明三大徭役（里甲、杂泛、均徭）的名称之一。里甲之役以户计，以邻近的110户为1里，从中推丁多田多的10户轮流充当里长，余100户分10甲，每甲10户，轮流充当甲首。每年由里长1人率

领10甲的甲首应役，称“当年”。10年轮流一遍，称“排年”。期满后，按各户人丁和田地增减重新编排。若里长有贫困者，在110户中另选；逃亡的补足。［13］掇取：拾取、摘取的意思。［14］棹艇：划船。［15］缯（zēng）门：在河道海滩打桩挂渔网。［16］豪宗：指豪门大族。［17］蟊贼：吃禾苗的两种害虫，比喻危害国家或人民的人。［18］弭（mí）：平息，停止，消除。

今译

夏天下大雨的时候，稻田里热气郁勃上升而生出虫来，或者是稻根腐败而生出虫来。稻的根部是黄色，禾虫是稻根化生的，所以也是黄色。禾虫大的好像筷子那样，长的有一丈，每一节都长着嘴巴。禾虫未成熟的时候是青色的，成熟以后就变成红黄色的了。霜降前水稻成熟，禾虫也就成熟了。在初一初二及十五、十六，乘着海中大潮断节而出，浮游在稻田的水面上。用网捞取，加上醋就会自己溢出白浆。以淘米水过滤后，蒸成膏状，甜美有益于人，因为它得到稻的精华。把它腌制为禾虫干作成醋酱，那就是穷人家的食物啦。

禾虫，形状就像蚕一样，长一二寸，没有种类。夏秋之间，早晚稻将成熟，禾虫就从稻根里面出来。潮水涨起浸没稻田，就乘着潮水进入大海，日夜浮沉，浮起来的时候水面都是紫色的。采摘禾虫的人用大口小尾的网系在小木桩上，逆着海流迎向它，网的尾部有口袋，口袋装重了就倾泻在船上。小木桩打在江的两岸，它的名字叫埠。埠都是有主的，争抢埠的人动不动就打官司，这些埠和罾门白蚬堂，都是土豪用来谋私利的。论者说：国家收渔税，哪怕是山谷中的小河、溪里的水，哪怕是芥子那么小的船，都不能免除，所以渔税都布置在里甲中收取。但是渔业有浮业、实业之分，赶着潮水拾取，好像划着船往来，就是浮业；缯门、禾虫埠之类，就是实业。广州海边的各个渔村，打鱼的实业都被豪门大族占取了，他们收利而役使贫民，却不交国家的赋税，到处都是这样。鸭阜产生于明朝的洪武、永乐年间，鸭阜的地图都在，虽然不属渔业，用鸭阜的收入交税有四个好处：一是可以免除拖欠赋税；二是可以消除危害国家或人民的人；三是可以抑制兼并；四是可以平息暴乱。禾虫阜、白蚬堂都是这样。掌权者还是应该留意这些事。

简析

上了年纪的老广，对禾虫一定不会陌生。在蛋白质匮乏的年代里，禾虫天生地长，无须饲养，而且价格低廉、味道颇佳，是人们补充蛋白质的最优选的途径，即屈大均介绍的“其腌为脯作醯酱，则贫者之食也”。屈大均的《广东新语·虫语》中有两篇《禾虫》，后一篇是前一篇的补充和修正。我们把这两篇放在一起向大家介绍。

禾虫，学名疣吻沙蚕，又名流蜞，是沙蚕的一种，属环节动物毛足纲。疣吻沙蚕秋季时多栖身于水稻田，以腐稻根为食，近海渔民多捕食之。禾虫体像蜈蚣，脚多于蜈蚣，颜色或青或红，富含蛋白质和维生素B，盛产于珠江三角洲，广东人嗜食禾虫。禾虫的吃法有多种，有炖钵仔禾虫、生炒禾虫、煲禾虫莲藕眉豆汤等，都为食客所喜爱。

两篇《禾虫》，上一篇显然来自民间传说，所以除了有禾虫的吃法之外，还有一些荒诞不经的东西，比如说“禾虫者，稻根所化”，所以是黄颜色的；又比如说禾虫大的有如筷子，甚至能够长到一丈长，还“节节有口”。或许屈大均自己也觉得这些说法不太可信，所以下一篇里说“早晚稻将熟，禾虫自稻根出”，这就比较符合事实了，大概这种记录源自他的亲眼观察。接着从禾虫的捕捞，说到世家大族霸占自然资源，占尽利益，还要役使平民百姓，躲避向国家交税的义务。屈大均想出的办法，就是用鸭阜的收入交税，抑制兼并，也防止穷人铤而走险。他郑重其事地向当政者提出自己的建议，希望当政者能够稍微照顾一下穷苦老百姓的生计。或许，这就是屈大均写《禾虫》的真正用义吧。至于屈大均为什么把上一篇仍旧保存，而不删除？恐怕他对于民间传说还是将信将疑，于是在此把两篇《禾虫》一起收录，让读者自己去分辨是非。

羊桃

题旨

本文选自《广东新语》，介绍了羊桃的来历、分类、吃法和作用，是一篇标准的说明文。

羊桃，其种自大洋来。一曰洋桃，树高五六丈，大者数围，花红色，一蒂数子。七八月间熟，色如蜡。一名三敛子，亦曰山敛。敛，棱[1]也，俗语讹棱为敛[2]也；亦以其味酸，能敛颜色也。有五棱者名五敛，以糯米水浇则甜，名糯羊桃。广人以为蔬，能辟岚瘴[3]之毒。中蛊者，捣自然汁饮，毒即吐出。脯之，或白蜜[4]渍[5]之，持之北方，不能水土与疟[6]者，皆可治。苏长公[7]诗："恣[8]倾白蜜收五棱，细劚黄土栽三桠[9]。"注：广南以田为棱，收五棱，则所种酒稻[10]、白蜜以言酒，皆非也。五棱与三桠对，《人参赞》[11]曰：三桠五叶，背阳向阴。

注释

[1] 棱：指的是物体上的条状突起，或不同方向的两个平面相连接的部分。 [2] 敛：收束，约束。 [3] 岚瘴（lán zhàng）：山林间的瘴气。苏轼《与刘宜翁书》中有："峤南山水

奇絶，多异人神药，先生不畏岚瘴，可复谈笑一游，则小人当奉杖屦以从矣。” ［4］白蜜：多指结晶后的洋槐花蜂蜜，也称土蜂蜜，它的浓度较高，营养成分也相当齐全。 ［5］渍：浸，沤。［6］疟：一种按时发冷发烧的急性传染病，病原体是疟原虫，由疟蚊传染到人体血液里。 ［7］苏长公：苏轼，引诗出自苏轼的《次韵正辅同游白水山》。 ［8］恣：放纵，无拘束。 ［9］三桠：即人参，以其三桠五叶，故称。苏轼《紫团参寄王定国》诗：“欲持三桠根，往侑九转鼎。” ［10］酒稻：一种专门用来酿酒的稻谷。 ［11］《人参赞》：我国最早的咏人参诗，记录在南北朝齐梁时期医学家陶弘景的《名医别录》《药总诀》等医书里，全称叫作《高丽人作人参赞》，有“三桠五叶，背阳向阴，欲来求我，椴树相寻”。

今译

羊桃这一物种从海外来，又有一个名字叫洋桃，羊桃树高有五六丈，大一点的要几人合抱，花是红色的，一个花蒂可以结几个羊桃。七八月间成熟，颜色好像蜡一样。另一个名字叫三敛子，也叫山敛。敛，就是棱的意思，俗语讹传把棱读作敛；也因为它的味道很酸，能收敛颜色。有五条棱的叫五敛，用糯米水浇灌果实就会很甜，名字叫作糯羊桃。广东人用它来作蔬菜，能解山林间瘴气的毒。中毒的人，捣羊桃汁喝下，就会把毒呕吐出来。把它做成羊桃干，或者用白蜜泡渍，携带着去北方，不服水土的和得了疟疾的人，都可治愈。苏轼诗说：“无拘无束地倒下白蜜收束五棱，细细挖开黄土栽种三桠。”注：广东以田为棱，收束五棱，那么拿所种的酒稻、白蜜来说酒，都是不对的。苏轼的诗句中以五棱与三桠相对，《高丽人作人参赞》里就说：三桠五片叶子，背阳向阴。

简析

本记文出自《广东新语·木语》。《木语》记载的，都是广东各种花木，包括各种果树。羊桃是岭南佳果之一，广东多地均有种植。其味甜中带酸，十分可口，很受大家喜爱。还有一种和羊桃的样子长得一模一样的山敛，酸得不能入口，只能腌“咸酸”，所以乡下人又叫其为“酸敛”，大概也是“山敛”的讹传吧。

据现代植物学家研究，羊桃原产于马来西亚、印度尼西亚，广泛种植于热带各地，后来才引种到中国。除了广东，广西、福建、台湾、云南等地也有栽培。所以，屈大均这篇记文开头就是一句“羊桃，其种自大洋来”。不过，早在东汉杨孚《异物志》中已有记载：“薕实虽名三薕（棱），或有五六，长短四五寸，薕头之间正岩，以正月中熟，正黄多汁，其味少酢（酸），藏之益美。”晋朝嵇含的《南方草木状》的记述则更显明：“五敛子大如木瓜，黄色，皮肉脆软，味极酸。上有五棱，如刻出，南人呼棱为敛，故以为名。以蜜渍之，甘酢（酸）而美。出南海。”也就是说，中国在一千多年前的汉晋时期已引进羊桃了。这说明中国与世界各国的贸易往来，互通有无，已经有千年以上的历史了。

然而，老广几乎定论的五敛子之名，又是怎么变成洋桃的呢？那都是北来之人“惹的事”。“始作俑者”是南宋江苏人范成大。他曾经出任过静江府（今广西壮族自治区桂林市）知府兼广西经略安抚使，对岭南并不陌生。所以在《桂海虞衡志》里，范成大说：“五棱子形甚诡异，瓣五出，如田家碌碡状，味酸，久嚼微甘。闽中谓之羊桃。”对此，雍正《广东通志》编者说：“此即五敛子也。有三棱、四棱以至七八棱者，统名曰五棱。……然与苌楚、羊桃名同而实异，或曰种自大洋来，故谓之羊（洋）桃。”原来这些北来之人，以中土为本位，老拿岭南物产与中原地区相比，说像中原地区的什么东西，因为岭南的五敛子有点像中原地区的羊桃，所以这些掌握话语权的北方人，名之为羊桃，又因为那种羊桃相传引种自海外，便又名为洋桃了。这种情形，不只是洋桃，故先贤们又说：“以下诸果（岭南水果）多与北土名相混者。”

洋桃的妙用，屈大均在本记文中说：“广人以为蔬，能辟岚瘴之毒。中蛊者，捣自然汁饮，毒即吐出。脯之，或白蜜渍之，持至北方，不能水土与疟者，皆可治。”后世多沿袭他的说法。而治疟之法，清人吴绮《岭南风物记》的记载颇有不同：“广人去棱边切片，用生姜榨油，用为小菜，云可宽胸兼能治疟。”而洋桃最堪记取的效用，当是清末长期在广东做幕僚的喻福基在其《海天楼诗钞》里一首《洋桃四十寄须芥庵弥保》所记的。该诗先痛陈鸦片之害，再说洋桃能戒治鸦片毒瘾之效：“天锡（赐）却疾方，胜授延年诀。（自注：洋桃治烟积，入药戒瘾神效。）”因此呼吁：“盍（何不）种万亩桃，年年蕡实结。嘉惠我黔黎（老百姓），诸邪悉荡决。”洋桃的这种功用，文献多不见载，故稍后的博闻之士瞿兑之教授在其《养和室随笔》中称：“洋桃治烟瘾，人亦罕知之。”那今天知道的人就更少了。据此看来，屈大均可真是博学多闻啊。

大荔细荔

题旨

本文选自《广东新语》。荔枝在岭南佳果中名气最大，怪不得人们都在争说自己家乡的荔枝最好。

《潮州府志》："大荔、细荔。大荔，荔枝；细荔，龙眼也。"龙眼本荔枝之族，具体而微[1]，故曰细荔，亦曰荔奴[2]。粤人以荔支、龙眼为业，随土壤所宜种之，种荔奴之利多于荔支，然荔奴之美不若闽，荔支则过之矣。秀水[3]朱氏[4]云，闽越荔支，优劣向无定论。世之品荔支者不一，或谓闽为上，蜀次之，粤又次之。或谓粤次于闽，蜀最下。以予论之，粤中所产挂绿[5]，斯其最矣。福州佳者，尚未敌岭南之黑叶[6]。而蔡君谟[7]《谱》乃云："广南州郡所出精好者，仅比东闽之下等。"是亦乡曲[7]之论也。

注释

[1] 具体而微：指事物的各个组成部分大体都有了，不过形状和规模比较小些。具体：即各部分已大体具备。微：即微小。出自《孟子·公孙丑上》："冉牛、闵子、颜渊，则具体而微。"

［2］荔奴：骂人愚拙的话。《晋书·刘曜传》："曜怒甚，毁其表曰：'犬荔奴，不忧命在须臾，犹敢如此！'"　［3］秀水：地名，今浙江省嘉兴市。　［4］朱氏，不详，疑指屈大均的朋友秀水人朱彝尊。　［5］挂绿：挂绿荔枝，是荔枝最佳品种之一，主产于广东增城。挂绿荔枝果实扁圆，不太大，果蒂带有一绿豆般的小果粒；蒂两侧果肩隆起，带小果粒侧稍高，谓之龙头，另一边谓之凤尾。果实成熟时红紫相间，一绿线直贯到底，"挂绿"一名因此而得。果肉细嫩、爽脆、清甜、幽香，特别之处是凝脂而不溢浆，用纱包裹，隔夜纸张仍干爽如故。屈大均在《广东新语·木语·荔枝》中说："挂绿爽脆如梨，浆液不见，去壳怀之，三日不变。"［6］黑叶：黑叶荔枝，又名乌叶荔枝，是荔枝的一个品种。粗生，叶色浓绿近黑，故称黑叶。黑叶原产广东，为福建、广东、广西、台湾等南亚热带沿海一带广泛种植的古老地方品种。一般3月上中旬开花，6月上中旬成熟上市。　［7］蔡君谟：即蔡襄，字君谟。今福建省仙游县人，北宋名臣，书法家、文学家、茶学家。他考上进士后，先后任馆阁校勘、知制诰、翰林学士等职，后出任福建路转运使，知泉州、福州、开封和杭州府事。为官正直，所到之处皆有政绩。在福州时，去民间蛊害；在泉州时，与卢锡共同主持建造万安桥（洛阳桥）；在建州时，倡植福州至漳州七百里驿道松，主持制作北苑贡茶"小龙团"。所著《茶录》总结了古代制茶、品茶的经验，而《荔枝谱》则被称赞为"世界上第一部果树分类学著作"。　［8］乡曲：乡里，亦指穷乡僻壤，形容识见寡陋。

今译

《潮州府志·大荔细荔》说："大荔就是荔枝，细荔就是龙眼。"龙眼本来是荔枝同科植物，组成部分大体相同，不过形状和规模比较小些。

所以叫细荔，又叫作荔奴。广东人以种植荔枝、龙眼为业，随土壤所适宜的地方种植，种龙眼的收益多于荔枝，但是龙眼之美不如福建，荔枝则超过了福建。秀水朱氏说，福建、广东的荔枝，优劣向来没有定论。世上品味荔枝的人很多，有的说福建的荔枝为上，四川的次之，广东的又次之。有的说广东的次于福建的，四川的最差。以我看来，广东出产的挂绿荔枝，是荔枝中的极品。福州好的荔枝，还比不上岭南的黑叶荔枝。而蔡君谟《荔枝谱》竟然说："广东州郡所出的好荔枝，仅仅可以和福建的下等荔枝媲美。"这也是乡巴佬之见。

简析

本记文出自《广东新语·木语》，《木语》中谈及荔枝的记文有好几篇，比如《荔枝》《龙眼》《粤东荔支早熟》《御摘荔支》等篇。因为荔枝在岭南佳果中名气最大，连走南闯北见多识广的苏轼，也有一首脍炙人口的《食荔枝》诗："罗浮山下四时春，卢橘杨梅次第新。日啖荔枝三百颗，不辞长作岭南人"。他惊艳于荔枝的美味，甚至乐不思蜀，忘记了自己被贬谪的烦恼。荔枝也因为苏轼的诗而名扬全国。记文从荔枝、龙眼的同中有异开始说起。屈大均认为，"龙眼本荔枝之族，具体而微"，现代植物学家认为，龙眼和荔枝属于同科不同属，这和屈大均的主张不谋而合。记文的主体是比较广东、福建所产荔枝的优劣。虽然众说纷纭，但屈大均是坚定的广东派，认为福建的荔枝远远比不上广东的荔枝，甚至把宋代名臣蔡襄的《荔枝谱》嘲笑的一钱不值，认为这是典型的乡巴佬之见，因为蔡襄说过："广南州郡所出精好者，仅比东闽之下等"，是可忍，孰不可忍！仔细一查蔡襄的履历，原来蔡襄是福建仙游人，怪不得要为福建产的荔枝叫好了。看来，乡土观念不论古今都是存在的。好笑的是，屈大均、蔡襄都是文化名人，可他们在一些涉及乡土问题的表述中就变得一叶障目，侃侃而谈时就像小孩子在赌气一样。

蔗

题旨

本文选自《广东新语》。本文对甘蔗的种类、种植方法，甘蔗榨糖的流程、糖的分类等问题做了详尽介绍。

蔗之珍者曰雪蔗，大径二寸，长丈，质甚脆，必持以木，否则摧折[1]。《世说》[2]云“扶南[3]蔗，一丈三节，见日即消，风吹即折”是也。其节疏而多汁，味特醇好，食之润泽人，不可多得。今常用者曰白蔗，食至十梃[4]，膈热尽除。其紫者曰昆仑蔗，以夹折肱，骨可复接，一名药蔗。其小而燥者曰竹蔗，曰荻蔗，连冈接阜，一望丛若芦苇，然皮坚节促不可食，惟以榨糖。糖之利甚溥[5]，粤人开糖房者多以致富，盖番禺、东莞、增城糖居十之四，阳春糖居十之六，而蔗田几与禾田等矣。凡蔗，以岁二月必斜其根种之，根斜而后蔗多庶[6]出。根旧者以土培壅，新者以水久浸之，俟出萌芽乃种。种至一月，粪[7]以麻油之麸。已成干，则日夕掐拭其蝨[8]，剥其蔓荚[9]，而蔗乃畅茂。蔗之名不一，一作肝𦢈，蔗之甘在干在庶也，其首甜而坚实难食，尾淡不可食，故贵其干也。蔗正本少，庶本多，故蔗又曰诸蔗。诸，众也，庶出之谓也，庶出者尤甘，故贵其庶也。曰都蔗[10]者，正出者也，曹子建[11]有《都蔗诗》，张协[12]有《都蔗赋》，知其都之美，而不知其诸子美也。增城白蔗尤美。冬至而榨，榨至清明而毕。其蔗无宿根，悉是当年，故美。榨时，上农一人一寮[13]，中农五之，下农八之十之。以荔支木为两辘[14]，辘辘相比若磨然，长大各三四尺，辘中余一空隙，投蔗其中，驾以三牛之牯[15]，辘旋转则蔗汁洋溢。辘在盘上，汁流槽中，然后煮炼成饴[16]。其浊而黑者曰黑片糖，清而黄者曰黄片糖。一清者曰赤沙糖，双清者曰白沙糖，次清而近黑者曰瀵尾[17]。最白者以日曝之，细若粉雪，售于东西二洋，曰洋糖；次白者售于天下；其凝结成大块者，坚而莹，黄白相间，曰冰糖，亦曰糖霜。

注释

［1］摧折：折断。　［2］《世说》：即《世说新语》。古小说集。南朝宋刘义庆撰。主要记载汉末至东晋士大夫的言论、逸事。　［3］扶南，是存在于古代中南半岛上的一个古老王国，存在时间是从公元1世纪一直持续到公元7世纪末叶。在东南亚古代王国中，扶南的国土是较为广大的，其辖境大致相当于当今柬埔寨全部国土以及老挝南部、越南南部和泰国东南部一带，同时在周边地区拥有一些属国，其中较著名的是真腊。扶南是历史上第一个出现在中国古代史籍上的东南亚国家，也是中国古代史籍中经常出现的东南亚国家。公元9世纪初，水陆二真腊又归统一，且重新取得了独立地位，并于802年建立了吴哥王朝。吴哥王朝国势强盛、文化繁荣，对中南半岛

几乎所有国家都产生重大影响，也奠定了中南半岛诸国的文字基础和宗教基础。［4］梃：根。［5］溥：广大、普遍。［6］庶：众多。［7］粪：施肥。［8］螆：指疥疮或寄生虫，蚜虫。［9］蔓荚：指不断生长的蔗叶。［10］都蔗：即甘蔗。［11］曹子建：曹植，字子建，沛国谯县（今安徽省亳州市）人，是曹操与卞皇后所生第三子，生前曾为陈王，去世后谥号“思”，因此又称陈思王。曹植是三国时期曹魏著名文学家，建安文学的代表人物，其代表作有《洛神赋》《白马篇》《七哀诗》等。后人因其文学上的造诣而将他与曹操、曹丕合称为“三曹”。［12］张协：字景阳，西晋文学家，安平（今属河北省）人。少有俊才，与兄长张载齐名。［13］寮：小屋。［14］辘：机械上的绞盘。［15］牯：母牛；亦指阉割后的公牛；亦泛指牛。［16］饴：饴糖，用麦芽制成的糖。此指蔗糖。［17］瀵（fèn）尾：地下泉水，这里用作近黑的蔗糖的名字。

今译

蔗之珍品叫雪蔗，大一点的直径有二寸，高一丈，质地很脆，一定要用木夹持，否则就会折断。《世说新语》中说的扶南国的甘蔗，一丈高只有三节，见到太阳就会消散，风一吹就会折断，就是这种蔗。雪蔗的节生得很疏而且多汁，味道特别醇香美好，吃雪蔗能使人润泽，不可多得。现在常常食用的甘蔗叫白蔗，吃了十根白蔗，胸热全部消除。紫皮的甘蔗叫作昆仑蔗，用来夹住断臂，骨头可以再接上，所以还有一个名字叫药蔗。甘蔗中小而且少汁的叫作竹蔗、荻蔗，漫山遍野，一眼望去一丛丛的好像芦苇，不过蔗皮结实、蔗节很密不可以咬食，只能用来榨糖。糖的收益很普遍，广东人开糖房的很多靠榨糖致富，因为番禺、东莞、增城出产的糖占了十分之四，阳春出产的糖占了十分之六，那里的蔗田差不多和稻田相等了。凡是甘蔗，每年二月一定要斜着把蔗根种下去，根斜了之后甘蔗才会一丛丛长出。保留旧蔗根的要用泥土培壅在蔗根上，新种的以水浸泡蔗种很久，等蔗根长出萌芽才种。种下一个月之后，就要用麻麸施肥。长成茎干后，要早晚抹拭甘蔗茎干上的蚜虫，剥掉甘蔗茎干上不断生长的蔗叶，甘蔗才会长得顺畅茂盛。蔗的名字不只一个，还叫肝蔗。甘蔗的甜味在甘蔗的茎干和丛生的茎干上，甘蔗根部虽甜但是坚硬难吃，甘蔗的尾部味清淡不可以吃，所以（人们）看重它的茎干。甘蔗的主干少，丛生的茎干多，所以甘蔗又叫作诸蔗。诸，就是众的意思，说的就是它的丛生，丛生的茎干特别甜，所以看（人们）重它丛生的茎干。被称作都蔗的，指的是甘蔗的主干，曹植有《都蔗诗》，张协有《都蔗赋》，知甘蔗主干的甜美，而不知道甘蔗丛生的茎干的甜美啊。增城出产的白蔗尤其甜美。冬至开始榨糖，榨到清明结束。白蔗不留宿根，全部是当年种的，所以甜美。榨糖的时候，富农一家一座糖寮，中农五家合建一座糖寮，贫农八家十家合建一座糖寮。用荔枝木做成两个绞盘，绞盘与绞盘相并好像磨盘一样，长宽各三四尺，绞盘中间留一个空隙，把甘蔗投放其中，驾上三条牛牯，绞盘旋转则甘蔗的汁液榨了出来。绞盘在平台之上，甘蔗的汁液流到槽中，然后煮炼成蔗糖。蔗糖浑浊色黑的，叫黑片糖；蔗糖清澈色黄的，叫黄片糖。蔗糖一度清澈的叫赤沙糖，双度清澈的叫白沙糖，比较清澈却又近黑色的叫瀵尾。蔗糖最白的放在太阳底下暴晒，晶体细细好像是粉和雪的，出售到东西二洋，叫作洋糖；蔗糖比较白的在国内售卖；凝结成大块的，坚实晶莹，黄白相间，叫作冰糖，又叫作糖霜。

简析

甘蔗是岭南佳果之一，不过和其他水果吃果实不同，甘蔗吃的是茎干。屈大均在这篇记文中像是一个科普工作者，将甘蔗的种类、甘蔗的种植，还有用甘蔗榨糖的流程、糖的分类一一道来，使人大开眼界。对于直接食用的白蔗，屈大均在《广东新语·草语·芭蕉》中另外做了介绍："增城之西洲，人多种蕉，种至三四年，即尽伐以种白蔗。白蔗得种蕉地，益繁盛甜美。而白蔗种至二年，又复种蕉。……其蕉与蔗，相代而生，气味相入，故胜于他乡所产。"他说的西洲，是增城新塘镇的一个村子，与现在出名的生产水南白蔗的水南村毗邻。水南白蔗属于白蔗的一种，据说是清朝皇家贡品，因盛产于增城区新塘镇水南村而得名。该村地处珠江三角洲平原，水土肥美，适宜种植甘蔗。白蔗扎根深至3米开外，茎秆长5~6米，且冬至过后其生势仍然壮旺。该品种的特点是：蔗汁多而清甜，皮薄肉脆，掷地即折，亦有"玻璃白蔗"之称。屈大均这篇记文用今天的说法，就是说明文。说明文的特点主要就是条理清晰，要言不烦，说明准确生动。屈大均做到了。

水仙

题旨

本文选自《广东新语》。文中简单介绍了水仙花。

水仙头，秋尽，从吴门[1]至。以沙水种之，辄作六出花，隔岁则不再花，必岁岁买之，牡丹亦然。予诗："冬尽人人争买花，水仙头共牡丹芽。"

注释

[1] 吴门：苏州。

今译

水仙头，秋末从苏州运来。在盘里用沙和水种养，就会开出六瓣的水仙花来。隔年水仙头就不再开花，所以一定要每年都买水仙头，牡丹也是这样。我的诗有说：冬末人人都争着买花，水仙头和牡丹花芽。

简析

广州人对水仙花很熟悉，每年过年，家家户户的客厅里必定供养着一

水仙花

盘水仙花，让水仙花的“金盏银台”（白色的花瓣和金色的花蕊）为新年增添喜庆，让水仙花的清香弥漫每个人的心田。由于水仙花不能留种，所以每年都必须购买水仙头。浸泡、换水，根据每年的温度调节盘中水量的多少，这也是广州人准备过年的必备功课。

屈大均生活在明末清初，那时候的水仙头多从苏州运来，现在广州出售的水仙头则绝大多数是从福建漳州运来的。中国水仙的原种为唐朝时从意大利引进，是法国多花水仙的变种，在中国已有1000多年栽培历史，经上千年的选育而成为世界水仙花中独树一帜的佳品，为中国十大传统名花之一。宋元时代，闽、浙沿海地区水仙种植开始兴起，这与这些滨海经济圈的经济、文化足以支撑水仙花这一观赏消费性物种商品生产的发展有着密切的关系。明朝自嘉靖以来，苏州嘉定、吴县一带成了水仙种植的中心地区，当时影响很大。苏州水仙种植兴盛、声名远播，在清代进一步市场化，大量销往广东。不过从康熙中后期起，水仙种植的重心再次转移到了福建，漳州水仙异军突起，漳州府龙溪县水仙开始一枝独秀，产生影响。乾隆以后，漳州成了全国水仙种植、贸易和出口的主要地区。从光绪年间开始，漳州水仙不仅经销国内，还自厦门出口远销至美国、加拿大等海外地区，自此，漳州成了国内最著名的水仙产地。

说起水仙花，古代文学作品中有不少篇章有描写，姑举二例：《红楼梦》第五十二回里写到潇湘馆里摆着水仙：“因见暖阁之中有一玉石条盆，里面攒三聚五栽着一盆单瓣水仙，宝玉赞这花香，黛玉便说：‘这屋子里一股药香，反把这花香搅坏了。不如你抬了去，这花倒清净了，没有什么杂味来搅他。’”黛玉是苏州人，看着故乡之物，怎能不牵动一腔思乡的愁绪。清朝还有一个水仙花痴李渔，他在《闲情偶寄》中写道：“水仙一花，予之命也。丙午之春，先以度岁无资，衣囊质尽。水仙开时，则为强弩之末，索一钱不得矣。欲购无资。家人曰：‘一年不看此花，亦非怪事。’予曰：‘汝欲夺吾命乎？宁减一岁之命，勿减一岁之花。’家人无奈，只得变卖簪环购之。”把水仙花和生命相提并论，也着迷得可以了。

蕹[1]

题旨

本文选自《广东新语》。蕹菜是广州最常见的蔬菜之一，本文介绍了清朝水蕹的种植方法。

广州西郊，为南汉[2]芳华苑[3]地，故名西园。土沃美宜蔬，多池塘之利。每池塘十区，种鱼三之，种菱、莲、茨菰三之，其四为蕹田。蕹无田，以篾为之，随水上下，是曰浮田。予诗："上有浮田下有鱼，浮田片片似空虚。撑舟直上浮田去，为采仙人绿玉蔬。"浮田一名架田，亦曰葑。冬时去葑以种芹，而浮田不见矣。蕹叶如柳而短小，其茎中空，性冷味甘，以城南大忠祠[4]所产者为上。芹生冬春之交，得木气先，长至四五尺，茎白而肥，以西园所产为上。谚曰："南蕹西芹。菜茹[5]之珍。"

注释

[1] 蕹（wèng）：蕹菜，是常见的蔬菜，也叫空心菜。

[2] 南汉：五代十国时期的政权之一，地处现我国广东、广西及越南北部，面积约40万平方公里。唐末，刘谦任封州（现广东封开）刺史，拥兵过万，战舰百余。刘谦死后，刘隐继承父职，逐步统一岭

南。刘隐死后，其弟刘龑袭封，他凭借父兄在岭南的基业，于后梁贞明三年（917）在番禺（今广州）称帝，改广州为兴王府，国号“大越”。次年11月，刘龑改国号为汉，史称南汉，是为南汉高祖。宋开宝四年（971），南汉为宋朝所灭，历四帝，54年。［3］芳华苑：南汉皇家花园。［4］大忠祠：清赵翼《陔馀丛考·大忠祠》有“广东省城有大忠祠，祀宋文天祥、陆秀夫、张世杰。而新会之厓山，亦有大忠祠，祀此三人”。［5］菜茹：菜蔬。出自《汉书·食货志上》。

今译

广州的西郊，是南汉国芳华苑的地盘，原名西园。田土肥沃丰美适宜蔬菜种植，多有池塘的收益。每个池塘都分十片，十分之三的面积养鱼，十分之三的面积种菱、莲、茨菰，剩下的十分之四就是蕹菜田了。种蕹菜没有田土，用竹篾编成竹排，随着水浮上浮下，这就是浮田了。我的诗写道：“上有浮田下有鱼，浮田片片似空虚。撑舟直上浮田去，为采仙人绿玉蔬。”浮田又叫作架田，也叫作葑。冬天撤除葑种芹菜，而浮田就不见了。蕹菜叶子好像柳叶不过更短更小，蕹菜的茎是中空的，性凉味甘，以城南大忠祠所生产的为上品。芹菜生在冬春之交，得木气之先，可以长到四五尺长，茎白而且肥大，以西园所生产的为上品。谚语说：南面的蕹菜西面的芹菜，蔬菜中的珍品啊。

简析

蕹菜是广州人餐桌上常见的蔬菜之一。现在的蕹菜分为水蕹、旱蕹。水蕹种在水田里，比种在旱地的旱蕹更加嫩脆，吃起来口感更好。不过屈大均告诉我们，他生活的时代，水蕹是不占田土的，而是种在浮在池塘水面上的竹排上，酷似今天先进农业中广泛应用的无土栽培。春夏秋种蕹菜，冬天撤去竹排就可以种芹菜了，真是充分利用了土地。没有想到，清朝农民的智慧不下于当今的农业专家。这也是阅读屈大均这篇记文给我们带来的惊喜。

苦瓜

题旨

本文选自《广东新语》，文中说明了苦瓜的品性，岭南人用苦味解暑的缘由。

苦瓜，一名菩莛，一名君子菜。其味甚苦，然杂他物煮之，他物弗苦。自苦而不以苦人，有君子之德焉。又诸蓏[1]性寒者多不克化[2]，而苦瓜其性属火，以寒为体，以热为用，其皮其子皆益人，又有君子之功，故今北人亦嗜之。然大抵南交[3]喜食苦，其地火房[4]，大炎[5]上，炎上作苦，故人多以苦味解暑。《内则》[6]：调味夏多苦。《周礼注》：夏多苦者，南方火，味苦。属夏，夏时调和，食苦多于余味一分，故云夏多苦。粤人盖此意，故茶以苦艼[7]点之，肴[8]以苦瓜杂之。

注释

[1] 诸蓏：各种草本植物的果实。“蓏”与木本植物的果实叫“果”相对。 [2] 克化：方言，消化。 [3] 南交：指交趾，古地区名，泛指五岭以南。因地处南方，故称。 [4] 火房：火星的分野。古代人按天上星辰的位置，把地面划分为十二个区域，叫

分野。《左传·昭公十七年》有："宋，大辰之虚也；陈，大皞之虚也；郑，祝融之虚也：皆火房也。" ［5］大炎：形容气候上大热。 ［6］《内则》：是《礼记》的一篇，主要内容是记载男女居室事父母、舅姑之法。指家庭主要遵循的礼则。 ［7］苦艼（dǐng）：木名，即皋芦，现称苦丁茶，是一种非茶类的植物茶，茶色清凉，味苦后甜，沁人肺腑，风味比较独特。 ［8］肴：做熟的鱼肉和猪牛羊肉。荤菜。

今译

苦瓜，一名菩荙，一名君子菜。它的味道很苦，不过掺杂其他东西来煮，其他东西不苦。自苦而不苦其他东西，有君子之德啊。各类瓜果性质寒凉的多不容易消化，而苦瓜的性属质火，以寒凉为体，以它的热起作用，它的皮它的籽都对人有益，又有君子之功，所以现在北方人也喜欢吃苦瓜。不过大抵岭南喜欢吃苦味，因为岭南地处火星的分野，气候大热难忍，所以岭南人多以苦味来解暑。《内则》：调味夏多苦。《周礼注》：夏多苦的意思是南方地处火星的分野，味苦。属夏，夏时调和，食苦味多于其他味道一分，所以说夏多苦。广东人喝茶就用苦丁茶来掺和，煮荤菜的时候就将苦瓜掺杂在中间，大概也就是这个道理吧。

简析

苦瓜又名凉瓜，原产于印度尼西亚，后来广泛栽培于世界热带、温带地区。中国南北都普遍栽培。苦瓜味道甘苦，主要用来作蔬菜食用，是广东人挚爱的消夏食品。屈大均在记文中解释了苦瓜的品性，岭南人用苦味解暑的理由。《礼记》是秦汉之际的儒生整理记录的儒家经典。根据五行理论，夏季属火，而火在五味中对应苦味，几千年前中国人的老祖宗就懂得了苦味解暑的道理。今天的中医也认为，夏令暑盛湿重，既伤肾气又困脾胃。而苦味食物可通过其补气固肾、健脾燥湿的作用，达到平衡机体功能的目的。现代科学研究也证明，苦味食品多含有生物碱、氨基酸、苦味素、维生素，以及矿物质等人体十分需要的物质，且具有抗菌消炎、解热去暑、提神除烦、健胃等功用。特别是进入夏季，当发生味觉减退、消化不良、食欲不振等消化功能障碍时，由于人舌面的味蕾对苦味非常敏感，吃点苦味食物可以刺激脾胃的消化能力，增进食欲，使之恢复正常。

屈大均还指出，当时的北方人也喜欢吃苦瓜，这是他多次北上观察而得。这不禁让人想起清朝安徽全椒籍的小说家吴敬梓在《儒林外史》中讲的一段故事：范进中举之后发了疯，他的疯病好了之后，他的母亲又因为儿子搬进了大宅子、仆妇佣人一大堆伺候着，再也不用过苦日子而兴奋过度，突然之间中了风，一病不起。母亲突然去世之后，范进想弄点银子为母亲办风光大葬。张乡绅怂恿他道："高要地方肥美，或可秋风一二。"于是，范进来到了高要县，向自己中举时的考官汤知县打秋风，汤知县见到学生来了，倒也不怠慢，"拥进后堂，摆上酒来。席上燕窝、鸡、鸭，此外就是广东出的柔鱼苦瓜，也做两碗"。汤知县来到广东高要当官，也要入乡随俗，酒宴上吃起了苦瓜，这也印证了屈大均所说的"故今北人亦嗜之"的介绍，好东西是不分南北的，人人都会喜欢。

附录

屈大均编年事略

明崇祯三年（1630）　出生

九月初五日（10月10日）生于南海西场。初名邵龙。父屈宜遇，番禺茭塘思贤乡人，屈大均从小寄养于南海邵家。

明崇祯十七年　清顺治元年（1644）　十五岁

与里人结西园诗社。清军入北京。

南明弘光元年　隆武元年　清顺治二年（1645）　十六岁

得释函昰赏识，介绍从陈邦彦读书粤秀山，治《易》《诗》，学剑术、地理、纵横家学，同学有陈恭尹、薛始亨、程可则等人。以邵龙之名考上秀才。随父归番禺认祖归宗，更名为屈大均。

南明隆武二年　清顺治三年（1646）　十七岁

清军第一次攻陷广州。父携屈大均回乡，告诫他不得出仕清朝。

南明永历元年　清顺治四年（1647）　十八岁

陈邦彦等人起兵抗清，屈大均从军，独当一队。后兵败，陈邦彦被俘不屈，被凌迟处死。屈大均为恩师办理了后事。

南明永历三年　清顺治六年（1649）　二十岁

上一年清将李成栋反正于广州，迎永历皇帝回肇庆。屈大均赴肇庆上《中兴六大典书》，但因父病重急回番禺。十二月，父屈宜遇去世。

南明永历四年　清顺治七年（1650）　二十一岁

十一月，清军再陷广州，屠城。屈大均于番禺礼释函昰出家为僧，法名今种，字一灵。

南明永历七年　清顺治十年（1653）　二十四岁

远游。入庐山，住黄岩寺。

南明永历九年　清顺治十二年（1655）　二十六岁

住罗浮华首台。

南明永历十一年　清顺治十四年（1657）　二十八岁

朱彝尊到东莞，与屈大均会面。后持屈大均诗遍传江南。秋，北上，准备到塞外寻师叔释函可。

南明永历十二年　清顺治十五年（1658）　二十九岁

在江南、北京交结遗民。在山东识王士祯。王士祯极为赏识屈大均的诗。屈大均到东北遍访函可不得。

南明永历十三年　清顺治十六年（1659）　三十岁

回到江南遍访明朝遗民。与好友魏畊等人联络台湾的郑成功军进攻南京。开始撰写《皇明四朝成仁录》。

南明永历十四年　清顺治十七年（1660）　三十一岁

为躲避“通海案”的风头，到山阴祁氏兄弟寓山园读书，诗风一变。在此前后又游历于江浙一带。刊行第一本诗集《道援堂集》。

清康熙元年（1662）　三十三岁

永历皇帝被缅甸人绑送给吴三桂，后被处死。郑成功在台湾病死，南明抗清事业遭受重大挫折。屈大均回故乡番禺，蓄发返儒。

清康熙二年（1663）　三十四岁

因清廷颁“迁海令”，屈大均奉母避难于泷州居住。在此期间编撰《岭南诗选前后集》。

清康熙四年（1665）　三十六岁

春，北上南京。秋冬之交起有秦晋之游，前后达三年之久。屈大均在秦晋联络遗民，以图再举。娶抗清烈士的遗女王华姜为妻。挚友顾炎武受诗案牵连下狱，屈大均急赴北京、山东，积极参与营救。

清康熙八年（1669）　四十岁

屈大均经江南重回故乡番禺。次年因“迁海令”移家东莞并住三年。妻王华姜病死。

清康熙十二年（1673）　四十四岁

清廷下“撤藩令”。十一月，吴三桂在云贵起兵反清。屈大均闻讯后即从粤北到湖南，向吴三桂上书言兵事，被吴任命为广西按察司副司，到广西桂林为孙延龄部监军，至康熙十五年（1676）辞职。

清康熙十五年（1676）　四十七岁

返故乡沙亭，专心撰述。刊行《翁山诗略》。

清康熙十七年（1678）　四十七岁

回乡后的三年多时间中，基本完成了《广东新语》的初稿，不过直至晚年仍陆续增补。

清康熙十八年（1679）　五十岁

清廷为笼络有才能的遗民，举行博学鸿词科考试。屈大均没有参与考试。屈大均为避开清廷对他参与吴三桂军事行动的追究，避地江南一年有余。在黄虞稷千顷堂借读《易》疏，撰写《翁山易外》。

清康熙二十年（1681）　五十二岁

十月，清军攻破昆明，三藩之乱至此平息。屈大均在上一年秋返粤，此后不再远游。

清康熙二十二年（1683）　五十四岁

八月，在台湾的郑成功的孙子郑克塽投降清廷，南明有组织的抗清斗争至此结束。十一月，屈大均至肇庆，初识刚到广东上任的两广总督吴兴祚，并向他赠诗赠词，为其祝寿。

清康熙二十四年（1685）　五十六岁

王士祯奉使至粤，屈大均陪同王士祯游览羊城，又陪同王士祯到肇庆。

清康熙二十五年（1686）　五十七岁

吴兴祚赠给屈大均37亩官田。屈大均刊行《翁山诗外》《翁山文外》。屈大均编撰广东历代作家的作品集《广东文集》及其简缩本《广东文选》，广州知府刘茂溶同意了前广东学道陈肇昌的请求，答应帮助屈大均刊印《广东文选》。

清康熙二十六年（1687）　五十八岁

刊行《广东新语》。在此前后数年中，参与《广州府志》《定安县志》《永安县次志》等地方志的编撰工作。

清康熙二十七年（1688）　五十九岁

刊行《翁山易外》，序是广东驿盐道张云翮所作。

清康熙二十八年（1689）　六十岁

刊行词集《骚屑》，刊行与何磻合作的《四书补注兼考》。

清康熙二十九年（1690）　六十一岁

游顺德、增城等地，至惠州，结识惠州知府王煐并结为好友。

清康熙三十年（1691）　六十二岁

广东参领王之蛟建关羽庙，庙旁筑东皋诗社，请屈大均主持。

清康熙三十一年（1692）　六十三岁

王隼将屈大均、陈恭尹、梁佩兰三人的诗选为《岭南三大家诗选》，惠州知府王煐作序并刊行。

清康熙三十二年（1693）　六十四岁

春，朱彝尊到广东，屈大均陪同其游历广州名胜。四月，屈大均母亲黄氏去世，年九十。屈大均身体欠佳，从此极少出门。

清康熙三十四年（1695）　六十六岁

屈大均手定《翁山文钞》付印，薛熙和陈恭尹作序。四川费锡璜倾慕屈大均诗才，自称私淑弟子，屈大均写诗《西蜀费锡璜数枉书来自称私淑弟子赋以答之》，向他介绍写诗如何取法前人的经验。屈大均在父母墓下建造生圹，准备后事。给儿子留下遗嘱："吾死后，以幅巾、深衣、大带、方舄成殓，而书其碣曰'明之遗民'。墓亭书'孝子仁人求我友，罗威唐颂是我师'。"罗威、唐颂都是番禺先贤，一为孝子、一为贤宦。可见屈大均精神上的追求和崇仰。

清康熙三十五年（1696）　六十七岁

五月十六日（6月15日）病逝。

延伸阅读推荐书目

1. 《屈大均全集》，欧初，王贵忱主编，人民文学出版社，1996年版。

2. 《屈翁山先生年谱》，汪宗衍著，澳门于今书屋，1970年版。

3. 《屈大均年谱》，邬庆时著，广东人民出版社，2006年版。

4. 《屈大均诗词编年笺校》，陈永正笺校，中山大学出版社，2000年版。

5. 《明文海》，黄宗羲编，中华书局，1987年版。

6. 《初学集、有学集》，钱谦益著，上海古籍出版社，1985年版。

7. 《顾亭林诗文集》，顾炎武著，中华书局，1983年版。

8. 《曝书亭全集》，朱彝尊著，吉林文史出版社，2009年版。

9. 《清诗纪事初编》，邓之诚著，上海古籍出版社，1984年版。

10. 《清诗纪事》，钱仲联主编，江苏古籍出版社，1987年版。

11. 《三百年来诗坛人物评点小传汇录》，杨扬辑校，中州古籍出版社，1986年版。

12. 《晚晴簃诗汇》，徐世昌编，中国书店，1989年版。

13. 《广东文献综录》，骆伟主编，中山大学出版社，2000年版。

14. 《岭南文学史》，陈永正主编，广东高等教育出版社，1993年版。

15. 《岭南学术百家》，毛庆耆主编，广东人民出版社，2004年版。

16. 《明末清初的学风》，谢国桢著，人民出版社，1982年版。

17. 《明清之际士大夫研究》，赵园著，北京大学出版社，1999年版。

18. 《南明史》，顾诚著，光明日报出版社，2011年版。

19. 《明史》，张廷玉主编，中华书局，1981年版。

20. 《清史稿》，赵尔巽主编，中华书局，1981年版。

21. 《清史列传》，王钟翰点校，中华书局，1987年版。

22. 《国榷》，谈迁著，中华书局，1958年版。

23. 《明季北略》，计六奇编，中华书局，1984年版。

24. 《明季南略》，计六奇编，中华书局，1984年版。

25. 《小腆纪年》，徐鼒著，中华书局，1958年版。

26. 《岭峤春秋——岭南文化论集（四）》，广东炎黄文化研究会编，广东人民出版社，1997年版。

后记

十多年前，中共广东省委宣传部和广东炎黄文化研究会组织策划了《广东历史文化名人丛书》，我编写了其中的《清初爱国诗人和学者屈大均》一书。现在，广州大典研究中心和广州出版社组织编写《广州大典》普及丛书，我再次接受了其中的《岭南文化精神的守望者——屈大均作品选读》的撰写任务，因为屈大均的诗文等是值得我们认真阅读和体味的。

屈大均博学通识、多才多艺，既有诗人的热情洋溢，又有学者的缜密严谨。屈大均的诗文作品以及他对广东地方文献收集整理的系列成果，都能够让我们了解他所生活的时代，了解岭南文化深厚悠久的传统。在屈大均的作品里，我们更可以读出他对国家的深情，他对理想信念的执着，他对斯土斯民的热爱，这些都是值得我们仰视的。

感谢广州大典研究中心和广州出版社的组织策划，《广州大典》普及丛书可以让老广们以及全国人民体悟，在实现中华民族的伟大复兴的过程中，要守护、继承和发展岭南传统文化和中华文化精粹，我们应相信历史和现实总是相通相连的。根深，才能叶茂。

作者谨志　2020年3月

时值全国人民抗击新冠肺炎疫情之际